Michael Koch
Kooperation bei der Dokumentenbearbeitung

Michael Koch

Kooperation bei der Dokumentenbearbeitung

Entwicklung einer Gruppeneditorumgebung
für das Internet

Mit einem Geleitwort von Prof. Dr. J. Schlichter

 Springer Fachmedien Wiesbaden GmbH

Die Deutsche Bibliothek – CIP-Einheitsaufnahme

Koch, Michael:
Kooperation bei der Dokumentenbearbeitung : Entwicklung einer
Gruppeneditorumgebung für das Internet / Michael Koch. Mit
einem Geleitw. von J. Schlichter.

(DUV : Informatik)
Zugl.: München, Techn. Univ., Diss., 1997
ISBN 978-3-8244-2083-4   ISBN 978-3-663-10527-5 (eBook)
DOI 10.1007/978-3-663-10527-5

© Springer Fachmedien Wiesbaden 1997
Ursprünglich erschienen bei Deutscher Universitäts-Verlag GmbH, Wiesbaden 1997

Lektorat: Monika Mülhausen

Das Werk einschließlich aller seiner Teile ist urheberrechtlich
geschützt. Jede Verwertung außerhalb der engen Grenzen des
Urheberrechtsgesetzes ist ohne Zustimmung des Verlags unzulässig und strafbar. Das gilt insbesondere für Vervielfältigungen,
Übersetzungen, Mikroverfilmungen und die Einspeicherung und
Verarbeitung in elektronischen Systemen..

Gedruckt auf chlorarm gebleichtem und säurefreiem Papier

ISBN 978-3-8244-2083-4

Geleitwort

Der breite Einsatz von Arbeitsplatzrechnern zusammen mit deren Vernetzung führt seit geraumer Zeit zu Bestrebungen, diese Ressourcen nicht nur zur verteilten Datenhaltung und zur Datenverarbeitung zu nutzen, sondern auch kooperatives Arbeiten von Personen zu ermöglichen. Eng verbunden damit ist die Einsetzung temporärer Arbeitsgruppen zur zielorientierten Lösung von Problemen. Die Zusammenstellung dieser Teams erfolgt oft aus der Perspektive des zu lösenden Problems und unabhängig von der organisatorischen Zugehörigkeit der Teammitglieder. Die Globalisierung der Organisationen trägt zusätzlich dazu bei, daß die Teammitglieder vielfach geographisch weit voneinander entfernt sind und auch abseits bestehender lokaler Netzinfrastrukturen arbeiten.

Die Erstellung und Bearbeitung gemeinsamer Dokumente ist in der Regel integraler Teil der Arbeit eines Teams. Textsysteme sind zwar ein wichtiger Applikationsbereich von Rechnern, jedoch wird die gemeinsame Arbeit an einem Dokument von vorhandener Software kaum unterstützt. Der Einsatz von Einbenutzer-Textsystemen mit der Speicherung der Dokumente in lokalen oder verteilten Dateisystemen reicht für die Anforderungen verteilter Autoren-Teams nicht aus. Erste Ansätze zur besseren Unterstützung der gemeinsamen Bearbeitung von Dokumenten versuchten mittels "Application-Sharing" konventionelle Einbenutzer-Anwendungen mehrbenutzerfähig zu machen. Weiterhin gab es prototypische Implementierungen von sogenannten Gruppeneditoren, deren Nutzung jedoch oft auf den LAN-Bereich beschränkt blieb. Durch die Globalisierung der Organisationen ist jedoch auch eine Unterstützung für den Weitverkehrsbereich und im weiteren auch für den Mobilbereich unbedingt notwendig. Ein weiteres Defizit der bisherigen Ansätze besteht darin, daß sie meist technologiegetrieben und mehr oder weniger ad hoc entstanden sind; den dabei entwickelten Systemen fehlt eine fundierte konzeptionelle Basis hinsichtlich der Nutzeranforderungen und ihres späteren Einsatzbereiches.

Die vorliegende Arbeit verfolgt deshalb einen völlig neuen Ansatz. Es werden zunächst die allgemeinen Anforderungen an eine Anwendung zur Unterstützung der kooperativen Erstellung von Dokumenten geklärt. Aufbauend darauf wird ein Modell entwickelt, das als Basis für den Entwurf eines Gruppeneditors dient. Bei der Erarbeitung des Modells und der Architektur des Gruppeneditors werden neben Informatikkonzepten auch Ideen aus anderen Wissenschaftsbereichen, vor allem aus Organisationstheorie, Ethnologie und Psychologie mitberücksichtigt. Ausgehend von dem Prozeßmodell von Flower und Hayes (ein Ein-Autoren-Modell) wird ein Mehr-Autoren-Modell konstruiert, das insbesondere Aspekte der Gruppeninformation, des Gruppenbewußtseins und der möglichen Zusammenarbeitsstrategien bzw. der Kommunikationsbeziehungen zwischen den Autoren mitintegriert. Dieses Modell dient als Basis für die Erarbeitung der Anforderungen und der Spezifikation einer Architektur für kooperative Dokumentenerstellung.

Der Gruppeneditor wird als Unterstützungsplattform konzipiert, der den einzelnen Benutzer in beliebigen Netzumgebungen optimal unterstützt; insbesondere sollen auch Benutzer in Weitverkehrsumgebungen effizient und effektiv unterstützt werden. Die Plattform ermöglicht die Integration existierender Standardanwendungen zur Bearbeitung von Dokumenten. Ein weiterer wichtiger Punkt der Arbeit ist die Betrachtung der Informationsanforderungen unter verschiedenen Randbedingungen zum Aufbau eines geeigneten Gruppenbewußtseins ("group awareness"). Hervorzuheben ist auch, daß der in der Arbeit verfolgte Ansatz im Rahmen des Iris-Projektes realisiert wurde, um so das entworfene Modell sowie die konzipierte Architektur des Gruppeneditors zu validieren.

Die vorliegende Arbeit liefert einen wichtigen Beitrag für den zukunftsorientierten Anwendungsbereich der rechnergestützten Gruppenarbeit. Sie beinhaltet sowohl grundlegende, theoretische Konzepte als auch deren praktische Umsetzung in eine konkretes System. Die Arbeit verdient deshalb eine breite Aufnahme in Theorie und Praxis.

Prof. Dr. Johann Schlichter

Vorwort

Die Unterstützung bei der Erstellung von Dokumenten ist derzeit zwar ein Haupteinsatzgebiet von Rechnern, die gemeinsame Arbeit an einem Dokument wird von vorhandener Software aber kaum unterstützt. Diese Situation war Ausgangspunkt der Dissertation, die diesem Buch zugrunde liegt[1].

Bei der Analyse des Problembereichs zeigte sich, daß rein technisch motivierte Lösungen immer unzureichend sein werden. Dies liegt daran, daß für den Erfolg von Gruppeneditoren die Einordnung in die Organisationsstrukturen der unterstützten Gruppen und die Unterstützung zwischenmenschlicher Kommunikation relevant sind. Die Entwicklung eines Gruppeneditors, der eine akzeptable Arbeitsumgebung für gemeinsam schreibende Autorenteams bereitstellt, muß deshalb neben der Informatik vor allem auch Erkenntnisse der Organisationslehre und der Kommunikationspsychologie berücksichtigen. Diese Arbeit beinhaltet deshalb nicht nur die Erarbeitung einer technischen Lösung, sondern beschäftigt sich auch mit der Erarbeitung der Anforderungen und geht dabei auf Modelle der Organisationslehre und der Psychologie ein.

Zur Erreichung des Ziels werden im einzelnen folgende Punkte behandelt:

- Klärung der allgemeinen Anforderungen an eine Anwendung zur Unterstützung kooperativer Dokumentenerstellung.

- Vorstellung eines Modells für eine solche Anwendung.

- Erarbeitung der Anforderungen an die Unterstützung indirekter Kommunikation mit spezieller Berücksichtigung von Weitverkehrsnetzen und mobilen Umgebungen.

- Vorschlag und Ausführung eines Dienstes für die Datenhaltung und für die Gewinnung und Verbreitung der Informationen, die zum Aufbau eines Bewußtseins über den Zustand des gemeinsamen Dokuments und über die Aktivitäten der Koautoren beitragen.

- Demonstration der Einsetzbarkeit dieses Datenhaltungs- und Informations- oder Ereignisdienstes durch Integration in eine komplette Gruppeneditorumgebung.

---

[1] Der Orginaltitel der Dissertation lautet: 'Unterstützung kooperativer Dokumentenbearbeitung in Weitverkehrsnetzen'. Die Arbeit wurde am 15.11.96 bei der Technischen Universität München eingereicht und am 24.1.97 durch die Fakultät für Informatik angenommen.

Der Schwerpunkt der Arbeit liegt auf der Anforderungsanalyse und auf der Konzeption des Dienstes zur Datenhaltung und zur Generierung und Verteilung von Gruppeninformation unter Weitverkehrsnetz-Gesichtspunkten.

Als ein Ergebnis der Arbeit ist die Implementierung der Gruppeneditorumgebung IRIS entstanden, die in Kapitel 7 kurz beschrieben wird. Weitere Informationen zum Projekt IRIS sind im World-Wide-Web zu finden[2].

Neben der Realisierung eines Gruppeneditors kann das Ergebnis der Arbeit auch bei der Konzeption anderer CSCW-Anwendungen helfen. Die Ergebnisse und auch große Teile der Konzeption und der realisierten Anwendungen können beispielsweise ohne Änderungen auf alle Bereiche übertragen werden, bei denen es hauptsächlich um die synchrone und asynchrone Bearbeitung eines gemeinsamen Datenbestandes in Weitverkehrsnetzen geht.

Weiterhin können beispielsweise speziell die neu konzipierten Komponenten zur Vermittlung von Information über die Anwesenheit von Kooperationspartnern auch ohne Editorkomponenten direkt zur Unterstützung beliebiger Telekooperationsszenarien eingesetzt werden.

Wie in der Einleitung der Arbeit erwähnt wird, ist bei der Erstellung beinahe jedes Dokuments eine Beteiligung mehrerer Personen zu beobachten. Auch diese Arbeit ist nur durch die Hilfe vieler anderer Personen möglich gewesen.

Für seinen Beitrag zu dieser Arbeit danken möchte ich zuallererst Herrn Prof. Johann Schlichter. Er hat mir eine 'großräumige' Bearbeitung des Themas 'kooperative Dokumentenbearbeitung' ermöglicht und stand mir häufig mit wertvollen Anregungen zur Seite. Genauso möchte ich Herrn Prof. Baumgarten danken, der eine frühe Version der Arbeit kritisch gelesen und mir sehr hilfreiche Kommentare dazu gegeben hat.

Nachdem die Arbeit nicht nur die Kerninformatik betrifft, habe ich mir auch Rat bei anderen Fachbereichen geholt. Hier gilt mein Dank vor allem Frau Kathrin Möslein vom Lehrstuhl für Allgemeine und Industrielle Betriebswirtschaftslehre der Technischen Universität München. In zahlreichen Diskussionen und durch kritische Kommentare zu den 'informatikfernen' Abschnitten meiner Arbeit hat sie dazu beigetragen, daß meine Aussagen vom betriebswirtschaftlichem Standpunkt aus zumindest nicht vollkommen falsch sind.

Ein ganz besonderes Dankeschön möchte ich Frau Michaela Halt aussprechen, die fast jeden Satz dieser Arbeit vorwärts und rückwärts gelesen hat, um ihn auf seine grammatikalische und orthographische Richtigkeit hin zu überprüfen.

Und schließlich möchte ich noch den Studenten danken, die im Rahmen von Projektarbeiten und Diplomarbeiten geholfen haben, Teilaspekte des hier vorgestellen Projektes IRIS zu realisieren.

Michael Koch

---

[2]URL: http://www11.informatik.tu-muenchen.de/proj/iris/

Inhaltsverzeichnis

1	**Einleitung**	**1**
1.1	Hintergrund	1
1.2	Problembeschreibung	7
1.3	Zielsetzung der Arbeit	10
1.4	Verwandte Themenbereiche	11
1.5	Aufbau und Ergebnisse der Arbeit	12
2	**Kooperative Dokumentenerstellung**	**17**
2.1	Kooperation, kooperative Arbeit	17
2.2	Dokumentenerstellung	22
2.3	Kooperative Dokumentenerstellung	26
2.4	Kommunikation und Gruppenbewußtsein	32
2.5	Modellierung kooperativer Dokumentenerstellung	36
3	**Unterstützung kooperativer Dokumentenerstellung**	**43**
3.1	Aktueller Stand bei der Unterstützung kooperativer Dokumentenerstellung	43
3.2	Unterstützung kooperativer Arbeit	49
3.3	Unterstützung kooperativer Dokumentenerstellung	54
3.4	Anforderungen an eine Unterstützungsumgebung	60
3.5	Architekturkonzept für einen Gruppeneditor	65
4	**Verteilte Systeme und Datenhaltung**	**69**
4.1	Verteilte Systeme	69
4.2	Datenhaltung in verteilten Systemen	74
4.3	Datenverwaltung bei einem Gruppeneditor	79
4.4	Verwendbarkeit bisheriger Lösungen	86
4.5	Aufbau der Datenhaltungsschicht	89

5 Gruppenbewußtsein und Information — 91
- 5.1 Kommunikation und Information — 91
- 5.2 Information in Weitverkehrsnetzen — 99
- 5.3 Informationsmodell — 102
- 5.4 Spezifikation der erweiterten Sitzungsinformation — 108
- 5.5 Informationsanzeige — 115

6 Realisierung der Datenhaltungs- und Informationsschicht — 119
- 6.1 Aufbau der Datenhaltungsschicht — 119
- 6.2 Datenzugriff — 126
- 6.3 Informationsmanagement — 140
- 6.4 Zusammenfassung — 152

7 Anwendung der Datenhaltungskomponente im Gruppeneditor Iris — 153
- 7.1 Dokumente — 153
- 7.2 Aufbau der Editorumgebung — 156
- 7.3 Benutzerschnittstelle — 160
- 7.4 Erste Erfahrungen — 169

8 Schlußfolgerung und Ausblick — 171
- 8.1 Zusammenfassung — 171
- 8.2 Ausblick — 173

Literaturverzeichnis — 179

A Beschreibung einiger Gruppeneditor-Systeme — 199
- A.1 CoMEdiA — 199
- A.2 GROVE — 200
- A.3 Alliance — 202
- A.4 PREP — 203
- A.5 DistEdit — 205

Software Index — 207

Index — 209

Abbildungsverzeichnis

1.1 Klassifikation von Groupware nach Raum und Zeit 4
1.2 Grundaufgabenfelder bei der Konzeption von Groupware 13
1.3 Aufbau dieser Arbeit 15

2.1 Verschiedene Stufen der Zusammenarbeit 20
2.2 Prozeßmodell von Flower und Hayes 24
2.3 Beziehungen eines Autors zur Arbeitsumgebung 38
2.4 Beziehungen zwischen Autoren 40
2.5 Modell der kooperativen Dokumentenerstellung 41

3.1 Auswahl von Systemen zur Unterstützung kooperativer Dokumentenerstellung (nur asynchrone Zusammenarbeit durch gemeinsame Dokumentenablage, gemeinsames Objektrepository) 45
3.2 Auswahl von Systemen zur Unterstützung kooperativer·Dokumentenerstellung (mit Unterstützung synchroner Zusammenarbeit) 45
3.3 Allgemeine Sicht einer kooperativen Anwendung 51
3.4 Modell für einen Gruppeneditor 54
3.5 Grundarchitektur einer Umgebung zur Unterstützung kooperativer Dokumentenbearbeitung 66

4.1 Rechnernetzumgebung bei der Unterstützung kooperativer Dokumentenerstellung 70
4.2 Strenge Serialisierung der Zugriffe bei pessimistischer Nebenläufigkeitskontrolle 77
4.3 Gleichzeitige Arbeit verschiedener Benutzer an einem Objekt mit optimistischer Nebenläufigkeitskontrolle 78
4.4 Mögliche Dokumentenstrukturen 81
4.5 Aufbau eines lokalen Objektverwalters für einen Gruppeneditor 90

5.1 Anzeige der Daten als Auflistung der Attribute 115

5.2	Zusammengesetzte Informationsdarstellung zu den an einem Dokument beteiligten Autoren	116
5.3	Informationszusammenstellung zum Netzstatus	117
6.1	Aufbau der Datenhaltungsschicht	120
6.2	Schnittstellen einer lokalen Datenhaltungskomponente	122
6.3	Besondere Architekturvarianten beim Aufbau der Datenhaltungsschicht	124
6.4	Versions-Management - während einer Partitionierung	131
6.5	Versions-Management - nach einer Partitionierung	132
7.1	Hierarchische Dokumentenstruktur in Iris	154
7.2	Komponenten in der Editorumgebung Iris	156
7.3	Editor zur Bearbeitung von hierarchischen Dokumentenstrukturen und zum Navigieren in solchen Dokumentenstrukturen	163
7.4	Sitzungsinformationsanwendung	164
7.5	Rechnerinformationsanwendung	164
7.6	Oberfläche der Iris-Shell-Anwendung	165
7.7	GNU-Emacs mit Iris-Mode	166
7.8	Iris-Texteditor ixe	167
7.9	Iris-Editoren mit Konferenzanwendungen	168
A.1	Benutzerschnittstelle des Gruppeneditors GROVE (aus [Ellis90])	201
A.2	Benutzerschnittstelle des Gruppeneditors Alliance (aus [Decou96b])	202
A.3	Benutzerschnittstelle des Gruppeneditors PREP	204
A.4	Benutzerschnittstelle der DistEdit-Versionen von GNU Emacs und von X-edit (aus [Knist93])	205

Kapitel 1
Einleitung

1.1 Hintergrund

Teamarbeit

Viele Arbeiten in heutigen Unternehmen beruhen auf Vorgängen, an denen mehrere Personen beteiligt sind. Immer weniger Aufgaben können ohne die Zusammenarbeit von Personen erfolgreich bearbeitet werden. Die Arbeit in Teams[1] ist in der heutigen Zeit eine unverzichtbare Arbeitsmethode geworden.

Es gibt zwei Gründe, die zu dieser Entwicklung beigetragen haben. Erstens werden Aufgaben immer komplexer und sollen in immer kürzerer Zeit gelöst werden. Zweitens wächst die handzuhabende Informationsmenge. Um komplexes Expertenwissen zur Behandlung vielschichtiger Problemstellungen effizient einsetzen zu können, müssen Teams mit Mitgliedern aus mehreren unterschiedlichen Disziplinen mit der Lösung betraut werden.

Die Mitglieder eines Team arbeiten nicht unbedingt in räumlicher Nähe zueinander, wie etwa in einem gemeinsamen Büro. Wegen der Globalisierung von Organisationen und der verstärkten Hinzuziehung externer Spezialisten ist es heute keine Ausnahme mehr, daß die Arbeitsplätze der Mitglieder von Teams über viele Orte verteilt sind. Andere Gründe für die zumindest zeitweise räumliche und auch zeitliche Verteilung von Teams sind in den verschiedenen Formen von Telearbeit bzw. Telekooperation[2] zu finden. Durch die Einführung von Telearbeit werden beispielsweise meist Teams geschaffen, die zumindest zeitweise räumlich getrennt sind. Ökonomische und organisationelle Faktoren wie z.B. die Entstehung von sogenannten virtuellen Unternehmungen (vgl. [Picot96]) führen heute sogar zu Teams, die über Kontinente verteilt sind. Diese Kombination von Teamarbeit und räumlicher Trennung der Team-Mitglieder führt nun aber auch zu Problemen, für die Lösungen gefunden werden müssen.

---

[1] Eine Gruppe von gemeinsam an einer Aufgabe arbeitenden Personen wird als 'Team' bezeichnet. Als Unterschied zur 'Arbeitsgruppe', deren Mitglieder nur überlappende Aufgabengebiete haben, kann man einem 'Team' eine *gemeinsame Aufgabe* zuschreiben [Teufe95, S.53].

[2] Unter Telekooperation versteht man die *"mediengestützte arbeitsteilige Leistungserstellung zwischen individuellen Aufgabenträgern, Organisationseinheiten und Organisationen, die über mehrere Standorte verteilt sind"* [Reich96].

CSCW und Groupware

Die Geschichte des Einsatzes von Rechnern wird durch folgendes Zitat von Tesler prägnant zusammengefaßt:

> *„Computers began as cumbersome machines served by a technical elite and evolved into desktop tools that obeyed the individual. The next generation will collaborate actively with the user"* [Tesle95]

Seit den 80er Jahren stehen an einzelnen Arbeitsplätzen in zunehmendem Maße sogenannte *Personal Computer*, also hauptsächlich für persönliche, lokal ablaufende Anwendungen bestimmte Rechner zur Verfügung. Mit zunehmender Leistungsfähigkeit der Arbeitsplatzrechner und der ständig voranschreitenden Vernetzung dieser Rechner vollzieht sich derzeit ein Wandel vom 'Personal Computing' zum 'Interpersonal Computing'. Das heißt, der persönliche Arbeitsplatzrechner dient nicht mehr nur als persönliche Arbeitshilfe, sondern wird auch zur Kommunikation mit anderen Personen eingesetzt.

Das Potential der vorhandenen Infrastruktur wird durch die reine verteilte Datenverarbeitung noch nicht voll ausgeschöpft. Der logisch nächste Schritt ist es, nicht nur Programme zu verbinden, die auf verschiedenen Rechnern ablaufen, sondern die Benutzer selbst zu verbinden [Wilso91a]. In Verbindung mit neuen Software-Technologien soll die Kommunikation zwischen Personen verbessert werden und die Zusammenarbeit auch über räumliche Distanzen erleichtert werden. Der Einsatz von Rechnern gewinnt zunehmend *'medialen Charakter'* [Fried94, S.17].

Der Name des Forschungsgebietes, das sich mit dem Einsatz von Rechnern zur Unterstützung von Gruppen-basiertem Arbeiten beschäftigt, lautet: *Computer-Supported Cooperative Work (CSCW)* [3]. Paul Wilson beschreibt CSCW folgendermaßen:

> *„CSCW is a generic term that combines the understanding of the way people work in groups with the enabling technologies of computer networking and associated hardware, software, services and techniques."* [Wilso91b, S.1]

Aus dem reinen Forschungsgebiet, das anfangs vielfach als Modeerscheinung bezeichnet wurde, ist mittlerweile ein konkreter Produktbereich der Softwareindustrie geworden, dem großes Wachstum prophezeit wird [Engle95]. Die rechnergestützte Zusammenarbeit ist im Begriff, sich im betrieblichen Alltag zu etablieren.

Wie aus obiger Beschreibung von CSCW durch Wilson schon hervorgeht, handelt es sich bei CSCW nicht um ein abgegrenztes Forschungsgebiet mit eigener Technologie, sondern um einen stark interdisziplinären Bereich, dessen Hauptanliegen ist, verschiedene Technologien zu integrieren, die zusammen das kooperative Arbeiten von Individuen unterstützen. Der Grund für die Interdisziplinarität liegt darin, daß man sich in CSCW neben den reinen Rechnersystemen auch mit der Untersuchung von Arbeitsgruppen, ihrem Aufbau, ihrer

---

[3] Als eigenständiger Begriff mit der heutigen Bedeutung wurde 'CSCW' zum erstem Mal im Jahr 1984 von Irene Greif (Massachusetts Inst. of Technology) und Paul Cashman (Digital Equipment Corporation) benutzt, um das Thema eines interdisziplinären Workshops zu beschreiben [Baeck93, Greif88].

inneren Dynamik, ihren Konflikten, sowie dem Einfluß dieser Punkte auf das gemeinsame Arbeitsziel beschäftigt. An CSCW sind hauptsächlich folgende Disziplinen beteiligt: Elektrotechnik, Informatik (Verteilte DV-Systeme, Informationssysteme, Benutzerschnittstellen, Mensch-Computer-Interaktion, Künstliche Intelligenz), Ethnologie und auch Arbeitspsychologie, Soziologie und Organisationstheorie [Ellis91]. Grudin schreibt in [Grudi94a] dazu:

> *„CSCW started as an effort by technologists to learn from economists, social psychologists, anthropologists, organizational theorists, educators and anyone else who could shed light on group activity."*

Während CSCW das universelle Arbeitsgebiet und die dazugehörigen Forschungsfelder bezeichnet, versteht man unter dem Begriff *Groupware* die entsprechenden Software-Lösungen [Ellis91].

Definition 1.1 (Groupware)
„[Groupware are] computer-based systems that support groups of people engaged in a common task (or goal) and that provide an interface to a shared environment" *[Ellis91]*

Groupware ist also Software, die zur Unterstützung einer Gruppe von Personen bei der Durchführung einer gemeinsamen Aufgabe entworfen und genutzt wird. Groupware erlaubt normalerweise, Information und (sonstige) Materialien auf elektronischem Wege zwischen den Mitgliedern eines Teams koordiniert auszutauschen oder gemeinsam Materialien in gemeinsamen Speichern koordiniert zu bearbeiten.

Klassifikation von Groupware

Um einen Überblick zu vermitteln, was alles unter dem Begriff Groupware einzuordnen ist, stelle ich nun noch zwei mögliche Ansätze zur Klassifikation[4] von Groupware vor.

Raum-Zeit-Matrix

Die bekannteste und am häufigsten verwendete Klassifikation von Groupware ist die in Abbildung 1.1 dargestellte Einteilung nach der zeitlichen Nähe (Grad der Synchronität) der unterstützten Zusammenarbeit sowie der räumlichen Nähe der Zusammenarbeit [Johan88, Ellis91]. Diese Klassifikation ist auch unter dem Begriff 'Raum-Zeit-Matrix' oder 'Any-Time-Any-Place-Matrix' bekannt.

Bei der zeitlichen Nähe unterscheidet Johansen zwischen der Unterstützung von 'asynchronem' und 'synchronem' kooperativen Arbeiten.[5] Das asynchrone kooperative Arbeiten

---
[4]Klassifikation oder Einordnung heißt hier nicht, daß jede konkrete CSCW-Anwendung in genau einen der Bereiche einzuordnen ist. Es gibt sehr wohl Systeme, die mehrere Bereiche abdecken.
[5]Die von Johansen vorgestellte Zweiteilung der Dimensionen Ort und Zeit ist nicht die einzige diskutierte Möglichkeit der Unterteilung. Mit der Begründung, daß eine differenziertere Unterscheidung verschiedener Anwendungsgebiete möglich sein muß, versuchen einige Autoren diese Unterteilung zu erweitern. So schlägt Grudin in [Grudi94b] beispielsweise zusätzlich noch vor, bei räumlich oder zeitlich entfernter Zusammenarbeit zwischen Zuständen zu unterscheiden, bei denen vorher bekannt ist, daß sie entfernt sind und solchen, bei denen dies nicht unbedingt vorhersehbar ist.

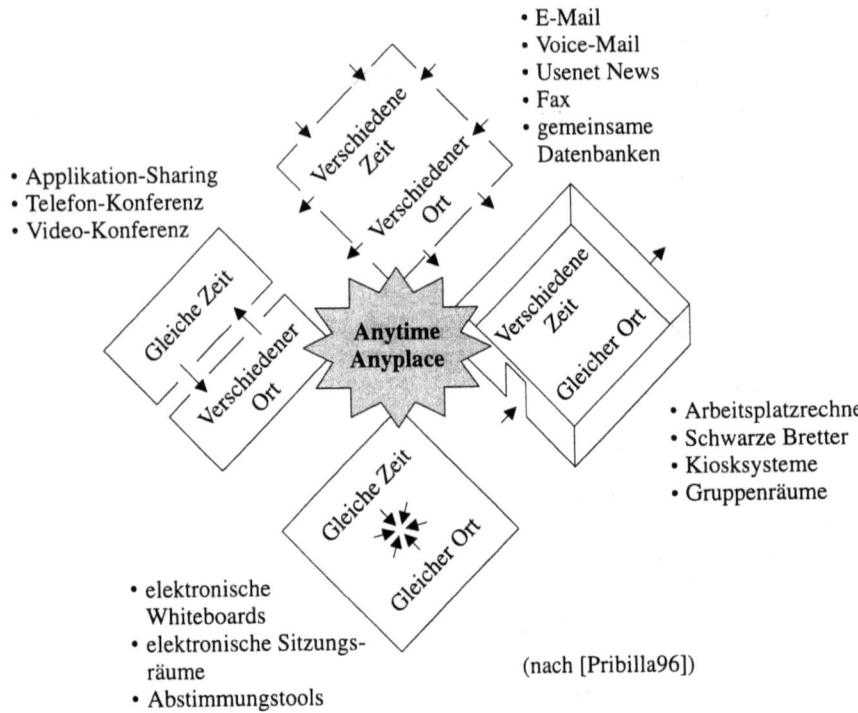

Abbildung 1.1: Klassifikation von Groupware nach Raum und Zeit

kennzeichnet Arbeitsschritte, die ohne direkte Verbindung zueinander ablaufen. Dazu gehören erstens nicht-zeitgleich stattfindende Abläufe (z.b. Bearbeitung eines Antrags nacheinander durch mehrere Personen). Aber auch Arbeiten, bei denen zwar zeitgleich gearbeitet wird, aber keine Synchronisation stattfindet, werden zum Bereich der asynchronen Zusammenarbeit gezählt (z.B. zeitgleiches Bearbeiten von verschiedenen Kapiteln eines Buches ohne direkten Kontakt der Koautoren zueinander). Im Gegensatz hierzu findet synchrone Zusammenarbeit zeitgleich und mit Kontakt der Partner untereinander statt. Das bedeutet, daß Aktionen eines Partners 'sofort' von den anderen wahrgenommen werden und deren Handeln beeinflussen können. Im Gegensatz zur Bedeutung der Adjektive 'synchron/asynchron' geht es hier nicht nur um die Feststellung des Vorliegens einer Zeitgleichheit von Aktionen. Der Unterschied zwischen synchroner und asynchroner Zusammenarbeit liegt mehr im zeitlichen Abstand der Synchronisation der Tätigkeiten.

Nachdem die Begriffe 'synchrone Zusammenarbeit' und 'asynchrone Zusammenarbeit' in der weiteren Arbeit noch häufig verwendet werden, die Interpretation der Begriffe aber nicht überall in der Literatur einheitlich ist, möchte ich an dieser Stelle eine Definition für diese und noch zwei weitere von mir benutzte Arten der Charakterisierung von Zusammenarbeitstypen vorstellen.

Definition 1.2 ((a)synchrone, (un)gekoppelte Zusammenarbeit)
Die Kooperation von Partnern heißt synchron, falls die Aktionen zeitgleich stattfinden und die Kooperationspartner die Möglichkeit haben, von den Tätigkeiten der anderen Notiz zu nehmen, und diese Möglichkeit auch wahrnehmen, so daß die eigenen Aktionen dadurch beeinflußt werden. Man spricht in diesem Fall auch davon, daß die Aktionen direkt gekoppelt sind. Abhängig von der Stärke der möglichen Beeinflussung spricht man von loser oder enger Koppelung. Falls die Aktionen zur Erreichung des gemeinsamen Ziels nicht gleichzeitig stattfinden oder die Partner die Aktionen der anderen nicht unmittelbar wahrnehmen, dann heißt die Zusammenarbeit asynchron.

Bei der Dimension 'räumliche Nähe' der Raum-Zeit-Matrix wird zwischen lokaler Zusammenarbeit und entfernter Zusammenarbeit unterschieden. Lokale Zusammenarbeit ist dabei dadurch ausgezeichnet, daß sich die Personen in räumlicher Nähe zueinander aufhalten und 'face-to-face' miteinander kommunizieren können.

Die Unschärfen bei der Abgrenzung der Quadranten der Raum-Zeit-Matrix machen klar, daß die Klassifikation keinesfalls als scharfes Einteilungsinstrument gesehen werden darf. Konkrete Groupware-Produkte lassen sich selten eindeutig genau einem Quadranten zuordnen. Die Matrix hat ihren Hauptnutzen bei der Veranschaulichung der Situationen, die unterstützt werden können ('any time - any place').

Klassifikation nach Anwendungsgebieten

Unter den existierenden Systemen können wir verschiedene Gruppen von Anwendungen unterscheiden. Aus diesem Grund wird Groupware auch gerne gemäß der funktionalen Aspekte auf der Anwendungsebene eingeteilt. Teufel et.al. schlagen beispielsweise folgende Einteilung von Groupware-Systemen in sich überschneidende Systemklassen vor [Teufe95]:[6]

Kommunikation: Systeme, deren Aufgabe darin besteht, den expliziten Informationsaustausch zwischen verschiedenen Partnern zu ermöglichen. Beispiele sind elektronische Postsysteme (E-Mail), Bulletin Board-Systeme und auch Video- oder Audiokonferenz-Systeme.

Gemeinsame Informationsräume: In diese Klasse fallen Systeme, die Informationen für eine Gruppe über längere Zeit speichern und geeignete Zugriffsmechanismen auf die Informationen anbieten. Beispiele dafür sind spezielle Datenbanken, verteilte Hypertext-Systeme oder auch verteilte Dokumentenverwaltungssysteme (z.B. LOTUS NOTES). Bulletin Board-Systeme können neben der Kommunikations-Klasse auch zu dieser Klasse gezählt werden.

---

[6]Ähnliche Einteilungen auf der Anwendungsebene finden sich auch in vielen anderen Publikationen, z.B. [Rodde91].

Workflow Management: In diesem Bereich werden arbeitsteilige Prozesse betrachtet, die aus einer Folge von Aktivitäten bestehen. Unter Workflow-Management-Anwendungen versteht man alle Systeme, die bei der Modellierung, der Simulation sowie der Ausführung, Steuerung und Information über solche Prozesse helfen.

Workgroup Computing: Systeme zur Unterstützung der Kooperation von Personen, die in Teams arbeiten und Aufgaben mit mittleren bis geringen Strukturierungsgraden und Wiederholungsfrequenzen zu lösen haben. In diese Klasse gehören Planungssysteme wie Terminverwaltungs- und -vereinbarungssysteme, Entscheidungs- und Sitzungsunterstützungssysteme und Gruppeneditoren.

Kooperative Dokumentenerstellung

Eines der wichtigsten Einsatzgebiete von Rechnern ist die Dokumentenerstellung und -bearbeitung[7] [Dorne92]. Die Unterstützung von Dokumentenerstellung durch Rechner beschränkt sich bisher meist auf die Unterstützung der Arbeit eines einzelnen Benutzers (Textverarbeitungsprogramme, Desktop-Publishing-Programme). Da aber auch bei der Dokumentenerstellung immer mehr in Teams gearbeitet werden muß[8], ist die Unterstützung kooperativer Dokumentenerstellung als ein wichtiges Einsatzgebiet von Groupware zu sehen. Gründe für die verstärkte Teamarbeit bei der Dokumentenerstellung sind die schon bei der Motivation von Teamarbeit angesprochene wachsende Komplexität und Interdisziplinarität von Aufgaben, die Umstrukturierung von Organisationen und der verstärkte Einsatz verschiedener Formen von Telekooperation. Wie bei Teamarbeit allgemein kommt es weiterhin auch in diesem Bereich immer häufiger vor, daß die Schreibteams räumlich getrennt voneinander arbeiten.

Die Zusammenarbeit bei gemeinsamer Dokumentenerstellung ist häufig asynchron. Das heißt, die Koautoren arbeiten isoliert voneinander an verschiedenen Teilen des Dokuments. Eine regelmäßige Synchronisation und die Möglichkeit, aktuelle Zustände und Ereignisse zu sehen, ist aber für eine effiziente Zusammenarbeit unbedingt notwendig, da die Tätigkeiten der verschiedenen Autoren häufig voneinander abhängen (z.B. inhaltlich voneinander abhängige Dokumentenabschnitte, notwendige Koordination von Tätigkeiten).

Im Hinblick auf die hauptsächlich isolierte Arbeitsweise ist bei der Unterstützung kooperativer Dokumentenerstellung die Unterstützung folgender zwei Aspekte besonders wichtig: die *spontane Zusammenarbeit* und die *indirekte Kommunikation*. Spontane Zusammenarbeit ist nicht vorhergeplant und resultiert daraus, daß Koautoren während der Arbeit am Dokument bemerken, daß sie etwas mit einem anderen anwesenden Koautor besprechen sollten, und eine Kooperationsbeziehung zu ihm aufbauen. Dazu sind synchrone Informationen über aktuell erreichbare Koautoren und über deren Arbeitsbereiche und aktuelle Tätigkeiten not-

---

[7]In der weiteren Arbeit werden die beiden Begriffe 'Dokumentenerstellung' und 'Dokumentenbearbeitung' synonym verwendet.

[8]Wenn man den Begriff Teamarbeit weit genug faßt, dann fällt beinahe jeder Dokumentenerstellungsprozeß darunter. Auch wenn nur eine Person als Autor eines Dokuments auftritt, tragen häufig noch andere Personen zum Ergebnis bei (z.B. in den Phasen der Ideenfindung und -filterung und während des Korrekturlesens) [Thral92].

wendig. Unter indirekter Kommunikation versteht man bei der kooperativen Dokumentenerstellung beispielsweise 'Kommunikation über das Dokument', also Kommunikation durch die Änderung gemeinsamer Daten. Dazu müssen die von anderen Koautoren vorgenommenen Änderungen in geeigneter Form ausgetauscht und präsentiert werden. Neben den aktuellen Änderungen muß vor allem auch eine Historie früherer Änderungen abrufbar sein.

Traditionell kooperieren verteilte Schreibteams über Telefon, Fax und dadurch, daß sie zu Arbeitstreffen an vereinbarte Orte reisen. In vielen Fällen erweist sich jedoch die informelle Kommunikation als unflexibel und fehleranfällig und die Reisetätigkeit von Mitarbeitern im Hinblick auf Kosten und Arbeitszeit als ineffizient. Darüber hinaus fehlen bei dieser Art der Zusammenarbeit die vom eigenen Arbeitsplatz gewohnten rechnergestützten Anwendungen und elektronisch gespeicherten Dokumente.

1.2 Problembeschreibung

Bisherige Arbeitsweise bei gemeinsamer Dokumentenerstellung

Um kooperativ Dokumente zu erstellen, benutzen Arbeitsteams heute meist folgendes Vorgehen: In einer Konferenz wird die Gliederung vorgelegt oder erarbeitet und die Arbeit am Dokument in einzelne Teilaufgaben aufgeteilt. Die Koautoren erzeugen dann getrennt voneinander (asynchron) ihre Teile des Gesamtdokuments. Notwendige Koordination wird in dieser Phase durch individuellen Dokumentenaustausch und direkte Kommunikation abgewickelt. Nachdem alle Teile fertiggestellt sind, werden sie schließlich eingesammelt und von einem Zuständigen oder in einer weiteren gemeinsamen Konferenz zu dem Gesamtdokument zusammengesetzt [Gronb93].

Problem bei dieser Art der Zusammenarbeit ist, daß die einzelnen Autoren beim Erstellen ihrer Teile nie das gesamte Dokument vorliegen haben. Sie sehen nicht was andere machen und können so ihren Teil nicht an das Gesamtdokument anpassen oder frühzeitig auf Fehlentwicklungen hinweisen. Weiterhin hat sich gezeigt, daß durch diese Arbeitsweise die Gefahr besteht, daß kleine Inkonsistenzen bei den Annahmen zu Zielgruppe und Schreibstil zu unzusammenpassenden Teilstücken führen. Eine häufigere Synchronisation (z.B. durch Austausch von Zwischenversionen) ist wünschenswert. Also werden häufig zusätzlich mehr oder weniger regelmäßig Zwischenversionen einzelner Teile zur Information oder zum Kommentieren herumgereicht.

Eine alternative Vorgehensweise bei der Dokumentenerstellung ist, daß nach der initialen Besprechung ein Teammitglied beginnt, das Dokument zu erstellen. Das Fragment wird dann weitergereicht und von den anderen Autoren nacheinander ergänzt oder korrigiert. Der Vorteil dabei ist, daß dem arbeitenden Autor immer das gesamte Dokument vorliegt. Nachteil ist, daß nicht parallel gearbeitet werden kann und sich die Erstellungszeit eines Dokuments deutlich erhöhen kann.

Rechnerunterstützung

Der Einsatz von Rechnern zur Unterstützung des Prozesses der Dokumentenerstellung beschränkt sich bisher hauptsächlich auf die Unterstützung einzelner Phasen des eben beschriebenen Vorgehens. Einerseits wird das isolierte Bearbeiten von Dokumenten durch verschiedenste Einbenutzer-Editoren[9], die asynchrone Kommunikation der Autoren untereinander und der elektronische Austausch der Dokumente (inklusive Konvertierung zwischen verschiedenen Bearbeitungsformaten) unterstützt. Andererseits wird Unterstützung für verteilte Konferenzen und das gleichzeitige gemeinsame Bearbeiten von Dokumenten in lokalen Konferenzen bereitgestellt.

Vernetzte Rechner könnten durch schnellen Informationsaustausch und automatische Informationsgenerierung über die eben erwähnten Möglichkeiten hinaus aber noch völlig neue Arten der Unterstützung von Zusammenarbeit erschließen. Insbesondere könnte eine geeignete Unterstützung dazu beitragen, daß sich bei den Team-Mitgliedern ein Bewußtsein über die Aktivitäten der Gruppe und den Stand der Arbeit einstellen kann. Dieses Bewußtsein, das bei der impliziten Koordination und Abstimmung von Tätigkeiten sehr hilfreich sein kann, bezeichnet man auch mit dem Begriff *Gruppenbewußtsein (group awareness)*.

Die Möglichkeit des Einsatzes von vernetzten Rechnern bei der kooperativen Bearbeitung von Dokumenten wurde schon vor einiger Zeit erkannt und es wurden Systeme entwickelt, die eine verbesserte Unterstützung für kooperative Dokumentenerstellung bieten sollten. Untersuchungen zufolge erfüllen diese Gruppeneditoren[10] aber nicht die Ansprüche der möglichen Anwender und werden deshalb nicht verwendet. Beck stellt in [Beck93b] beispielsweise fest, daß diese Anwendungen, außer bei den Entwicklungsteams selbst, nicht einmal im akademischen Bereich eingesetzt werden. Auch andere Autoren haben noch allgemeiner festgestellt, daß momentan verfügbare Groupware nicht den Anforderungen der Benutzer genügt (z.B. [Grudi94a, Mandv94]).

Probleme mit existierenden Unterstützungssystemen

Ursachen dieser fehlenden Akzeptanz zählt Grudin in seinem Artikel „*Why CSCW applications fail*" [Grudi88b] auf. Einen Grund für das Scheitern in der praktischen Anwendung sieht Grudin beispielsweise darin, daß der von Groupware aufgezwungene Arbeitsablauf intuitive Entscheidungen meist nicht mehr zuläßt [Grudi88b, S.87]. Das Auftreten solcher Probleme ist hauptsächlich auf die schwierige Situation zurückzuführen, die sich bei der Anforderungsanalyse für Groupware stellt. Die Schwierigkeit liegt darin begründet, daß bei

---

[9]Bei einem 'Editor' handelt es sich um eine "*Komponente eines Datenverarbeitungssystems zum Bearbeiten von Texten und/oder Graphiken im Dialog (...). Texte können Zahlen, Programme, Briefe, Tabellen, Dokumente und sonstige beliebige Daten sein.*" [InfoD93, S.208]. Ein Textverarbeitungsprogramm ist somit ein Spezialfall eines Editors. In dieser Arbeit wird meist der Begriff Editor benutzt, wenn es sich um Anwendungen handelt, die dem Benutzer die interaktive Bearbeitung von Teildokumenten erlauben.

[10]Unter einem Gruppeneditor versteht man eine Anwendung, die eine Gruppe von Personen bei der gemeinsamen Bearbeitung von Dokumenten unterstützt. Gruppeneditoren vereinen normalerweise Editorfunktionalität und Kommunikationsfunktionalität. Synonym zum Begriff 'Gruppeneditor' wird häufig auch der Begriff 'Mehrbenutzer-Editor' verwendet.

Groupware im Gegensatz zu Einbenutzer-Anwendungen nicht nur ein einzelner Benutzer betroffen ist, sondern eine ganze Gruppe von Benutzern mit ihren sozialen Beziehungen und den organisatorischen Beziehungen.

Angewandt auf die Dokumentenerstellung ist der Hauptkritikpunkt an den bisher entwickelten Systemen, daß dem Benutzer nicht genügend Freiheit beim Arbeiten am Dokument gewährt wird. So werden beispielsweise bestimmte Abläufe beim Arbeiten oder zur Konfliktvermeidung vorgeschrieben. Mit solchen Festlegungen behindern Systeme eine produktive Zusammenarbeit mehr als daß sie sie unterstützen. Negativ ist auch das Vorschreiben einer bestimmten Benutzerschnittstelle. Besonders im Bereich der Dokumentenerstellung hat meist jeder Benutzer schon Kontakt mit verschiedenen Einbenutzer-Editoren gehabt und hat seine eigenen Präferenzen. Die Oberfläche des Gruppeneditors sollte diesen Oberflächen entsprechen oder zumindest in weiten Bereichen konfigurierbar sein. Das wurde bisher nicht beachtet.

Fehlende Informationsunterstützung, Konzentration auf lokale Netze

Auch mit mangelnder Flexibilität zu tun hat die Tatsache, daß bei den bisher realisierten Systemen meist noch keine vernünftige Integration der Unterstützung individueller Arbeit und synchroner gemeinschaftlicher Zusammenarbeit existiert. Die vorhandenen Anwendungen bieten meist nur voll synchrone Sitzungsunterstützung und gemeinsame Datenspeicherung. Eine Bereitstellung von Information zur Arbeitsgruppe und zu gerade stattfindenden Aktionen zur Ermöglichung des weiter oben angesprochenen Gruppenbewußtseins als ein Bindeglied zwischen synchroner und asynchroner Arbeit fehlt.

Die Trennung der Unterstützung synchroner von der Unterstützung asynchroner Zusammenarbeit hängt meist mit der strengen Fokusierung entweder auf lokale Netze oder auf Weitverkehrsnetze als mögliche Einsatzbereiche von Gruppeneditoren zusammen. Für Weitverkehrsnetze und mobile Szenarien wird die Unterstützung asynchroner Zusammenarbeit angeboten. Für Kooperation in lokalen Netzen werden synchrone Konferenzfunktionen bereitgestellt.

Obwohl sich lokale Netze und Weitverkehrsnetze in vielen Belangen immer weiter annähern, können Systeme, die für lokale Netze entwickelt worden sind, nicht einfach in Weitverkehrsnetzen verwendet werden[11]. Der Grund dafür ist, daß ein Weitverkehrsnetz sich in wichtigen Punkten von einem großen lokalen Netz unterscheidet.

Ein technischer Unterschied ist die hohe Wahrscheinlichkeit des Auftretens von Nichterreichbarkeitsphasen in Weitverkehrsnetzen. Durch die Weiterentwicklung bestehender Netzwerktechnologien steigen zwar die Übertragungsraten und die Zuverlässigkeit von Weitver-

---

[11]Ein Grund für die Wichtigkeit der beiden Einsatzbereiche Weitverkehrsnetze und mobile Rechner ist, daß dezentrale Zusammenarbeit immer weiter zunimmt. Zweitens stellen mobile Rechner (Notebooks, Laptops) mittlerweile, bedingt durch andauernden Preisverfall und Leistungssteigerung, ein bedeutendes Segment der verwendeten Rechnersysteme dar. Die Unterschiede zwischen Schreibtischrechnern und portablen Rechnern bezüglich Leistung und Kosten verschwinden zusehends.

kehrsnetzen, die Wahrscheinlichkeit, daß in einem verteilten System Partitionierungen auftreten, wird aber nicht wesentlich geringer. Beim Einsatz von mobilen Rechnern stellt sich die Problematik der länger andauernden Unerreichbarkeit noch extremer dar. Weiterhin ist in Weitverkehrsnetzen mit viel größeren statischen oder dynamischen Schwankungen in der zur Verfügung stehenden Bandbreite der Übertragungskanäle zu rechnen.

Neben den technischen Unterschieden sind auch noch organisatorische Unterschiede zu erwähnen. Weitverkehrsnetze verbinden normalerweise unterschiedliche Organisationen. Dies führt im Gegensatz zu lokalen Netzwerken dazu, daß Sicherheitsaspekte eine höhere Relevanz erhalten. Auch kann aufgrund unterschiedlicher Organisationen normalerweise nicht mehr mit homogener Hardware gerechnet werden.

Folge der Unterschiede ist beispielsweise, daß zentrale Serveransätze, wie in lokalen Netzen weit verbreitet, in Weitverkehrsnetzen nur bedingt einsetzbar sind.

Nachdem bei der Entwicklung von Anwendungen zur Unterstützung kooperativer Dokumentenerstellung nicht auf die Besonderheiten von Weitverkehrsnetzen eingegangen worden ist, sind viele der Gruppeneditoren überhaupt nur in lokalen Netzen sinnvoll einsetzbar.

Zusammenfassend kann man sagen, daß die Unterstützung kooperativer Dokumentenerstellung durch Rechner sinnvoll und wünschenswert ist und daß bisher noch keine zufriedenstellenden Anwendungen zur Unterstützung existieren. Vorhandene Anwendungen gehen zuwenig auf die Anforderungen der Benutzer ein und vernachlässigen vor allem die möglichen Einsatzszenarien, insbesondere Weitverkehrsnetze und mobile Rechner. Eine bessere Unterstützung der kooperativen Dokumentenerstellung, die auf die Anforderungen der Benutzer eingeht und auch in Weitverkehrsnetzen soweit möglich synchronen Informationsaustausch erlaubt, ist notwendig [Beck93b, Dillo93, Neuwi94].

1.3 Zielsetzung der Arbeit

Das Ziel dieser Arbeit ist es, ein Werkzeug für die Unterstützung kooperativer Dokumentenerstellung zu konzipieren. Dabei soll der Hauptaugenmerk auf den Phasen des Dokumentenerstellungsprozesses mit größtenteils isolierter Zusammenarbeit der Autoren und auf den Übergangsphasen zu synchroner Zusammenarbeit liegen. Für die Unterstützung synchroner Konferenzen kann auf Arbeiten aus dem Bereich der Unterstützung lokaler und räumlich getrennter Sitzungen zurückgegriffen werden.

Die zu konzipierende Unterstützungsumgebung soll

- den Anforderungen der Benutzer gerecht werden,

- in WAN-Umgebungen und mit mobilen Rechnern ohne Einschränkungen einsetzbar sein und deshalb

- bei der Unterstützung von Zusammenarbeit (Kommunikation, Information über die Autorengruppe und über Aktionen am Dokument) insbesondere WAN-Umgebungen und mobile Rechner berücksichtigen.

Wie in dem vorhergehendem Abschnitt motiviert, bestehen hauptsächlich zwei Probleme, die gelöst werden müssen: Erstens sind die Anforderungen an eine Anwendung zur Unterstützung der kooperativen Dokumentenerstellung zu klären und zweitens muß die Ermöglichung eines Übergangs zwischen synchroner und asynchroner Arbeitsweise mit Hilfe von Information besonders in Weitverkehrsumgebungen beachtet werden.

Es ist also notwendig,

- die Anforderungen der Benutzer zu analysieren und darauf aufbauend ein Modell für mögliche Anwendungen zur Unterstützung zu erarbeiten und

- zu klären, welche Einflüsse charakteristisch für Weitverkehrsnetze und mobile Rechner sind, und wie sich diese Eigenschaften auf die Unterstützung von Zusammenarbeit auswirken.

Bei diesen beiden Punkten handelt es sich um die zentralen Ziele dieser Arbeit.

Nicht direktes Ziel dieser Arbeit ist die Behandlung der Anforderungen, die sich aus der Zusammensetzung von Dokumenten aus verschiedenen Datentypen ergeben (Multimedia-Dokumente). Ebenso wird die Möglichkeit des Einsatzes verschiedener Dokumentenstrukturen nur am Rande angesprochen.[12] Eine ausführliche Betrachtung dieser Fragestellungen in dieser Arbeit würde zu weit führen. Einige weiterführende Betrachtungen zu den Fragen finden sich in Kapitel 8 und in [Koch95a, Teege94].

1.4 Verwandte Themenbereiche

Neben den in der Problembeschreibung (Abschnitt 1.2) angesprochenen Systemen zur Unterstützung des kooperativen Editierens finden auch noch andere Bereiche der Informatik und anderer Fachbereiche Eingang in diese Arbeit. In diesem Abschnitt werden diese Bereiche und ihr Bezug zur Lösung kurz zusammenhängend erläutert. Genaueres zu den Bereichen wird dann in den einzelnen Kapiteln ausgeführt.

Zuerst sind hier andere Arbeiten aus dem großen Bereich CSCW zu nennen. Die Arbeiten beschäftigen sich mit verschiedenen Aspekten der Unterstützung von Gruppenarbeit durch Rechner. Arbeiten auf dem Gebiet von integrierter Groupware liefern beispielsweise Ansatzpunkte zur Spezifikation der Integrierbarkeit des neuen Systems (z.B. MMTCA [Crowe94], MOCCA [Benfo93], ASCW [Kreif93]). Auch Toolkits zur Erstellung beliebiger Groupware sind interessant (z.B. COCOON [Kolla94], COEX [Patel93]). Gerade bei den Toolkits wird teilweise sogar schon direkt auf die mögliche Anwendbarkeit zur Realisierung von Gruppeneditoren eingegangen.

---

[12]Die Einsetzbarkeit der Ergebnisse dieser Arbeit für die Unterstützung der Bearbeitung verschiedener Medien und Dokumentenstrukturen wird aber trotzdem insoweit sichergestellt, als zur Motivation der Anforderungen nicht nur Ergebnisse aus dem Bereich der Textdokumente einfließen, sondern ausgehend von einer allgemeinen Untersuchung der Kooperation in Gruppen argumentiert wird.

Nachdem die Einsetzbarkeit des Gruppeneditors in verteilten Umgebungen eine wichtige Forderung ist, sind auch Arbeiten aus dem Bereich der mobilen verteilten Systeme oder aus dem Bereich der Rechnernetze für die Arbeit relevant. Ein wichtiger Teilbereich betrifft dabei die Speicherung der Dokumente im verteilten System. Hier sind Ansätze bei verteilten Dateisystemen (siehe Zusammenstellung von Systemen in [Borgh92]) und bei Datenbanken, sowie bei Systemen für Hypermedia (z.b. [Lange92, Wiil93]) und CAD (z.b. [Delis86, Katz87]) wichtig. Der Bereich Software-Engineering steuert weiterhin einige Konzepte zur Verwaltung der Daten bei asynchroner Zusammenarbeit bei (z.b. Systeme wie RCS [Tichy82], CVS [Berli90] oder andere [Lie89, Reich94]).

Die Themengebiete Multimedia und Hypermedia interessieren für diese Arbeit nur insoweit sie Konzepte liefern, welche die Struktur- und Inhaltsverwaltung des Dokuments möglichst allgemein und erweiterbar halten. In diesem Zusammenhang ist beispielsweise das erweiterbare DEVISE HYPERMEDIA SYSTEM (DHM) [Gronb94] sehr interessant. Hier wird mit einem Interpreter für Klassenbeschreibungen die Möglichkeit der Erweiterbarkeit um neue Datentypen ohne Neuübersetzung der Software erreicht.

Aber nicht nur die Informatik liefert Ausgangsmaterial für diese Arbeit. Die Interdisziplinarität des Bereichs CSCW zeigt sich darin, daß auch Ergebnisse der Psychologie, der Soziologie und der Wirtschaftswissenschaften in die Arbeit einfließen. Dabei handelt es sich vor allem um Betrachtungen zu den Begriffen Kooperation und Koordination sowie um Untersuchungen über (kooperative) Schreibgruppen.

1.5 Aufbau und Ergebnisse der Arbeit

Bei der Arbeit an Anwendungen zur Unterstützung von Gruppenarbeit sind drei Grundaufgabenfelder zu identifizieren [Krcma91, Krcma92]:

- *Erstens* muß ein Verständnis für Teamarbeit und für die zu unterstützenden Aufgaben gewonnen werden.

- *Zweitens* müssen Konzepte und Prototypen erstellt und erweitert werden und

- *drittens* müssen diese Konzepte und Prototypen evaluiert werden.

Im dritten Bereich geht es zum Beispiel darum, ob die Auswirkungen wirklich so eintreten, wie von den Werkzeugbauern ursprünglich vorhergesehen, und ob weitere, eventuell nicht beabsichtigte Wirkungen auftreten. Abbildung 1.2 zeigt das Konzept im Überblick.

Die Reihenfolge der Abarbeitung der Aufgabenfelder ist nicht so selbstverständlich, wie es auf den ersten Blick scheint. So kann es beispielsweise notwendig sein, zuerst einen Prototypen zu bauen, bevor man ihn im Einsatz evaluieren und dadurch Rückschlüsse auf den Hintergrund der Teamarbeit gewinnen kann. Der Einsatz von technischen Hilfsmitteln wie z.B. von Rechnersystemen hat oft Einfluß auf die Zusammenarbeit bei der damit unterstützten Aufgabe. Dieser Umstand, daß es bisher oft nicht möglich war korrekt vorherzusagen,

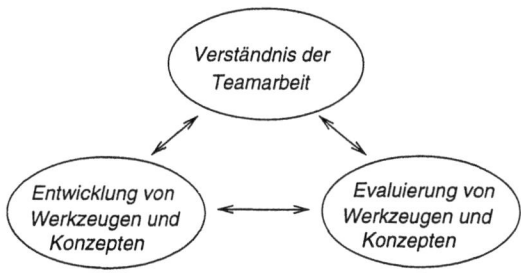

Abbildung 1.2: Grundaufgabenfelder bei der Konzeption von Groupware

wie sich die Art der Zusammenarbeit durch die Einführung einer neuen Anwendung ändert, wird von vielen Autoren als Hauptproblem der CSCW-Disziplin gesehen (z.B. [Easte95]).

Allgemein ist also ein mehrfacher Durchlauf aller Bereiche notwendig. Dourish beschreibt dies in [Douri95a] als „*cycle of design*".

In dieser Arbeit soll für die Unterstützung kooperativer Dokumentenerstellung in der Reihenfolge 'Verständnis der Teamarbeit', 'Evaluierung von Werkzeugen und Konzepten' und 'Entwicklung eines neuen Werkzeugs' vorgegangen werden. Das erscheint mir aus folgenden beiden Gründen praktikabel:

- Es kann auf die Erfahrungen zurückgegriffen werden, die bei der Erstellung und beim Test vieler schon gebauter Prototypen zur Unterstützung kooperativer Dokumentenerstellung gemacht worden sind.

- Eine Änderung der Teamarbeits-Charakteristika durch den Einsatz neuer Anwendungen könnte zwar eintreten. Wegen der in großen Abschnitten autonomen (asynchronen) Arbeitsweise und der schon weit verbreiteten elektronischen Unterstützung der Dokumentenerstellung ist aber zumindest in der ersten Einsatzphase keine grundlegende Änderung der Teamarbeits-Charakteristika durch eine neue Anwendung zu erwarten. Eventuelle Änderungen, die sich auf lange Sicht einstellen, finden dann beim Redesign im nächsten Durchlauf des Designzyklus Eingang.

Ich wähle also als Ausgangspunkt meiner Arbeit die Betrachtung der Teamarbeit und der kooperativen Dokumentenerstellung im allgemeinen.

In *Kapitel 2* wird geklärt, wie *kooperative Dokumentenerstellung* abläuft, also wie Koautoren zusammenarbeiten bzw. wie sie zusammenarbeiten wollen. Um dieses Grundverständnis zu erhalten, wird in drei Schritten vorgegangen: Zuerst wird das Wesen von Kooperation und Koordination diskutiert. Diese Betrachtungen führen zu einer Definition des Kooperationsbegriffs für die weitere Arbeit. Dann wird auf den Prozeß der Dokumentenerstellung eingegangen und dieser Begriff schließlich auch für den Mehr-Autoren-Fall besprochen. Grundlage zu den Betrachtungen sind allgemeine Modelle zum Schreibprozeß, Untersuchungen und ethnographische Studien zum kooperativen Schreiben, sowie Erfahrungsberichte von kooperativen Schreibprojekten.

Ein Ergebnis des Kapitels ist die Erweiterung des Modells für den Ein-Autoren-Schreibprozeß von Flower und Hayes [Flowe81] auf den Mehr-Autoren-Fall. Dieses Modell wird in der weiteren Arbeit unter anderem dazu benutzt, Aspekte zu identifizieren, die beim kooperativen Schreiben zu unterstützen sind.

Nach dieser Klärung der Grundbegriffe wird in *Kapitel 3* dargestellt, welche rechnerbasierten Hilfsmittel momentan zur Unterstützung von kooperativer Dokumentenbearbeitung existieren. Dabei wird besonders auf die Probleme und Einschränkungen dieser Hilfsmittel eingegangen. Ausgehend von den Ergebnissen aus Kapitel 2 werden dann allgemeine Möglichkeiten und Anforderungen an eine Unterstützung des gemeinsamen Schreibens durch Rechner betrachtet. Ergebnis dieser Überlegungen ist eine Liste von Anforderungen an Gruppeneditoren, also Anwendungen zur Unterstützung von Schreibteams.

Als Hauptforderung kristallisiert sich heraus, daß bei der Konzeption der Gruppeneditoren zuerst zu beachten ist, daß den Autoren von der Mehrbenutzer-Anwendung zumindest die Funktionalität einer vergleichbaren Einbenutzer-Anwendung bereitgestellt wird. Wichtig ist dabei vor allem der Aspekt, daß die Autoren jederzeit lesend und schreibend auf das Dokument zugreifen können und nicht vom System an Zugriffen gehindert werden.

Als zweiter wichtiger Aspekt bei den Benutzeranforderungen stellt sich die Information der Benutzer heraus. Dies ist zur Modellierung von zwei Aspekten notwendig: erstens muß spontane Kooperation bei synchroner Zusammenarbeit ermöglicht werden. Dazu braucht man Information über aktuelle Aktionen und den aktuellen Zustand des Dokuments und der Sitzung. Es sollte weiterhin die indirekte Kommunikation unterstützt werden, die man bei persönlichem Dokumentenaustausch automatisch bekommt. Dazu gehören Information über die Historie der Änderungen und der insgesamt am Projekt beteiligten Personen sowie Hinweise auf deren Beiträge zum Dokument.

Die Anforderungen zur Architektur eines Gruppeneditors beinhalten drittens, daß zur Unterstützung einer möglichst hohen Flexibilität und Erweiterbarkeit bei der Zusammenstellung der Arbeitsumgebung keine isolierte Anwendung geboten werden sollte, sondern eine integrierte Umgebung.

Diesen Aspekten folgend wird am Ende von Kapitel 3 ein Grobkonzept für die Architektur eines Gruppeneditors aufgestellt. Zentraler Teil dieser Architektur ist ein Kerndienst zur Speicherung der Dokumenteninhalte und zur Generierung und Verteilung von Awarenessinformation.

Besonders beim synchronen Austausch der Änderungen und beim Austausch der Awarenessinformationen existieren bisher noch keine Lösungen. Konkretes Ziel dieser Arbeit ist es deswegen im weiteren, den Kerndienst zu spezifizieren und dabei besonders auf das Einsatzumfeld Weitverkehrsnetze und mobile Rechner sowie auf die Bereitstellung und Verteilung der 'Awareness'-Information im angegebenen Umfeld einzugehen.

Als Grundlage für die Informationsverteilung ist es zuerst einmal wichtig, den Aufbau der verteilten Datenhaltung zu kennen. Deshalb wird in *Kapitel 4* auf die Eigenschaften der zu berücksichtigenden Umgebung (*Verteile Systeme, Weitverkehrsnetze*) eingegangen und ein Konzept zur Verwaltung der Dokumentendaten vorgestellt, das den Forderungen aus Kapitel 3 gerecht wird.

In *Kapitel 5* wird dann, unter spezieller Berücksichtigung von Weitverkehrsnetzen und dem Einsatz mobiler Rechner, der Frage nach der Darstellung und Bereitstellung von Information zur Unterstützung des kooperativen Bearbeitens nachgegangen.

Zuerst werden die gewünschten Informationstypen zusammengestellt und nach dem zeitlichen Bezug strukturiert. Nach der Zusammenstellung der Anforderungen wird untersucht, welche Probleme im Zusammenhang mit der allgemeinen Umgebung auftreten können. Dabei wird motiviert, daß es in Weitverkehrsnetzen und speziell bei mobilen Rechnern vorkommen kann, daß lokal vorhandene Informationen zur Zusammensetzung der Gruppe und zu den Aktionen der Gruppe nicht immer aktuell sind. Allgemein formuliert, variiert die 'Qualität' der anzeigbaren Information. Dem Benutzer muß hier zusätzliche Information geliefert werden, damit er die angezeigte Information richtig interpretieren kann. Dieser Aspekt muß bei der Beschaffung und Bereitstellung der Awarenessinformationen besonders beachtet werden.

Zur Erarbeitung einer Lösung für das Problem wird im weiteren Kapitel nach verschiedenen Informationstypen getrennt betrachtet, welche zusätzliche Information zur Bewertung der 'Qualität' durch den Benutzer notwendig ist. Ergebnis dieser Überlegungen ist ein 'Informationsmodell', das beschreibt, welche Information dem Benutzer eines Gruppeneditors angeboten werden soll, damit das Erreichen eines möglichst guten Gruppenbewußtseins möglich ist. Neben der Attributierung von Ereignissen ist die wichtigste Komponente hier eine erweiterte Sitzungsinformation.

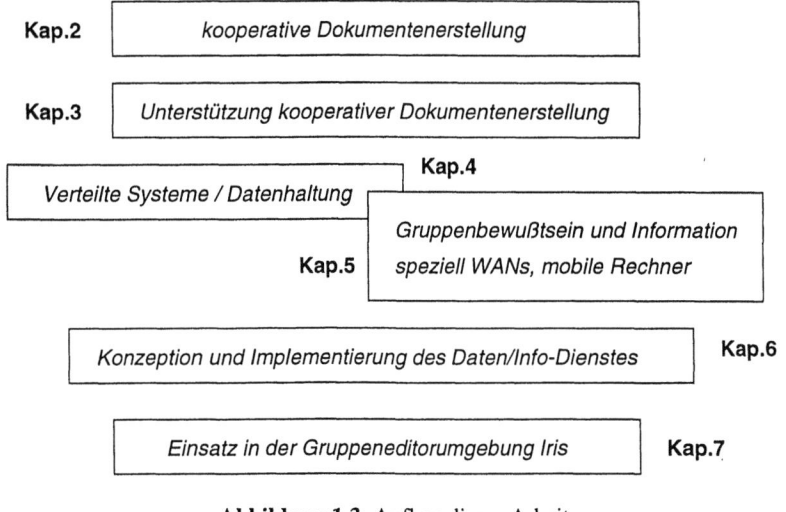

Abbildung 1.3: Aufbau dieser Arbeit

Kapitel 6 faßt die Ergebnisse der beiden vorhergehenden Kapitel zusammen und präsentiert ein Modell für den Dienst zur Datenhaltung und zum Informationsmanagement in einem verteilten Dokumenteneditor. Es werden also die Grundarchitektur und die Funktionalität zur Datenhaltung aus Kapitel 4 ausgeführt und die Informationsfunktionen von Kapitel 5 eingebaut. Neben dem Modell beschreibt Kapitel 6 auch die darauf aufbauende Implementierung dieses Dienstes.

Nachdem nun die Kernkomponente einer Editorumgebung erstellt worden ist, wird in *Kapitel 7* dargestellt, wie diese Kernkomponente in einer realen Editorumgebung eingesetzt werden kann. Dazu wird die parallel zu dieser Arbeit entwickelte Gruppeneditorumgebung IRIS vorgestellt, welche sich auf den Dienst zur Datenhaltung und zur Informationsgenerierung und -verbreitung abstützt. Es werden kurz die in IRIS realisierten Benutzerschnittstellen vorgestellt und die Erfahrungen beim Test der Umgebung beschrieben.

In *Kapitel 8* findet sich schließlich eine Zusammenfassung der Ergebnisse dieser Arbeit. Diese Zusammenfassung zeigt noch einmal auf, welche Ziele mit der Arbeit erreicht wurden und welchen Beitrag die Arbeit zur wissenschaftlichen Forschung leistet. Abschließend wird noch ein Ausblick auf mögliche weiterführende Untersuchungen in diesem Problemkreis gegeben. Zuerst einmal gehören dazu eine allgemeine Betrachtung offener Fragestellungen. Ein wichtiger Punkt ist hier die Betrachtung von Sicherheitsaspekten. Weiterhin werden aber auch Vorschläge zu möglichen Erweiterungen der Funktionalität der Datenverwaltungskomponenten gemacht und auch mögliche Erweiterungen in den Anwendungen der Benutzerschnittstelle der IRIS-Umgebung angesprochen.

Kapitel 2

Kooperative Dokumentenerstellung

Um zu bestimmen, wie kooperative Dokumentenerstellung angemessen unterstützt werden kann, ist es wichtig zu klären, was unter dem Begriff überhaupt zu verstehen ist. Dazu werden in diesem Kapitel zunächst die Begriffe Kooperation und Dokumentenerstellung genauer betrachtet. Bei der Diskussion kooperativer Dokumentenerstellung wird besonders auf den Aspekt des Gruppenbewußtseins eingegangen. Die Ergebnisse des Kapitels werden schließlich in einem Modell zum Prozeß der gemeinsamen Dokumentenerstellung zusammengefaßt. Diese Betrachtungen finden unabhängig von der möglichen Unterstützung durch Rechner statt.

2.1 Kooperation, kooperative Arbeit

Zur Beantwortung der Frage, was man unter kooperativer Dokumentenerstellung verstehen kann, betrachte ich zuerst die beiden Begriffe *Kooperation* und *kooperative Arbeit*.

Definitorische Ansätze

Kooperation (von lat. 'cooperare' = zusammenarbeiten, mitarbeiten) bezeichnet in der Grundbedeutung jede Form der Zusammenarbeit zwischen Individuen, Gruppen und Organisationen [Grunw81, S.72]. Ein Ziel der Kooperation ist es, durch gemeinschaftliche Arbeit eine bessere Leistung zu erzielen, als die Summe der einzelnen Arbeitsbeiträge alleine ergeben würde.

Durch die Verwendung des Kooperations-Begriffs in unterschiedlichsten Disziplinen hat er verschiedenste Bedeutungen erfahren[1]. Das Spektrum der Auffassungen, was Kooperation sei, ist deshalb entsprechend groß. Es reicht von losem Informationsaustausch an einer Pinnwand über das koordinierte Handeln in einem Wirtschaftsmarkt bis hin zur engen Zusammenarbeit in kleinen Gruppen mit einem gemeinsamen Ziel.

Durch die intensive Auseinandersetzung mit Kooperation im Bereich der Informatik gibt es auch hier eine Fülle einschlägiger Arbeiten, die versuchen, den Begriff zu definieren (z.B.

---

[1] Siehe z.B. [Piepe91b] für eine Zusammenfassung der Bedeutungen des Begriffs 'Kooperation' in den Sozialwissenschaften, der Ökonomie und der Informatik.

[Banno89, Oberq91c, Piepe91a, Schmi90, Sorga88]). Meist wird der Begriff Kooperation bzw. kooperative Arbeit dabei in dem Kontext gebraucht, den Bannon und Schmidt vorstellen:

> *„In sum, the term 'cooperative work' is the general and neutral designation of multiple persons working together to produce a product or service. It does not imply specific forms of interaction or organization such as comradly feelings, equality of status, formation of a distinct group identity."* [Banno89, S.362]

Problem bei dieser sehr offenen Definition ist, daß sie nicht zur Identifizierung von Charakteristika kooperativer Arbeit herangezogen werden kann, da es damit möglich ist, jede Art von Arbeit als kooperativ zu betrachten. Bei ausreichend weiter Auslegung sind immer andere Personen an der Durchführung einer Aufgabe beteiligt.

Diese Betrachtungsweise ist also noch etwas zu undifferenziert um daraus etwas für die Anforderungen an die Unterstützung kooperativer Arbeit bei der Dokumentenerstellung abzuleiten. Im weiteren Abschnitt möchte ich deshalb auf einen speziellen Ansatz zur Klärung des Begriffs Kooperation im Bereich von CSCW näher eingehen. Dabei handelt es sich um das Konzept kooperativen Handelns nach Piepenburg [Piepe91a, Piepe91b].

Kooperation nach Piepenburg

Ein gemeinsamer Nenner fast aller Ansätze zur Definition von Kooperation ist, daß es bei Kooperation um die gegenseitige Beeinflussung von Handlungen oder Handlungsplänen geht. Piepenburg konkretisiert in seinen Arbeiten diesen Minimalkonsens mit folgenden fünf Voraussetzungen für eine kooperative Handlung: *Zielidentität, Plankompatibilität, Ressourcenaustausch, Regelbarkeit* und *Kontrolle*. Diese müssen erfüllt sein, damit die Zusammenarbeit mehrerer Personen eine kooperative Handlung ist.

> *„Kooperation bezeichnet das Tätigsein von zwei oder mehr Individuen, das bewußt planvoll aufeinander abgestimmt die Zielerreichung eines jeden beteiligten Individuums in gleichem Maße gewährleistet."* [Piepe91b]

Mit Zielidentität ist die notwendige Überschneidung der Ziele der Partner gemeint. Dabei können die an einer Kooperation beteiligten Partner durchaus unterschiedliche Ziele verfolgen. Aus der Forderung, daß die Partner ihre Handlungen planvoll aufeinander abstimmen, folgt aber, daß sie zumindest gemeinsame Teilziele haben.

Unter Plankompatibilität versteht man die Möglichkeit der Koppelung der individuellen Handlungspläne. Das bedeutet, daß der Ablauf des Handlungsplans jedes Teilnehmers durch Interaktionen anderer Teilnehmer potentiell veränderbar ist (Synchronisation). Wenn zwei Personen, die das gleiche Ziel haben, ihre Aktivitäten nicht aufeinander abstimmen, dann handeln sie getrennt voneinander. Bei der kooperativen Arbeit müssen die Partner jedoch ihre Handlungen aufeinander abstimmen. Dies geschieht zum Beispiel dann, wenn Teilschritte eines individuellen Handlungsplans durch einen anderen Partner ausgeführt werden oder wenn die Ergebnisse der Handlung eines Partners die weitere Planung der eigenen Handlung bestimmen.

Für die Abstimmung der Handlungspläne ist es wichtig, die Randbedingungen der beteiligten Partner zu kennen. Durch die Koppelung der Handlungspläne tauschen die Partner Ressourcen aus, zum Beispiel Informationen oder produzierte Gegenstände.

Während die Plankompatibilität die Möglichkeit zur Synchronisation der Handlungspläne fordert, steht Regelbarkeit für die Möglichkeit der gegenseitigen Anpassung von Handlungsplänen. Handlungspläne können und werden also aufgrund von Interaktionen verändert, an neue Gegebenheiten angepaßt. Im Gegensatz zur Automation können beispielsweise in der qualifizierten Sachbearbeitung oder in der Forschung die Handlungspläne nicht im voraus festgelegt werden, sondern erst nachdem Teilergebnisse erzielt worden sind. Infolge des Ressourcenaustauschs werden nicht nur die eigenen, sondern auch die Handlungspläne der Partner beeinflußt.

Kontrolle bedeutet schließlich, daß die Partner die Handlungspläne selber regulieren können. Die Partner müssen sowohl ihre eigenen Handlungspläne kontrollieren, als auch Einfluß auf die Handlungspläne der anderen Partner nehmen können. In kooperativen Anteilen der Arbeit muß also eine maximale Durchschaubarkeit des Prozesses gewährleistet sein. Die Handlungsabsichten der anderen Teilnehmer müssen erkennbar sein. Das unterscheidet kooperative Handlungen von Handlungen, die durch dritte koordiniert werden.

Differenzierung von Kooperation

Diese Definition von Piepenburg ist aber keineswegs unumstritten. Besonders die Forderung nach Zielidentität wird von vielen Autoren als nicht notwendig angesehen.

Um den verschiedenen Bedeutungen gerecht zu werden, die der Begriff 'Kooperation' in sich vereint, stelle ich in diesem Abschnitt noch Differenzierungsansätze für den Kooperationsbegriff vor und komme dann wieder auf die Definition nach Piepenburg zurück.

Der hauptsächlich verfolgte Ansatz zur Differenzierung des Kooperationsbegriffs geht davon aus, daß die Kommunikation bzw. Interaktion[2] ein sehr wichtiger Aspekt von kooperativer Arbeit ist, und ausgehend von der Kommunikationstheorie kategorisiert er kooperative Arbeit nach der Intensität der Interaktion, die zwischen den Gruppenmitgliedern stattfindet.

Ein Vorschlag hierzu stammt von Bair [Bair89]: Er unterscheidet in seiner Studie vier Stufen, die mit einer steigenden Intensität der Interaktion unter den Beteiligten einhergehen. Die vier Stufen sind *Information, Koordination, Kollaboration* und *Kooperation*. Als Oberbegriff für diese Typen der Zusammenarbeit verwendet Bair den Begriff '*Interaktion*'.

Diese Differenzierung nach einer Hierarchie von Interaktionsebenen wird auch von Schäl und Zeller [Schal90] bestätigt, die allerdings die unterste Ebene 'Information' weglassen.

---

[2]Unter Kommunikation versteht man einen Prozeß, bei dem Informationen "*zum Zwecke der aufgabenbezogenen Verständigung ausgetauscht werden*" [Reich93]. Da der Begriff 'Kommunikation' häufig nur in seiner technischen Bedeutung benutzt wird (Vorgang des Transportes von Informationen, Kodieren, physikalische Übertragung), verwenden viele Autoren für den gegenseitigen Austausch zwischen zwei oder mehr Personen bevorzugt den allgemeineren Begriff 'Interaktion'.

Weiterhin ersetzen sie den Begriff 'Kooperation' bei Bair durch 'Co-Decision' und benutzen 'Kooperation' als Oberbegriff.

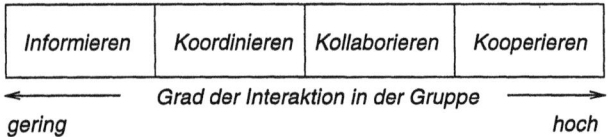

Abbildung 2.1: Verschiedene Stufen der Zusammenarbeit

Trotz unterschiedlicher Begriffe besteht zumindest bei der Charakterisierung der Kategorien größtenteils Einigkeit:

Information: Es können anonym Daten ausgetauscht werden, ohne daß sich die Beteiligten kennen müssen.

Koordination: Das Hauptaugenmerk liegt hier auf der Synchronisation bei der gemeinsamen Nutzung von Information und anderen Ressourcen. Es ist nicht notwendig, daß die Beteiligten ein gemeinsames Arbeitsziel verfolgen. Ergebnis des Prozesses können also mehrere Produkte sein. Arbeitstätigkeiten können aber trotz verschiedener Ziele ineinandergreifen, um den Zugriff auf gemeinsam genutzte Ressourcen (z.B. Konferenzräume) zu regeln. Malone definiert den Begriff 'Koordination' beispielsweise folgendermaßen: "*Coordination is managing dependencies between activities.*" [Malon94]

Kollaboration: Die Beteiligten nehmen an demselben Arbeitsprozeß teil (z.B. an der Erstellung eines Berichts). Die Zusammenarbeit motiviert sich aus der Überdeckung der persönlichen Ziele der Gruppenmitglieder (gemeinsames Teilziel). Trotz des gemeinsamen Ziels hat jeder eine eigene Teilaufgabe, so daß die Leistung jedes einzelnen getrennt bewertet werden kann. Am Ende eines kollaborativen Prozesses steht als Resultat aller Beiträge des Teams ein Ergebnis (Produkt oder Dienst).

Der Erfolg der Kollaboration hängt davon ab, wie sehr sich die Individuen engagieren, ein gemeinsames Verständnis der Aufgabe zu haben und ein gemeinsames Wissen aufzubauen.

Kooperation, Gruppenkonsens: Die Beteiligten arbeiten an einem gemeinsamen Ergebnis (Gruppenkonsens), z.B. einer Veröffentlichung. Die Individuen können dabei gleichberechtigt oder auch nicht gleichberechtigt sein. Individuelle Ziele werden dem Gruppenziel untergeordnet. Entscheidungen werden gemeinsam getroffen. Die Leistung der Gruppe (des 'Teams') wird insgesamt bewertet, die Konkurrenz innerhalb der Gruppe ist minimal. Die Gruppe lebt von der häufigen Interaktion und wird durch die gemeinsamen Ziele zusammengeschweißt.

Wie bei der Kollaboration sind ein gemeinsames Verständnis der Aufgabe und gemeinsames Wissen wichtige Aspekte.

Ob eine bestimmte Form der Zusammenarbeit von Individuen als Kooperation, koordinierte Arbeit oder als bloßer Austausch von Information bezeichnet wird, hängt hauptsächlich vom Zusammenhang zwischen den Zielen der einzelnen Tätigkeiten ab.

Für kooperative Arbeit muß nicht unbedingt ein gemeinsames Ziel gegeben sein. Es muß nur ein gemeinsames Produkt oder ein gemeinsamer Dienst erbracht werden, ohne daß die Gruppenmitglieder dabei direkt konkurrieren (gemeinsames Teilziel, mindestens Anteile der Ebene 'Kollaboration' im Sinne der eben beschriebenen Differenzierung). Eine intensivere Zusammenarbeit wie auf der Ebene 'Kooperation' wird aber nicht ausgeschlossen und es können selbstverständlich auch Aktivitäten der beiden unteren Ebenen enthalten sein. In der weiteren Arbeit werden deshalb auch die Begriffe 'kollaborative Arbeit' und 'kooperative Arbeit' synonym gebraucht.

Nach diesen Betrachtungen möchte ich in folgender Definition angeben, mit welcher Bedeutung ich in der weiteren Arbeit den Begriff *kooperative Arbeit* verwende:

Definition 2.1 (Kooperative Arbeit)
Unter kooperativer Arbeit werden Arbeitssituationen verstanden, in denen mehrere Personen zusammenarbeiten um ein (gemeinsames) Ergebnis zu erreichen (Produkt oder Dienstleistung). Die spezielle Organisationsform oder Struktur der Gruppe kann dabei beliebig sein.

Für eine solche Situation sind folgende Eigenschaften charakterisierend:

- *mindestens partielle Übereinstimmung der Ziele*

- *Möglichkeit zur gegenseitigen Anpassung der Handlungspläne (d.h. gegenseitige Beeinflussung der Handlungen und Handlungspläne durch Ressourcenaustausch bzw. Kommunikation zwischen den Gruppenmitgliedern).*

- *Gruppenmitglieder sind nicht notwendigerweise gleichberechtigt, arbeiten aber normalerweise in einer flachen Hierarchie.*

Diese sehr an der Erklärung des Kooperationsbegriffs durch Piepenburg angelehnte Definition wird in der weiteren Arbeit verwendet, um 'kooperative Dokumentenerstellung' zu charakterisieren und um Anforderungen für eine Unterstützung der Kooperation abzuleiten. Der wichtigste Punkt der Definition ist dabei die Möglichkeit zur gegenseitigen Anpassung der Handlungspläne. Um sie zu erreichen, muß für die Kooperationspartner eine Möglichkeit zum Informationsaustausch bereitgestellt werden. Kommunikation wird unter anderem dazu benutzt, ein gemeinsames Verständnis der Aufgabenstellung und eine gemeinsame Einschätzung des Aufgabenfortschritts zu entwickeln und um eine flexible Anpassung des Prozesses zu ermöglichen.

2.2 Dokumentenerstellung

Begriffsbestimmung

Zunächst einmal ist zu klären, was überhaupt unter einem *Dokument* zu verstehen ist. Allgemein wird ein Dokument als '*beständiges informationstragendes Artefakt*' definiert. Ein wesentliches Merkmal von Dokumenten ist, daß Dokumente *aufgezeichnete* Informationen sind. Man kann ein Dokument auch als '*Menge von Informationen, die zur menschlichen Wahrnehmung bestimmt sind*' definieren (vgl. [Stein93, S.347]). Der Begriff umfaßt folglich nicht nur schriftliche Aufzeichnungen, sondern auch andere Arten der Information (z.b. Bild und Ton). Auch bei elektronischen Dateien, Videos usw. handelt es sich um Dokumente.

Ein Dokument besteht aber nicht nur aus den aufgezeichneten Informationen. Neben den *Inhaltsdaten* sind zwei weitere wichtige Bestandteile eines Dokuments die *Struktur* und die *Formatierung*. Die Struktur beschreibt die Beziehungen der Datenelemente untereinander. Dazu gehören Gliederung, Aufzählungen, Listen, Verweise, Fußnoten. Unter Formatierung ist alles zu verstehen, was mit der sinnlich wahrnehmbaren Erscheinung des Dokuments zu tun hat. Die Formatierung macht die Struktur für den Leser erst wahrnehmbar. Die Formatierung bedient sich dazu der verschiedensten Mittel, um die einzelnen Strukturelemente eines Dokuments hervorzuheben und bzw. oder gegeneinander abzugrenzen. Beispiele sind verschiedene Schriftarten, das Absatzformat, besondere Positionierungen und graphische Elemente.

Der Begriff *Dokumentenerstellung* umschließt alle Tätigkeiten, die nötig sind, um ein fertiges (vorzeigbares) Dokument zu produzieren. Dabei kann es sich um ein elektronisches oder auch ein gedrucktes Werk handeln. Bei den nötigen Tätigkeiten handelt es sich nicht nur um die reine Inhaltserstellung oder nur um die Festlegung der Formatierung eines vorgegebenen Inhalts (Layout), sondern um den ganzen Prozeß von der ersten Idee bis hin zum fertigen Dokument.

Da in dieser Arbeit nur elektronische Dokumente interessieren, beziehe ich das Drucken bzw. allgemein das Publizieren mit all seinen Unterprozessen nicht in den Begriff der Dokumentenerstellung mit ein[3]. Für diese Arbeit ist die Dokumentenerstellung also die Folge von Tätigkeiten bis hin zum fertigen Manuskript, das eventuell schon Layoutinformation beinhalten kann. Dieser Prozeß beginnt bei der Ideenfindung (Brainstorming) und endet beim Review bzw. bei der Weitergabe des fertigen Werks zum Drucken.[4]

Weiterhin ist zu bemerken, daß Dokumentenerstellung meist nicht nur auf ein Dokument im klassischen Sinne beschränkt ist. Eine Dokumentenerstellungsaufgabe umfaßt häufig mehrere Dokumente. Diese Einzeldokumente gehören zusammen und sollten im Hinblick auf die Aufgabe nicht getrennt betrachtet werden, sondern als ein zusammengefaßtes Dokument.

---

[3]Information zu den Prozessen in der Publizier-Phase sowie zu den Kooperations- und Koordinationsbedürfnissen in dieser Phase findet sich beispielsweise in [Sandk95].

[4]Auch mit der Veröffentlichung ist der Prozeß der Dokumentenerstellung nicht unbedingt beendet. Es ist möglich, mit dem bisherigen Ergebnis wieder neu in den Prozeß einzusteigen, um eine überarbeitete Neuauflage zu produzieren.

Die Dauer dieser Tätigkeiten kann von wenigen Minuten für die Erstellung eines Memos bis hin zu mehreren Jahren für das Schreiben eines Buches reichen. In dieser Zeit kann man weiterhin nie klar zwischen Schreibphasen und Nicht-Schreibphasen unterscheiden. So können Ideen, die beim Recherchieren in der Bibliothek oder beim Gespräch mit Kollegen beim Mittagessen entstanden sind, durchaus zum Dokument beitragen.

Vom Typ der Aufgabe her wird Dokumentenerstellung als „*Design-Aufgabe ohne festes Ende*" bezeichnet [Sharp93]. Das heißt, daß es kein eindeutiges, formal klar faßbares Ziel gibt. Es existiert kein formal definierbarer Indikator für die Erreichung des Ziels, der sich aus dem Dokument selbst ergibt.[5] Das Ende des Prozesses ist erreicht, wenn die beteiligten Personen beschließen, daß das Dokument fertig ist. Es gibt auch nicht nur ein mögliches Ergebnis, sondern eine sehr große Zahl von möglichen Dokumenten, welche die Ziele der Autoren erfüllen und eine unendliche Zahl von Aktionen, die ein Autor in jeder Situation unternehmen kann, um eines dieser möglichen Zieldokumente zu erreichen.

Einen weiteren Ausgangspunkt für die Betrachtung des Aufgabentyps bieten Klassifikationsansätze aus der Organisationstheorie. Picot benennt in seiner Organisationslehre beispielsweise zwei Grunddimensionen der Aufgabe [Picot93]. Dabei handelt es sich um *Strukturiertheit* und *Veränderlichkeit*.

Die Strukturiertheit einer Aufgabe trifft eine Aussage darüber, inwieweit die Problemstellung in exakte, ihr eindeutig zuzuordnende Lösungsschritte zerlegbar ist. Bei hoch strukturierten Aufgaben ist genau bekannt, was als 'Input' in die Aufgabe eingeht, und was als 'Output' herauskommt. Bei gering strukturierten Aufgaben sind die Kenntnisse über Input und Output in der Regel ungenau, der Lösungsweg ist im voraus weitgehend unbekannt. Die Strukturiertheit einer Aufgabe gibt einen Anhaltspunkt über die Möglichkeiten ihrer Formalisierung und Standardisierung. Die Dokumentenerstellung ist nach dieser Definition eine sehr gering strukturierte Aufgabe.[6]

Die zweite Grunddimension, die Veränderlichkeit einer Aufgabe, bezeichnet die Menge und Vorhersehbarkeit von Aufgabenänderungen zwischen zwei unterschiedlichen Durchläufen des Prozesses. Diese ist bei der Dokumentenerstellung sehr hoch, da kaum ein Projekt mit dem anderen vergleichbar ist.

Definition 2.2 (Dokumentenerstellung)
Unter Dokumentenerstellung versteht man eine Designaufgabe mit offenem Ende, die alle Tätigkeiten beinhaltet, die zur Erstellung der Vorlage (elektronische Fassung oder Druckvorlage) eines Dokuments notwendig sind. Die Aufgabe ist gering strukturiert und zeichnet sich üblicherweise durch eine hohe Veränderlichkeit aus.

Für die weitere Arbeit ist an dieser Definition vor allem wichtig, daß Dokumentenerstel-

---

[5] Diese Aussage impliziert, daß wir nur die Erstellung von Dokumenten betrachten, zu deren Erzeugung Design, also 'kreative' Prozesse notwendig sind. Betrachtet man beispielsweise die Aufgabe der Erstellung einer Liste aller Autoren, von denen Werke in einer bestimmten Bibliothek verfügbar sind, dann handelt es sich dabei auch um eine Dokumentenerstellungsaufgabe, es existiert aber ein formal klar faßbares Ziel.

[6] Diese Aussage ist nur im Zusammenhang mit der Beschränkung auf Dokumente sinnvoll, bei deren Erstellung ein 'Designprozeß' durchlaufen wird (siehe vorhergehende Fußnote). Betrachtet man beliebige Dokumente, dann kann diese Aussage nicht aufrechterhalten werden.

lung als gering strukturierte, formal nicht faßbare Designaufgabe verstanden wird. Dies hat Auswirkungen auf die Wichtigkeit der Kommunikation zwischen den Partnern bei kooperativer Dokumentenbearbeitung.

Prozeßmodell von Flower und Hayes

In der Literatur sind mehrere Arbeiten zu finden, die den Prozeß der Dokumentenerstellung durch eine einzelne Person untersuchen (siehe z.B. [Fitzg92] für einen Überblick). Ein vielversprechender Ansatz zur Darstellung allgemeiner Aspekte der Dokumentenerstellung kommt von Flower und Hayes. Sie erforschten das Schreiben als einen 'Problem-Lösungs-Prozeß'. Aus einer Analyse von protokollierten Aussagen aktiver Autoren entwickelten sie ein Modell des kognitiven Prozesses bei einer Schreibaufgabe [Flowe81]. Sie gehen dabei von einem einzigen Schreiber aus.

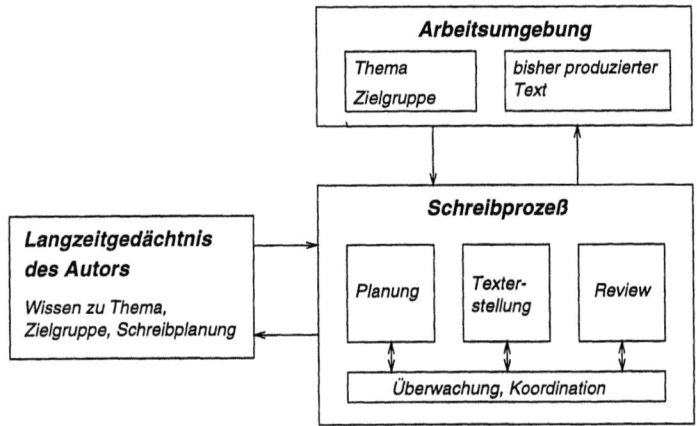

Abbildung 2.2: Prozeßmodell von Flower und Hayes

Das Modell von Flower und Hayes beinhaltet drei Hauptbestandteile (siehe dazu auch Abbildung 2.2):

- *Arbeitsumgebung*[7]: Hier sind alle Aspekte angesiedelt, die das weitere Vorgehen bestimmen, die aber nicht direkt zum Autor gehören. Konkret unterscheiden Flower und Hayes zwischen dem bisher produzierten Text und den verschiedenen Aspekten der Aufgabenstellung für die Texterstellung. Letztere werden von Flower und Hayes unter dem Begriff *'rhetorical problem'* zusammengefaßt. Im einzelnen ist darunter Information zum Thema, zur Zielgruppe und zur Motivation der Texterstellung zu verstehen.

---

[7]Flower und Hayes bezeichnen diesen Bestandteil in der englischen Orginalarbeit als 'Task-Environment'. Auch wenn der Begriff 'Arbeitsumgebung' teilweise mit einer allgemeineren Bedeutung benutzt wird, erscheint er mir als vernünftige Übersetzung dazu.

- *Langzeitgedächtnis*: Hierunter wird das Wissen verstanden, das der Autor hat und zur Texterstellung einsetzen kann. Dieses Wissen kann sowohl im Gedächtnis als auch in externen Medien wie z.B. Büchern gespeichert sein. Konkret kann man als relevante Bereiche das Wissen und Vorstellungen zum Thema, zur Zielgruppe und zum Vorgehen bei der Texterstellung (Schreibplan) identifizieren.

- *Schreibprozeß*: Dies betrifft alle Aufgaben im Zusammenhang mit dem eigentlichen 'Schreiben' des Dokuments.

Der Schreibprozeß besteht im Modell von Flower und Hayes nicht nur aus dem Erstellen von Dokumenteninhalt, sondern aus den Phasen der Planung, der Text- bzw. Dokumentenerstellung und des Reviews.[8]

- *Planung*: Erzeugung von Information, die relevant für die Aufgabe ist, Ordnen der Information und Setzen der Ziele.
- *Text/Inhaltserstellung (translating)*: Umsetzung des Konzepts und der Ideen in Text.
- *Review*: Bewerten und Überarbeiten des Textes.

Diese drei Phasen machen den Schreibprozeß aus. Wichtigste Phase ist dabei die Texterstellung. Dabei erzeugt der Autor den eigentlichen Text. Dazu greift er auf die Information in der Arbeitsumgebung und auf das Wissen und den Plan im Langzeitgedächtnis sowie auf den bisher produzierten Text zurück.

Zu den Phasen des Schreibprozesses ist erstens zu bemerken, daß sie selten in Reinform auftreten. Eine Tätigkeit läßt sich aber meist hauptsächlich einer der Phasen zuordnen.

Weiterhin ist ein streng linearer Durchlauf der drei Phasen des Schreibprozesses nicht realistisch. In der Praxis sind beliebige Übergänge und auch Mischphasen zu beobachten. Flower und Hayes versuchen dies formal dadurch zu beschreiben, daß die drei Phasen nicht sequentiell geschaltet sind, sondern nur durch eine Koordinationskomponente zusammengefaßt werden. Diese Koordinationskomponente repräsentiert die Entscheidung des Autors, wann er z.B. mit der Ideengenerierung aufhören soll und anfangen soll, Text zu produzieren. Ein Wechsel zwischen den Phasen ist jederzeit möglich. Diese Wechsel sind nicht vorhersagbar und unterliegen alleine der Entscheidung des Autors.

Die genannten Phasen stellen also keine feste, unumstößliche Einteilung des Erstellungsprozesses dar, sondern dienen mehr zur Information darüber, welche Aktivität gerade durchgeführt wird.

Die Erkenntnis, daß keine formale Prozeßbeschreibung angegeben werden kann, deckt sich mit der Bezeichnung der kooperativen Dokumentenerstellung als Aufgabe mit geringer Strukturiertheit nach der Klassifikation von Picot (siehe S. 23). Der Verzicht auf eine strikte Einteilung des Erstellungsprozesses wird weiterhin auch durch die Arbeiten anderer Autoren bestätigt:

---

[8]Diese Aufteilung des Schreibprozesses wird auch in späteren Arbeiten bestätigt und höchstens teilweise noch leicht verfeinert (siehe z.B. [Bayde93, Neuwi89, Posne93]).

- Aus der Feststellung, daß es sich beim Schreiben um eine Aufgabe mit nicht genau definiertem Ende (offenem Ende) handelt, leitet beispielsweise Sharples ab, daß keine formalen Transitionen zwischen irgendwelchen Stati definiert werden können [Sharp93]. Für ihn gibt es nur eine Menge von Aktionen, die zu jeder Zeit erfolgen können. Es ist aber schwer, diese Menge von Aktionen klar zu identifizieren.

- Dillon betont, daß verschiedene Benutzer verschiedene Vorgehensweisen bei der Erstellung von Dokumenten haben. Diese sind in einem längeren Lernprozeß (*trial-and-error*) entstanden und auf die jeweilige Person zugeschnitten. Weiterhin haben die Phasen für verschiedene Autoren unterschiedliche Bedeutung [Dillo93].

Das Modell von Flower und Hayes stellt das Schreiben als Interaktion zwischen dem Wissen des Autors, seinen Plänen und Ansichten und dem bisher erstelltem Text dar. Dieser Ansatz bietet einen interessanten Ausgangspunkt zur Erweiterung für kooperative Schreibsituationen. Die einzelnen Komponenten werden dazu auf mehrere Autoren aufgeteilt betrachtet und sind für den einzelnen Autor immer mehr oder weniger gut zugreifbar. Der Zugriff auf die Komponenten und auf zusätzlich einzuführende Information entspricht dann dem Ressourcenaustausch, der bei der Definition von kooperativer Arbeit besonders betont worden ist (vgl. S. 21). Auf diese Idee wird später in diesem Kapitel nochmal zurückgegriffen. Im folgenden Abschnitt werden zuerst einmal, ausgehend von Studien zu diesem Thema, einige Aspekte kooperativer Dokumentenerstellung näher herausgearbeitet.

2.3 Kooperative Dokumentenerstellung

Kooperative Dokumentenerstellung beschreibt die Möglichkeit einer Gruppe von Autoren, an der Erstellung eines gemeinsamen Dokuments zusammenzuarbeiten. Das bedeutet, daß die notwendigen Teilschritte zur Dokumentenerstellung wie z.B. Planung, Texterstellung und Review in der Gruppe ausgeführt werden.

Diese Charakterisierung erlaubt es, auf die Definition zur 'kooperativen Arbeit' aus Abschnitt 2.1 zurückzugreifen. Kooperative Dokumentenerstellung ist also 'kooperative Arbeit' mit dem Ziel der Erstellung oder Bearbeitung eines Dokuments.

Bei der Recherche zum Begriff 'kooperatives Schreiben' findet man viele Studien, die Wege und Einflußfaktoren gemeinsamen Schreibens untersuchen. Bei den meisten dieser Studien handelt es sich um Befragungs- und Beobachtungsstudien (empirische Studien, ethnographische[9] Labor- und Feldstudien), die sich mit Ergebnissen der Befragung oder Beobachtung von Teams beschäftigen, die gemeinsam ein Dokument zu erstellen hatten. Neben Schreibteams im akademischen Bereich (z.B. [Beck93a, Beck93b, Galeg90, Mitch95]) wurden auch

---

[9]Ethnographische Methoden wurden ursprünglich zum Studium fremder Völker entwickelt (Ethnographie = Völkerkunde), in letzter Zeit aber auch zur Untersuchung von Arbeitsgruppen eingesetzt. Ziel einer ethnographischen Studie ist das Verständnis der realen Arbeitspraktiken, der sozialen Strukturen am Arbeitsplatz, der Werkzeuge und Technologien und der Meinungen/Einstellungen der Gruppenmitglieder. Um das zu erreichen, nehmen ein oder mehrere Ethnographen für eine längere Zeit beobachtend am Gruppenprozeß teil.

Teams aus dem Industriebereich betrachtet und solche, die keine Unterstützung durch Rechner und Rechnernetze hatten ([Dillo93, Ede90, Locke92, Murra94]). Besonders interessant sind bei den Studien die reinen Beobachtungsstudien (z.b. [Beck93b, Flowe81, Mitch95]). Darunter versteht man Studien, bei denen Gruppen über einen längeren Zeitraum bei ihrer normalen Arbeit beobachtet werden. Beobachtungsstudien liefern im Gegensatz zu Befragungsstudien bessere Ergebnisse, da sich bei Befragungen häufig Unterschiede zwischen der Beschreibung eines Arbeitsprozesses und dem realen Arbeitsproseß herausgestellt haben. Dieser Umstand ist allgemein als 'say-do'-Problem bekannt[10].

Ergebnis der Studien war eine bessere Einsicht in den Prozeß des isolierten Schreibens und des kooperativen Schreibens. Auf die Ergebnisse aufbauend wurden Theorien entwickelt, um diesen Prozeß zu beschreiben (siehe z.B. [Ede90, Flowe81, Posne93, Sharp93]).

Ein zweiter Ansatz, der zu einigen Theorien geführt hat, beruht nicht auf Befragungs- oder Beobachtungsstudien, sondern auf einer Ableitung aus den Erkenntnissen anderer Bereiche, wie z.B. der Psychologie. In solchen analytischen Studien wird versucht, ohne weitere unterstützende Beobachtungen aus belegten Gedankenmodellen auf die Anforderungen bei Teamarbeit im allgemeinen und beim gemeinsamen Erstellen von Dokumenten im besonderen zu schließen. Beispiele solcher analytische Studien sind [Dix94, Grudi94a, Murra94, Newma93, Sharp93, Vesse95].

Vorgehen bei der Dokumentenerstellung

Wie schon in Abschnitt 1.2 auf Seite 7 ausgeführt, benutzen Arbeitsteams zur kooperativen Erstellung von Dokumenten heute meist zwei Grundformen einer asynchronen Vorgehensweise: Die Arbeit wird auf jeden Fall in Teilaufgaben unterteilt, an denen dann entweder parallel (zeitgleich, aber ohne dauernden Austausch) oder sequentiell gearbeitet wird. Neben dem Austausch aller Koautoren bei Konferenzen wird zusätzliche Kommunikation zwischen den Autoren je nach Möglichkeit entweder im direkten Gespräch oder per Telefon, Fax oder E-Mail abgewickelt.

Neben diesen Grundformen für das Vorgehen bei der gemeinsamen Erstellung eines Dokuments sind natürlich auch verschiedene Mischformen möglich. Der grundsätzliche Ablauf bleibt aber immer so, daß die Koautoren hauptsächlich individuell an Teilaufgaben arbeiten und zur Koordination regelmäßig miteinander kommunizieren.

Ede und Lunsford haben auf der Basis einer umfangreichen Umfrage unter Autoren, die schon in kooperativen Schreibprojekten gearbeitet haben, sieben Muster der Zusammenarbeit identifiziert [Ede90]:

1. Die Gruppe plant das Dokument und produziert gemeinsam eine Gliederung. Dann erstellen die einzelnen Mitglieder Rohfassungen der ihnen zugewiesenen Abschnitte. Schließlich werden die Teile wieder von der Gruppe zusammengefügt und überarbeitet.

---

[10]Unter dem 'say-do'-Problem versteht man den Umstand, daß man bei Befragungen von Personen auf die Frage nach ihren Tätigkeiten häufig als Antwort nicht das erhält, was sie wirklich tun, sondern das, was sie meinen zu tun, was sie gerne tun würden oder was sie tun sollten.

2. Es wird gemeinsam geplant und eine Gliederung produziert. Dann erstellt ein Gruppenmitglied einen ersten Rohentwurf. Dieser wird von allen zusammen überarbeitet.
3. Ein Gruppenmitglied plant und schreibt einen ersten Rohentwurf. Dann wird dieser Entwurf von der ganzen Gruppe überarbeitet.
4. Eine Person plant und schreibt den ersten Rohentwurf. Dann überarbeiten ein oder mehrere andere Gruppenmitglieder den Rohentwurf, ohne den ersten Autor heranzuziehen.
5. Eine Gruppe erstellt gemeinsam einen Plan und einen Rohentwurf. Dann wird dieser Rohentwurf von einer anderen Gruppe überarbeitet, ohne die erste Gruppe heranzuziehen.
6. Ein Gruppenmitglied verteilt Arbeitsaufträge. Die anderen Gruppenmitglieder erstellen unabhängig voneinander ihre Abschnitte. Diese Abschnitte werden schließlich von einer einzigen Person zusammengefügt und überarbeitet.
7. Eine Person diktiert den Text. Eine andere Person setzt das Diktat in Fließtext um und überarbeitet den Text.

Andere Autoren beschreiben noch zusätzliche Vorgehensvarianten, wie z.B. das anfangs aufgeführte sequentielle Vorgehen [Dillo93]. Betrachtet man diese Vorgehensvarianten, dann kann man durch Verallgemeinerung einige wenige Zusammenarbeitsstrategien herausarbeiten. Unter einer Zusammenarbeitsstrategie versteht man dabei eine Festlegung,. wann und von wem und an welchen Teilen des Dokuments Änderungen vorgenommen werden sollen. Die Strategie wirkt sich darauf aus, wie und wann das Dokument weitergegeben wird und was zwischen dem Austausch von Zwischenversionen gemacht werden kann.

Folgende vier Strategievarianten lassen sich identifizieren:

- Ein einzelner Autor bearbeitet das Dokument allein, richtet sich bei den Änderungen aber nach der Gruppenmeinung bzw. Vorschlägen von Gruppenmitgliedern.

- Das Dokument wird in Teile zerlegt; jeder Autor ist für verschiedene Teile allein zuständig und verantwortlich. Jedes Gruppenmitglied ist also für die Recherche, die Strukturierung und das Schreiben in dem abgegrenzten Bereich selbst verantwortlich (eventuell unter Beachtung gruppeninterner Richtlinien). Die Teile werden zwischen den Autoren zur Information oder zum Review ausgetauscht.

- Das Dokument wird sequentiell erstellt: Ein Autor beginnt und gibt das Dokument und das Schreibrecht nach Beendigung seiner Arbeit an den nächsten weiter (zu einem Zeitpunkt ist also immer nur einer schreibberechtigt). Im Normalfall gibt es mehr als einen Durchlauf (Dillon beschreibt in [Dillo93] beispielsweise Projekte, bei denen vier Durchläufe bis zum endgültigen Dokument notwendig waren).

- Die Gruppe erstellt das Dokument gemeinsam; jedes Gruppenmitglied darf immer in allen Teilen des Dokuments Änderungen vornehmen.

Die Unterschiede der Strategien bestehen darin, wann welche Autoren das Dokument ändern dürfen (Art und Weise der Koordination der Zugriffe). Damit sind die ersten drei Fälle Spezialfälle des letzteren mit jeweils eingeschränkten Zugriffsrechten (bezogen auf Zeit oder auf Dokumententeile). Bei den weiteren Betrachtungen werde ich mich deshalb auf den letzten Fall konzentrieren und zusätzlich darauf eingehen, wie Zugriffsrechte sinnvoll beschränkt werden können sollten.

Aus den weiter vorne in diesem Abschnitt angesprochenen Studien über kooperative Schreibprojekte läßt sich ableiten, daß keine bestimmte Strategie bevorzugt wird. Je nach Gruppenzusammensetzung und Situation (auch nach technischen Möglichkeiten) werden alle möglichen Strategien benutzt. Weiterhin werden auch verschiedene Zwischenstufen angewendet.

Neben der Vielfalt an Strategien wurde bei den Beobachtungen weiterhin festgestellt, daß häufig zwar zu Beginn eines Projektes feste Schemata für die Zusammenarbeit festgelegt worden sind, diese aber während der Arbeit teilweise unterlaufen worden sind. Die Einschränkung der Zugriffsrechte war also nur selten statisch, sondern wurde meist dynamisch über 'soziale Protokolle'[11] ergänzt.

Zuständigkeiten, Arbeitsbereiche

Ein Mittel der impliziten Koordination, das neben oder bei der Ausführung von Zusammenarbeitsstrategien gerne eingesetzt wird, sind feste Zuständigkeiten bzw. Arbeitsbereiche. Das bedeutet, daß ein Autor für einen bestimmten Bereich zuständig ist. Er macht also entweder alle Arbeit in dem Bereich alleine oder koordiniert zumindest die Änderungen in dem Bereich.

Ausdruck der Dynamik bei der Gruppenzusammensetzung ist, daß überlappende Zuständigkeitsbereiche üblich sind und sich diese auch während des Schreibens verschieben (siehe dazu z.B. [Beck93b]). Anstatt feste Zuständigkeitsbereiche festzusetzen und diese kompromißlos durchzusetzen, hat es sich als vorteilhaft erwiesen, die notwendige Koordination über dynamische soziale Protokolle abzuwickeln. Die Vergabe von Zuständigkeiten kann dabei, neben der Bedeutung für die Verteilung von Verantwortung, auch für den Bearbeitungsprozeß selbst sinnvoll sein, um beispielsweise einen Koordinator für Änderungen festzulegen oder um bekannt zu machen, wer hauptsächlich Änderungen in einem Bereich vornehmen wird.

Zugriffsschutz, Rollen

Zuständigkeiten und Arbeitsbereiche werden häufig mit sogenannten Rollen und Zugriffsbeschränkungen realisiert. Rollen unterscheiden innerhalb der Gruppe verschiedene Rechte, definieren beispielsweise Operationen, die für eine Teilmenge der Benutzer erlaubt sind oder

---

[11]Unter einem 'sozialen Protokoll' versteht man im Gegensatz zu einem 'technischen Protokoll' die Koordination eines Ablaufs durch die beteiligten Personen. Es werden also keine technischen Restriktionen eingeführt, sondern es bleibt den Teilnehmern überlassen, was sie als nächsten Schritt unternehmen. Eingeschränkt wird das Vorgehen dabei nur durch die Aktionen der anderen Beteiligten im Zusammenhang mit allgemein akzeptierten, meist unscharfen Regeln.

nicht. So darf die Rolle des 'Reviewers' nur Kommentare einfügen, der normale 'Autor' Text ändern und hinzufügen und der 'Koordinator' auch die Struktur ändern und das Dokument für abgeschlossen erklären.

Das Rollenkonzept hat zwei Aspekte (siehe [Borgh95, S.126]):

1. Die Rolle definiert die soziale Funktion eines einzelnen in Beziehung zum Gruppenprozeß, zur Organisation und zu anderen Gruppenteilnehmern.

2. Die Rolle definiert die Rechte und Pflichten im Rahmen des Gruppenprozesses. Die Kontrolle über die Informationseinheiten (z.b. Lese- und Schreibrechte) und die Aktivitäten, die die einzelnen ausführen dürfen oder müssen, werden festgelegt. Ebenso können Privilegien vergeben werden.

Rollen haben ihre Berechtigung bei der Verringerung der Unsicherheit über die Aktionen, die ein anderer Koautor ausführen kann. Sie können ein größeres Bewußtsein von gegenseitigen wahrscheinlichen Aktivitäten unter den Teilnehmern schaffen [Douri92]. Dies ist ein wichtiger Aspekt bei der Vermeidung von Konflikten im Kooperationsprozeß.

Wie bei den Zuständigkeitsbereichen hat sich striktes Beharren auf Rollen als negativ für den Kooperationsprozeß erwiesen. Auch Rollen sollten nicht zu strikt verfolgt werden. Genauso wie Zuständigkeitsbereiche sind Rollen mehr dem Bereich Information zuzuordnen. Das heißt, daß sie als Information zur Gestaltung sozialer Protokolle beitragen können und als Information über zu erwartende Aktionen angesehen werden können.

Enge der Zusammenarbeit

Wie vorher bemerkt, sind die Arbeitsbereiche selten völlig getrennt voneinander. Bei der Arbeit in denselben Abschnitten stellt sich die Frage nach der Enge der Zusammenarbeit. Darunter versteht man erstens räumlich Nähe der Arbeitsbereiche im Dokument, aber auch die Häufigkeit der Synchronisation der jeweiligen Dokumentenkopien und die Möglichkeit synchroner Kommunikation.

Enge Zusammenarbeit soll hauptsächlich bei der Arbeit in denselben Bereichen stattfinden. Das heißt, daß erstens die Änderungen der anderen Autoren schnell (mit kleinerer Granularität) mitgeteilt werden und daß zweitens zusätzliche (synchrone) Kommunikationskanäle zwischen den Autoren vorhanden sind.

In der Realität wird diese enge Zusammenarbeit meist in Form von Konferenzen realisiert (face-to-face, Telefonkonferenz, Videokonferenz). Dabei kann es geplante Konferenzen geben, bei denen alle Autoren zusammentreffen und z.B. die weitere Strukturierung des Dokuments besprechen, oder auch spontane Konferenzen, bei denen sich zwei Autoren aus aktuellem Anlaß über geplante Änderungen in einem gemeinsamen Arbeitsbereich unterhalten. Allgemein kann man sagen, daß hier die asynchrone Arbeit zu synchroner direkter Kommunikation übergeht.

Definitionsansätze

Nach dieser Vorstellung möglicher Vorgehensweisen bei der gemeinsamen Dokumentenerstellung und der Diskussion von Zusammenarbeitsstrategien, wird nun versucht, den Begriff 'kooperative Dokumentenerstellung' genauer zu fassen. Als Einstieg betrachte ich die zwei folgenden Definitionen aus der Literatur:

- *Kooperative Dokumentenerstellung nach Lay [Lay91]*:
  Lay definiert kooperatives Schreiben als den Prozeß, in dem Autoren mit eventuell unterschiedlicher Fachkenntnis und unterschiedlichen Verantwortlichkeiten während der Erstellung und Korrektur eines gemeinsamen Dokuments interagieren. Unter Autoren werden hier alle Personen verstanden, die am Dokument arbeiten, also z.B. Textersteller, Graphiker, Reviewer, aber auch zukünftige Benutzer (Leser).

- *Kooperative Dokumentenerstellung nach Beck [Beck93a]*:
  Beck definiert kooperatives Schreiben als einen dynamischen Prozeß mit fortlaufender Aushandlung von Fragen, die mit dem Inhalt eines Dokuments und anderen Fragen wie Führungsrolle, Datenaustausch und Zuständigkeiten zu tun haben.

In diesen Ansätzen tauchen wieder die Aspekte auf, die schon in der Definition von 'kooperativer Arbeit' angesprochen worden sind. Insbesondere wird in beiden Definitionen betont, daß Interaktion oder Kommunikation der Koautoren untereinander notwendig ist. Das entspricht dem Ressourcenaustausch, der zur Ermöglichung der Anpassung der Handlungspläne notwendig ist.

Entsprechend den Ideen in diesen Definitionsansätzen und den bisherigen Überlegungen gehe ich in der weiteren Arbeit davon aus, daß eine Gruppe von Personen gemeinsam am Dokument arbeitet. Diese Personen müssen nicht gleichberechtigt sein. Weiterhin müssen nicht alle Personen mit gleichartigen Aufgaben betraut sein oder während des gesamten Prozesses an der Arbeit beteiligt sein.[12] So können einzelne Beteiligte sich nur um die Erstellung oder das Bearbeiten von Graphiken kümmern, andere nur um das Korrekturlesen. Der Einfachheit halber werden im weiteren alle Gruppenmitglieder mit dem Begriff *Autor* bezeichnet.

Die beteiligten Autoren führen Aktionen im Zusammenhang mit der Dokumentenbearbeitung und am Dokument selbst durch. Dabei arbeiten die Autoren die meiste Zeit autonom, also ohne direkten Kontakt zueinander. Diese Phasen asynchroner Arbeit werden nur hin und wieder durch Phasen synchroner Kommunikation unterbrochen, wenn es darum geht, die Arbeiten zu koordinieren und Unklarheiten zu besprechen. Durch die Aktionen am gemeinsamen Dokument beeinflussen sich die Autoren aber gegenseitig. Die Koautoren müssen deshalb fähig sein, ihre Ideen und Einstellungen gegenüber anderen Mitgliedern der Gruppe auszudrücken. In der Gruppe müssen die Gedanken mitgeteilt und diskutiert werden, um ein gemeinsames Verständnis der Aufgaben zu schaffen. Außerdem müssen die Koautoren über die Bedingungen der Aufgaben und die Strategien der Aufgabendurchführung verhandeln.

---

[12] Zur Dynamik der Teamzusammensetzung ist zu erwähnen, daß sich die Zusammensetzung während der Bearbeitung ändern kann [Sharp93]. Solche Änderungen sind nicht selten, sondern eher die Regel [Beck93a].

Die eben besprochenen Aspekte werden in folgender Definition zusammengefaßt.

Definition 2.3 (Kooperative Dokumentenerstellung)
Unter kooperativer Dokumentenerstellung versteht man das gemeinsame Anfertigen eines Dokuments durch mehrere Beteiligte, deren gemeinsames (Teil-)Ziel die Fertigstellung des Dokuments ist. Aufgrund von Abhängigkeiten zwischen den Teildokumenten beeinflussen sich die Aktionen der Autoren gegenseitig. Merkmal dieses Prozesses ist, daß Kommunikation und Koordination zwischen den Autoren notwendig ist, um das Ziel zu erreichen.

Das Ergebnis dieser Kurzbetrachtung ist die Bestätigung der Definition von Kooperation am Anfang dieses Kapitels: Für kooperative Dokumentenerstellung sind neben den eigentlichen Arbeitsmitteln vor allem alle möglichen Aspekte der Kommunikation (wie z.b. auch die Koordination) notwendig. Die Autoren müssen miteinander kommunizieren und ihre Aktionen untereinander koordinieren. Zu den Aufgaben des allgemeinen Verfassens, die im Modell von Flower und Hayes schon besprochen worden sind (Planen, Entwerfen und Überprüfen), kommen noch folgende Aufgaben hinzu: Besprechen, Koordinieren und Übertragen von Ressourcen (z.B. von Zwischenversionen der Texte oder von Änderungsmitteilungen).

Als Unterschied zum Modell von Flower und Hayes, bei dem nur ein Autor betrachtet worden ist, muß hier der Schreibprozeß in zwei Anteile aufgespalten werden: Einerseits gibt es die isolierte Arbeit eines Autors an seinen Aufgaben, andererseits müssen diese isolierten Prozesse koordiniert und verbunden werden.

Zur isolierten Arbeit kann man sagen, daß die Aussagen des Modells von Flower und Hayes angewandt werden können. Der einzige Unterschied ist, daß die Information, die zur Festlegung der Handlungspläne beim Schreibprozeß herangezogen wird, zusätzlich die Gruppeninformation und Information zu Änderungen durch Koautoren beinhaltet (Gruppenbewußtsein). Außerdem sind die einzelnen Informationen (das Wissen der Gruppe) auf die Gruppenmitglieder aufgeteilt und so teilweise nur über Kommunikation zu erreichen.

Nachdem Kommunikation eine zentrale Rolle bei kooperativer Dokumentenerstellung einnimmt, wird vor dem Versuch, eine komplette Sicht kooperativer Dokumentenerstellung darzustellen, in folgendem Abschnitt zunächst noch speziell auf die Kommunikation eingegangen.

2.4 Kommunikation und Gruppenbewußtsein

Bei der Betrachtung von kooperativer Arbeit allgemein und bei der Betrachtung von kooperativer Dokumentenerstellung im speziellen wurde immer wieder erwähnt, daß Kooperation Ressourcenaustausch und durch Ressourcenaustausch beeinflußbare Handlungspläne beinhaltet. Zur erfolgreichen Kooperation müssen die Koautoren miteinander kommunizieren und ihre Aktionen untereinander koordinieren.

Piepenburg vermutet in diesem Zusammenhang beispielsweise: „*Die Qualität eines kooperativ erzielten Ergebnisses sinkt in dem Maß, in dem der Austausch von Ressourcen geringer wird*" [Piepe91a]. Auch Santos sagt in [Santo95]: „*To work probably a group needs to communicate.*".

Ein Grund für die Notwendigkeit direkter Kommunikation ist beispielsweise die Tatsache, daß wegen des unterschiedlichen Wissens der Autoren die Gruppe zusammen ein größeres Wissen hat als ein einzelner Autor (dies ist gerade ein Grund dafür, warum Schreibteams gebildet werden), dieses Wissen aber in unterschiedlichen Köpfen gespeichert ist. Um den gemeinsamen Wissenspool zu nutzen, muß also ein Austausch stattfinden, der nur über Kommunikation möglich ist.

Kommunikation besteht dabei nicht nur aus der direkten Kommunikation zwischen den Koautoren. Obwohl das wichtigste Medium menschlicher Kommunikation die Sprache ist, spielt die nicht verbale (bzw. nicht-textuelle) Kommunikation eine große Rolle (z.B. Gestik, Mimik). In diesem Bereich ist auch die sogenannte 'unbewußte' oder 'indirekte' Kommunikation von großer Bedeutung. Watzlawick wird hierzu oft zitiert mit seiner Feststellung: "*der Mensch kann nicht Nicht-Kommunizieren*" (z.B. [Watzl90]). In dem hier betrachteten Bereich, der kooperativen Dokumentenerstellung, geschieht indirekte Kommunikation zwischen zwei Autoren erstens über die Änderung gemeinsamer Dokumentenabschnitte und die Verbreitung dieser Änderungen. Weiterhin wird indirekt kommuniziert über die bloße Mitteilung der Anwesenheit im System und des aktuellen Arbeitsbereichs, also über den Status der Sitzung[13]. Wenn eine Gruppe in einem Büro zusammenarbeitet, sieht man beispielsweise sofort, wer gerade schreibt und wer noch Literaturstudien macht. Auch kann man ohne direktes Nachfragen sofort erkennen, woran gearbeitet wird.

Diese Betrachtungen führen zusammengefaßt zu folgender Definition von 'Kommunikation'.

Definition 2.4 (Kommunikation)

Allgemein versteht man unter Kommunikation den Prozeß, bei dem Informationen zum Zwecke der aufgabenbezogenen Verständigung ausgetauscht werden. Im engen nachrichtentechnischen Sinne ist Kommunikation die Übertragung von Information von einer Quelle über einen Kommunikationskanal zu einem Empfänger (vgl. [Reich93]).

Bei der Kommunikation zwischen Personen wird in der Regel unterschieden zwischen direkter Kommunikation und indirekter Kommunikation. Bei direkter Kommunikation überträgt der 'Sprecher' die Information speziell für den Empfänger, die Information ist also explizit zur Übertragung an den Empfänger bestimmt. Direkte Kommunikation kann synchron (Gespräch, (Video-)Konferenz) oder auch asynchron (Brief, E-Mail) erfolgen. Bei indirekter Kommunikation führt der 'Sender' Aktionen aus, von denen der Empfänger Kenntnis erlangt, ohne daß der Sender explizit dafür sorgt.

Hauptgrund aller Kommunikation ist neben einigen expliziten Koordinationsaufgaben der

---

[13] Nach Ellis [Ellis91] versteht man unter einer Sitzung eine „*Periode von Gruppenaktivität*". Frieß definiert den Begriff in [Fries95] etwas genauer als: „*dynamischer Vorgang der kooperativen Änderung eines Objekts durch einen oder mehrere Benutzer*". Wir verstehen im weiteren unter dem Begriff 'Sitzung' einen zusammenhängenden Zeitabschnitt, in dem ein oder mehrere Benutzer am Dokument arbeiten. Sitzungsinformation ist also Information zur aktuellen 'Periode der Gruppenaktivität'. Dazu gehört unter anderem Information zu den aktiven Autoren, ihren aktuellen Tätigkeiten und ihren Arbeitsbereichen.

Austausch von Information über die jeweiligen Aktionen und Zustände mit dem Ziel, eine gemeinsame Sicht der aktuellen Situation zu vermitteln. Durch die Kommunikation wird erreicht, daß sich die Autoren der Anwesenheit und der Aktionen der Koautoren bewußt sind. Das Bewußtsein, in der Gruppe zu arbeiten, das Wissen über die Tätigkeit anderer, ermöglicht erst die Koordination eigener Aktionen mit denen der restlichen Gruppenmitglieder.

Die positiven Effekte der Transparenz der Aktivitäten der Kooperationspartner konnten auch bei Untersuchungen beobachtet werden. So stellen beispielsweise Dourish und Bellotti bei der Beobachtung von Kleingruppen bei der gemeinsamen Erstellung von Dokumenten fest, daß ein Bewußtsein der Tätigkeiten anderer zu einem besseren Verständnis der Aktivitäten der Koautoren führte und damit eine notwendige Voraussetzung zur Bildung eines Kontextes für die eigenen Handlungen war [Douri92].

Allgemein bezeichnet man das durch Transparenz ermöglichte gegenseitige Gewahrsein[14] von den Tätigkeiten und Situationen der Koautoren als '*Gruppenbewußtsein*' (*(group) awareness*).

Definition 2.5 (Awareness, Gruppenbewußtsein)
"[...], awareness is an understanding of the activities of others, which provides a context for your own activity. This context is used to ensure that individual contributions are relevant to the group's activity as a whole, and to evaluate individual actions with respect to group goals and progress. The information, then, allows groups to manage the process of collaborative working." [Douri92]

Greenberg bezeichnet das Gruppenbewußtsein als den 'Leim', der ein Team zusammenhält und es seinen Mitgliedern erlaubt, effektiv zusammenzuarbeiten [Green96]. Wie schon angesprochen, entsteht das Gruppenbewußtsein aus einer Reihe von Informationen zur gemeinsamen Aufgabe und Umgebung. In folgender Aufstellung fasse ich die Aspekte des Gruppenbewußtseins in Kontext dieser Arbeit zusammen:[15]

Aufgabe: Als erstes ist Information zur gemeinsamen Aufgabe interessant. Neben den Informationen, die Flower und Hayes unter der Aufgabenstellung ('rhetorical problem') in der Arbeitsumgebung zusammengefaßt haben (Thema, Zielgruppe), gehören hierzu auch Aspekte der Schreibplanung und Wissen darüber, was andere zu Thema, Zielgruppe und Schreibplanung haben bzw. welche Ansichten sie zu einzelnen Aspekten haben.[16]

---

[14]Ein Aspekt, auf den in dieser Arbeit nicht näher eingegangen werden soll, ist der Grad der Symmetrie beim Austausch von Information. Es wird hier angenommen, daß Symmetrie gegeben ist, daß also jedes Gruppenmitglied Information zu allen anderen Gruppenmitgliedern bekommen kann ('gegenseitiges Wissen'). Ist keine Symmetrie bei der Verteilung von Information gegeben, dann entstehen Systeme, die sich besser zur Überwachung als zur Unterstützung von Kooperation eignen. Genauere Betrachtungen zu diesem Aspekt sind beispielsweise in [Fuchs96] und [Wulf94] zu finden.

[15]Die Aufstellung wurde unter anderem von aktuellen Arbeiten von Greenberg, Gutwin et.al. inspiriert [Green96, Gutwi95b, Gutwi95a].

[16]Mitchell beschreibt diesen Aspekt in folgendem Zitat: *"To write together, authors need to come to a shared understanding of the material, and then attempt to reflect this shared understanding in the text."* [Mitch96].

Gruppe: Als nächstes interessiert Information zur Arbeitsgruppe. Dazu gehören Antworten auf die Fragen, wer in der Gruppe beteiligt ist und welche Rollen, Verantwortlichkeiten und welche Stellung in der Hierarchie die einzelnen Mitglieder haben. Im Hinblick auf die Zusammenarbeit sind weiterhin Informationen zur Art und Weise der Zusammenarbeit relevant, also beispielsweise zu sozialen Protokollen und allgemeinen Übereinkünften.

Arbeitsumgebung: Schließlich sind noch Informationen zum gemeinsamen Arbeitsbereich wichtig. Das beginnt mit Information zur Anwesenheit anderer Gruppenmitglieder und zu ihrem Aufenthaltsort relativ zum eigenen Aufenthaltsort. Weiterhin interessiert hier, wie die anderen Gruppenmitglieder mit dem gemeinsamen Arbeitsbereich interagieren, d.h. was sie im gemeinsamen Arbeitsbereich lesen oder ändern.

Eine Erklärung für die Wichtigkeit des Gruppenbewußtseins ist in der Minimierung von Konflikten zu sehen. Nachdem meist mit sozialen Protokollen gearbeitet wird und die Partner nicht immer in direktem Kontakt zueinander stehen, ist es unumgänglich, daß die Arbeit auf Annahmen und Erwartungen gestützt wird. Die Hauptprobleme bei Kooperation rühren nun von nicht-zusammenpassenden Erwartungen eines Teilnehmers und Aktionen eines anderen Teilnehmers her. Eine solche Situation wird häufig als 'coordination breakdown' oder auch als 'Konflikt' bezeichnet [Easte95] [17].

Die Gruppenmitglieder stützen sich bei ihrer Kooperation also auf gemeinsame Erwartungen über die Situation ab (d.h. gemeinsame Erklärung der Situation und gemeinsame Vorhersagen, wie sich die Situation entwickeln könnte).[18] Damit die gemeinsamen Erwartungen realistisch sind und an aktuelle Gegebenheiten angepaßt werden können, müssen die Gruppenmitglieder eine Ahnung davon haben, was in der Gruppe und bei der Arbeit vorgeht.

Beispiele für konkrete Probleme, die bei der gemeinsamen Dokumentenerstellung auftreten können, sind folgende:

- Ansichten zum Ziel der Dokumentenerstellung sind unterschiedlich (z.B. 'Situation ungeschönt darstellen' - 'Situation möglichst vorteilhaft präsentieren').

- Qualitätsstandards sind unterschiedlich.

- Die gemeinsamen Ziele werden unterschiedlich interpretiert.

Sehr wichtig wird der Aspekt unterschiedlicher Ansichten und Erwartungen insbesondere auch bei über die ganze Welt verteilten Projekten, bei denen ansonsten unberücksichtigte kulturelle Unterschiede zu unterschiedlichen Grundannahmen führen können (vgl. [Watso94] oder auch [Picot96, S.82]).

---

[17]Eine ausführliche Behandlung von Konflikten bei Gruppenarbeit und von Strategien zu deren Behandlung in Groupware ist in [Wulf96] zu finden. Eine Betrachtung aus dem Blickwinkel der Psychologie liefert [Easte95].

[18]Eine genauere Betrachtung dieses Aspekts ist in [Easte95] oder in Literatur zur Psychologie (z.B. [Cody85, Norma93]) zu finden.

Ein weiterer Grund für die Bereitstellung von Information zur Gruppe, der auch mit dem Ziel der Konfliktminimierung verbunden ist, ist die dadurch ermöglichte Initiierung von Interaktion in der Gruppe. Interaktion ist essentiell für Kooperation und wird häufig von der Präsenz einer anderen Person oder dem Wissen über die Tätigkeiten anderer Personen initiiert [Neuwi94]. Dem Gruppenbewußtsein kann deshalb auch, wie bereits in Kapitel 1 erwähnt, eine wichtige Brückenfunktion zwischen asynchroner und synchroner Zusammenarbeit zugesprochen werden.[19].

Zusammenfassend sind bei Dokumentenerstellung im Team alle Arten der Kommunikation zur Ermöglichung eines Gruppenbewußtseins notwendig:

- *direkte Kommunikation*

- *indirekte Kommunikation*

    – Änderungen am Dokument und an der Sitzungsinformation
    – Information zum aktuellen Status bzw. Zustand von Dokument und Sitzungsinformation
    – Information zur Historie

Information über die Tätigkeiten der anderen Autoren und den Stand der Arbeit ist also wichtig für die Koordination und damit für eine erfolgreiche Zusammenarbeit. Diese Feststellung deckt sich auch mit der am Anfang dieses Kapitel erfolgten Identifikation von Informationsaustausch als wesentliche Säule der Kooperation. Für die Unterstützung räumlich verteilter kooperativer Dokumentenerstellung bedeutet das, daß diese Aspekte auf technischer Basis gewährleistet werden müssen.

2.5 Modellierung kooperativer Dokumentenerstellung

Ziel dieser Arbeit ist die Konzeption einer Softwareumgebung zur Unterstützung kooperativer Dokumentenerstellung. In den vorhergehenden Abschnitten wurden dazu zuerst einmal die Begriffe 'Kooperation' und 'kooperative Dokumentenerstellung' konkretisiert. Die erzielten Ergebnisse sind aber noch nicht so aufbereitet, daß man sie dazu nutzen könnte, die Anforderungen an eine Unterstützungsumgebung herauszuarbeiten.

In diesem Abschnitt wird deshalb ein realitätsbezogenes Modell zu den Beziehungen, Kommunikationskanälen und Einflüssen beim kooperativen Schreiben aufgestellt, das später

---

[19] Ein Problem vieler elektronischer Informationssysteme war und ist beispielsweise, daß sie traditionelle Wege von indirekter Kommunikation unterbrochen haben. Ein Beispiel ist das Ersetzen von Ausleihkarten in Bibliothek, auf denen man sieht, wer sich sonst noch für ein Buch interessiert, durch einen Datenbankeintrag, in dem nur vermerkt ist, wer das Buch gerade ausgeliehen hat. Zur Wiederherstellung der ursprünglichen Möglichkeiten müssen hier beispielsweise asynchrone Informationen über Ausleihvorgänge (Historie) geführt und bereitgestellt werden. (Vgl. [Turof94])

nutzbringend zur Ableitung der Anforderungen an ein Unterstützungstool verwendet werden kann. Unter dem Begriff 'Modell' wird keine theoretische Konstruktion verstanden, die in der Realität überprüft werden soll, sondern eine generalisierte Darstellung der in der Realität beobachteten Aspekte. Als Darstellung der Beobachtungen soll das Modell versuchen, die verschiedenen Teile des kooperativen Dokumentenerstellungsprozesses und ihre Zusammenhänge zu beschreiben.

Schon weiter vorne in diesem Kapitel wurde das Prozeßmodell von Flower und Hayes als guter Ausgangspunkt für die Entwicklung eines Modells für die kooperative Dokumentenerstellung identifiziert. Auf diese Idee soll nun zurückgegriffen werden.[20]

Zur Konstruktion eines Mehr-Autoren-Modells aus dem Ein-Autoren Modell von Flower und Hayes gehe ich in folgenden Teilschritten vor:

1. Zuerst betrachte ich ausgehend vom Originalmodell von Flower und Hayes die Sichtweise eines einzelnen Autors im Gruppenprozeß. Dabei wird auf die Aspekte eingegangen, die nur für den Einzelbenutzer relevant sind.

2. Im nächsten Schritt wird zusätzlich die Information, die zur Erlangung des Gruppenbewußtseins notwendig ist, in das Modell integriert.

3. Schließlich gehe ich auf die möglichen Zusammenarbeitsstrategien ein und motiviere daraus die Kommunikationsbeziehungen zwischen den einzelnen Autoren.

Sichtweise eines einzelnen Autors

Die Tätigkeiten eines Autors sind, wie im Modell von Flower und Hayes schon erwähnt, das Planen, die Texterstellung und das Redigieren. Es wird dazu auf einer lokalen Kopie des Gesamtdokuments gearbeitet. Es besteht aus eigenen Texten[21] und Texten, die von den Koautoren übermittelt worden sind. Vom Autor werden neue Dokumententeile produziert oder alte Dokumententeile überarbeitet. Die Änderungen eines Autors werden erst lokal durchgeführt und sofort oder zu einem späterem Zeitpunkt an die Koautoren verteilt (z.B. als neue Dokumentenversion, Änderungsmitteilung, Änderungshistorie). Dies kann zur Information oder zur weiteren Bearbeitung geschehen. Der Zeitpunkt, zu dem dieses Weiterreichen passiert, ist zuerst einmal von der verfügbaren Technik abhängig (z.B. Austausch per Post, per E-Mail oder Dateitransfer). Weiterhin ist der Austauschzeitpunkt natürlich auch vom jeweiligen Autor und der Zusammenarbeitsstrategie bzw. Teamphilosophie abhängig. Wie im Abschnitt zum Gruppenbewußtsein motiviert, ist es am besten, wenn der Austausch möglichst früh passiert, da dann die anderen Autoren schnell auf die Änderungen reagieren können und

---

[20] Zur Beschreibung der Einflüsse verschiedener Faktoren auf die Durchführung von Gruppenarbeit sind schon einige andere Modelle entwickelt worden. Zu nennen sind hier das Modell von Hackmann [Hackm83, Hackm86] und das Gruppenprozeßmodell von Borghoff und Schlichter [Borgh95, S.112ff]. Die Ideen in diesen Modellen hatten auch Einfuß auf die Überlegungen in diesem Abschnitt, können aber nicht als direkte Ausgangspunkte bezeichnet werden.

[21] Der Begriff 'Text' wird hier in der allgemeinen Bedeutung von 'Teildokument' gebraucht. Es kann sich also auch um andere Medien handeln.

Konflikte vermieden werden können. Der einzelne Autor darf aber keineswegs gezwungen werden, seine Änderungen weiterzugeben, wenn er nicht dazu bereit ist.

Durch den Austausch der Dokumentenänderungen treffen beim Autor regelmäßig die neuesten Versionen der anderen Koautoren ein. Wie in Abschnitt 2.3 bereits bemerkt, können und sollen solche Informationen die Aktionen des Autors beeinflussen. Die Kenntnis von Änderungen anderer Autoren könnte beispielsweise ein anderes Vorgehen beim eigenen Schreiben nach sich ziehen.

Folgende, direkt mit der Dokumentenerstellung zusammenhängenden Informationen werden den Autoren vermittelt und können Einfluß auf die Arbeit haben:

- Dokumententeile, die von anderen Autoren erstellt wurden (z.B. wichtig zur Bezugnahme bei gemeinsamen Definitionen, wichtig als Information zum Status der Arbeit)

- Aktuelle Änderungen anderer Autoren an Teilen des Dokuments

- Historie der Arbeit (ältere Dokumentenversionen, Liste der durchgeführten Änderungen)

Zusätzlich zur Kommunikation über Dokumentenaustausch können die einzelnen Autoren auch direkt miteinander kommunizieren. Dies kann asynchron (z.B. Post, E-Mail) oder synchron (z.B. Telefon) erfolgen.

Ausgehend vom Modell von Flower und Hayes muß zur Repräsentation dieser Situation zuerst einmal der bisher produzierte Text in der Arbeitsumgebung in 'lokale Ablage' und 'lokaler Arbeitsbereich' (aktuell durch den Autor in Bearbeitung befindlicher Text) aufgesplittet werden. Die lokale Ablage wird nicht mehr nur vom Autor geändert, sondern auch von den Koautoren, die Versionen ihrer Dokumententeile schicken.

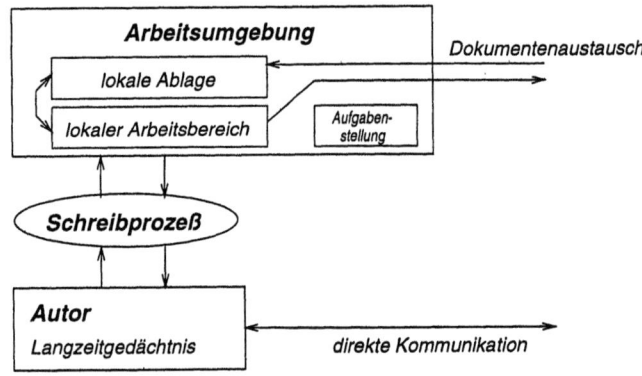

Abbildung 2.3: Beziehungen eines Autors zur Arbeitsumgebung

Zusammengefaßt sieht die Situation aus Sicht eines einzelnen Autors folgendermaßen aus (siehe auch Abbildung 2.3): Der Autor hat Dokumente, mit denen er arbeitet (Dateien, Papier). Regelmäßig kommen Änderungsmitteilungen oder ganze Dokumententeile von den anderen Autoren dazu. Der Autor selbst schickt auch regelmäßig seine Änderungen und neue Versionen seiner Dokumententeile an die anderen Autoren. Die neuen Dokumentenversionen der anderen Autoren, andere Informationen und auch mögliche direkte Kommunikation mit anderen Autoren beeinflussen die Arbeit des Autors.

Information, Gruppenbewußtsein

Auf das Modell übertragen bedeutet der in Abschnitt 2.3 ausführlich diskutierte Punkt Information und Gruppenbewußtsein, daß neben der direkten Kommunikation zwischen den Autoren der indirekten Kommunikation eine entscheidende Bedeutung zukommt. Der in den letzten Absätzen erwähnte Austausch von Dokumentenversionen stellt nur einen Teil dieser indirekten Information dar. Zur Information, die für das Gruppenbewußtsein notwendig ist, gehören neben dem gesamten Text in der Ablage und dem gemeinsamen Wissen über Thema und Zielgruppe auch die Historie der Zugriffe, die Sitzungsinformation und die Information zu den Arbeitsbereichen aller Autoren. Die komplette Arbeitsumgebung, ergänzt um die oben erwähnte zusätzliche Information, kann als Basis oder Repräsentation des gegenseitigen Gewahrseins betrachtet werden. Zusätzlich zu dem von Flower und Hayes vorgeschlagenen 'bisher produzierten Text' und der 'Aufgabenstellung' muß also auch noch ein Element 'Gruppeninformation' in die Arbeitsumgebung aufgenommen werden. Dieses Element beinhaltet Informationen zur Zusammensetzung der Gruppe und zur aktuellen Anwesenheit von Gruppenmitgliedern. Bei letzterem handelt es sich um einen Teil der schon angesprochenen Sitzungsinformation. Die oben erwähnte Historie der Dokumentenzugriffe wird als Teil der Ablage betrachtet.

Bei der Wechselwirkung Arbeitsumgebung – Schreibprozeß ist weiterhin zu beachten, daß eine intensivere Einwirkung der Arbeitsumgebung auf den Schreibprozeß stattfindet als im Ein-Autoren-Fall, da nun Variablen der Arbeitsumgebung ohne Beteiligung des Autors durch Aktionen anderer Autoren geändert werden können. Die Mitteilung solcher Änderungen an einen Autor bezeichnet man als *'Notifikation'*.

Abbildung 2.4 stellt das um die Gruppeninformation erweiterte Modell dar. Die Gruppeninformation und die Dokumentenablage sind hier Autoren-übergreifend realisiert.

Schreibprozeß

Beim Schreibprozeß ist zu unterscheiden zwischen dem isolierten Schreiben der einzelnen Koautoren und dem Prozeß des Koordinierens. Das isolierte Schreiben wird wie bei Flower und Hayes beschrieben abgewickelt. Der einzige Unterschied zum Modell von Flower und Hayes ist, daß die Entscheidungen des einzelnen Autors auf mehr Information beruhen, als beim Ein-Autoren-Modell. Hinzu kommen noch die Gruppeninformation, das Wissen der anderen Autoren und deren Dokumententeile.

Neben diesen direkt mit der Dokumentenerstellung verbundenen Faktoren gibt es noch eine Reihe anderer, die den Gruppenprozeß beeinflussen. Beispiele sind: persönliche Faktoren

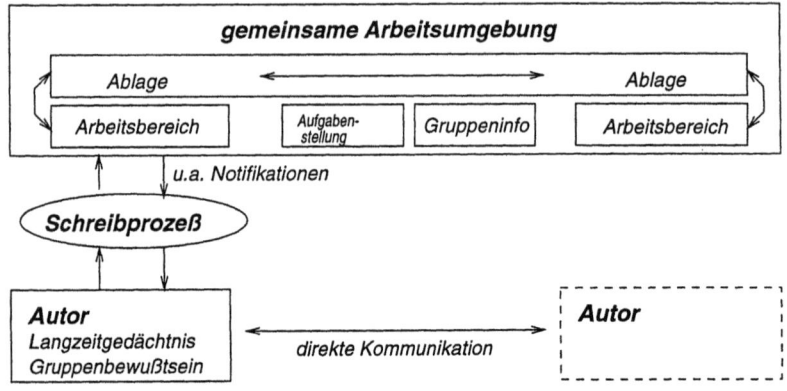

Abbildung 2.4: Beziehungen zwischen Autoren

wie die Motivation der einzelnen Mitglieder, situationsbezogene Faktoren wie die Gründe, warum man überhaupt teilnimmt, die sozialen Beziehungen, und auch die technische Unterstützung sowie die Gruppenstruktur (siehe z.b. [Kraem90] zitiert in [Lubic95] für eine ausführliche Aufstellung). Auf diese Faktoren gehe ich hier nicht näher ein, da nicht geklärt werden soll, wie eine Gruppe am besten aufgebaut und motiviert werden soll, sondern nur zu klären ist, welche Faktoren des Gruppenaufbaus für eine Unterstützungsumgebung eine Rolle spielen.

Als Ergebnis dieses Kapitels kann man folgendes Modell kooperativer Dokumentenerstellung betrachten:

> *Die Autoren einer Gruppe arbeiten isoliert an ihren Kopien des Dokuments. Neben der Kopie, an der gearbeitet wird, hat jeder Autor noch eine Ablage, in der bisherige oder neue Versionen der eigenen Dokumententeile und der Dokumententeile von anderen Autoren liegen. Dieses Archiv wird durch Zusendungen anderer Autoren und eigene Ablage gefüllt.*
>
> *Ein einzelner Autor kann mit anderen Autoren direkt kommunizieren. Weiterhin erhält er über die gemeinsame Arbeitsumgebung indirekte Informationen zur Zusammensetzung der Gruppe und den Tätigkeiten der anderen Autoren.*
>
> *Die Aktionen des Autors werden von den Ergebnissen der direkten Kommunikation und den indirekten Informationen beeinflußt.*

Die Gruppenablage mit der Menge aller Archive kann als virtuelles Dokument betrachtet werden. Damit ergibt sich folgende Arbeitsweise: Ein Autor kopiert sich einen Ausschnitt aus dem virtuellen Dokument und bearbeitet diesen Ausschnitt[22]. Er nimmt Änderungen und

---

[22] Das Kopieren kann durch Anfertigung einer physikalischen Kopie erfolgen oder auch nur durch Aufnahme des aktuellen Standes ins Gedächtnis.

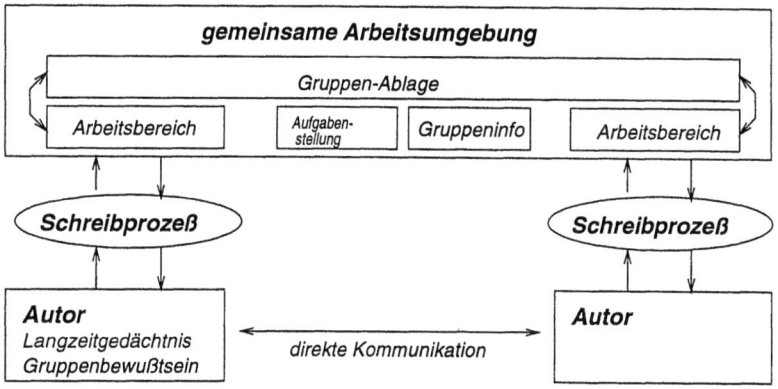

Abbildung 2.5: Modell der kooperativen Dokumentenerstellung

Aktionen anderer Autoren am virtuellen Dokument wahr. Nach Abschluß seiner Tätigkeit gibt er das geänderte Teilstück wieder ans virtuelle Dokument zurück. Damit wird es auch an alle anderen Autoren verteilt. Dieses Zurückgeben kann nach Änderung eines Zeichens oder auch nach Umschreiben eines Kapitels erfolgen. Damit hat ein Autor die Möglichkeit, Änderungen erst abzuschließen, bevor er sie der Gruppe mitteilt.

Wie das Modell in der Realität aussieht, wenn Autoren Dokumente per Post austauschen, ist klar. Hier soll als Beispiel noch dargestellt werden, wie das Modell bei zwei Autoren angewendet werden kann, die an einem Tisch zusammenarbeiten. In diesem Fall ist das virtuelle Dokument (Gruppenablage) das real vor den Autoren liegende Manuskript. Das lokale Display ist der mentale Arbeitsbereich der einzelnen Autoren. Ein Autor nimmt sich Textteile aus dem Dokument, formuliert sie um oder konzipiert sie neu und schreibt die neuen Passagen dann wieder nieder oder spricht sie aus. Das wäre dann die Verteilung der Änderungen. Auch hier finden sich die Konzepte lokale Arbeitsbereiche und Gruppeninformation wieder.

Um zu einem Modell für kooperative Dokumentenerstellung zu gelangen, müssen zusammengefaßt folgende Ergänzungen am Modell von Flower und Hayes vorgenommen werden:

- Trennung des Bereichs 'bisher produzierter Text' in gemeinsamen Arbeitsbereich (Ablage) und private Arbeitsbereiche
- Integration von Informationen zur Gruppe und zur Sitzung in die Arbeitsumgebung
- Betrachtung der kompletten Arbeitsumgebung als gemeinsame Information mit Mitteilung von Änderungen an dieser gemeinsamen Information durch Notifikationen
- Integration von Möglichkeiten zur Kommunikation (indirekte Kommunikation über Änderungen an der gemeinsamen Ablage und an den Sitzungsinformationen und direkte Kommunikation zwischen den Autoren). Koordination wird über die Kommunikationsmittel abgewickelt.

- Neben den Informationen im Langzeitgedächtnis des Autors wirken sich auch die Informationen, die ein Autor über die Aktivitäten der Koautoren hat (Gruppengewahrsein, Gruppenbewußtsein), auf die im Schriebprozeß durchgeführten Aktionen aus.

Ergebnis dieses Kapitels sind eine Reihe von Einsichten, die sich aus der fachbereichsübergreifenden Betrachtung der Begriffe 'Kooperation' und 'kooperative Dokumentenerstellung' ableiten lassen. Weiterhin ist ein Modell erarbeitet worden, das die wichtigsten Aspekte der kooperativen Dokumentenerstellung anschaulich darstellt. Diese Ergebnisse werden in der weiteren Arbeit als Grundlage für die Betrachtung der Notwendigkeiten bei der Unterstützung herangezogen.

> koopérative Dokumentenerstellung
>> **Unterstützung kooperativer Dokumentenerstellung**
>>> Verteilte Systeme / Datenhaltung
>>>> Gruppenbewußtsein und Information speziell WANs, mobile Rechner
>>>>> Konzeption und Implementierung des Daten/Info-Dienstes
>>>>>> Einsatz in der Gruppeneditorumgebung Iris

Kapitel 3

Unterstützung kooperativer Dokumentenerstellung

Ziel dieses Kapitels ist es, die Anforderungen an eine Rechnerunterstützung kooperativer Dokumentenerstellung herauszuarbeiten. Dazu wird zunächst der momentane Stand bei der Unterstützung kooperativer Dokumentenerstellung vorgestellt und diskutiert. Dann wird darauf eingegangen, welche Möglichkeiten und Herausforderungen es generell bei der Unterstützung kooperativer Arbeit durch Rechner gibt. Unter Bezugnahme auf die Ergebnisse aus Kapitel 2 wird schließlich eine Liste von Anforderungen zusammengestellt, die Anwendungen zur Unterstützung von kooperativen Schreibteams erfüllen sollten, und es wird eine allgemeine Architektur für eine Unterstützungsumgebung vorgeschlagen.

3.1 Aktueller Stand bei der Unterstützung kooperativer Dokumentenerstellung

Bevor näher auf die Anforderungen an einen Gruppeneditor eingegangen wird, werden in diesem Abschnitt zuerst einmal bisher angewandte Ansätze bei der Unterstützung kooperativer Dokumentenerstellung besprochen.

Als Einleitung in die Thematik soll folgender Bericht von den Erfahrungen bei der gemeinsamen Erstellung eines Buches dienen:

> *„[...] Beide Autoren waren gemeinsam mit einem Problem (dem Buch) beschäftigt und räumlich (in Grenoble und München) sowie zeitlich (aufgrund unterschiedlicher Arbeitsrhythmen) verteilt. [...] In mehreren face-to-face Sitzungen wurde das generelle Vorgehen zunächst abgesprochen, später weiter verfeinert und schließlich festgelegt. Zum entfernten Informationsaustausch wurden eine Reihe unterschiedlicher Kommunikationsmittel eingesetzt, die von Telefon über Fax bis hin zu E-Mail, Dateitransfer und World-Wide Web reichten. Das Telefon wurde dabei nur für 'brisante' mündliche Absprachen genutzt. Über Fax wurden*

beispielsweise Abbildungsskizzen zur Prüfung durch den Mitautor verschickt. E-Mail und Dateitransfer bildeten das Rückgrat der entfernten Kooperation. [...] Konsolidierte Zwischenversionen einzelner Buchkapitel wurden regelmäßig im World-Wide Web komprimiert abgelegt und dem jeweiligen Mitautor zum Dateitransfer angeboten. Die endgültige Textaufbereitung wurde in München vorgenommen, da sich dort die vollständige und konsistente Formatierungsinformation befand." [Borgh95, S.vii f]

Die derzeitigen Haupteinsatzgebiete von Rechnern bei der kooperativen Dokumentenerstellung werden in dieser kurzen Beschreibung schon deutlich: *Dokumentenaustausch* bzw. *gemeinsamer Dokumentenzugriff* und *direkte Kommunikation*.

Folgende Klassen von Anwendungen können als relevant für die Unterstützung kooperativer Dokumentenerstellung identifiziert werden:

- Hilfsmittel zur *direkten Kommunikation* (Telefon[1], Telefax, Desktop-Videokonferenz, Desktop-Audiokonferenz),
- elektronische *Nachrichtensysteme* wie E-Mail oder Usenet-News,
- Systeme zur *verteilten Datenhaltung* (verteilte Datenbanken, verteilte Dateisysteme, Objektrepositories, Dokumentenablagesysteme),
- *Informations- und Awarenessdienste* (Datenbanken oder auch Online-Dienste wie der Internet-Dienst finger oder die X11-Anwendung XWHO[2]),
- CSCW-Anwendungen aus dem Bereich *Büro-Automatisierung*; z.B. gemeinsame Terminkalender, Organisationsdatenbanken, Sitzungsunterstützung (lokal und verteilt), Workflow-Management und
- *Gruppeneditoren* (spezielle Anwendungen, die Funktionalität zur Unterstützung der kooperativen Bearbeitung von Dokumenten zusammenfassen).

Gruppeneditoren integrieren meist mehrere der in den anderen Punkten genannten Funktionalitäten (z.B. verteilte Datenhaltung und direkte Kommunikation) und versuchen dabei, auf die speziellen Anforderungen der kooperativen Dokumentenerstellung einzugehen. Nachdem das Ziel dieser Arbeit die Konzeption eines Gruppeneditors ist, ist die Betrachtung bereits existierender Systeme aus diesem Bereich besonders interessant.

Die Tabellen in den Abbildungen 3.1 und 3.2 fassen einige Systeme zur integrierten Unterstützung kooperativer Dokumentenerstellung zusammen. Dabei wird zwischen Systemen unterschieden, die hauptsächlich eine gemeinsame Datenhaltung realisieren und solchen, die

---

[1] Der Beitrag des Telefons wird bei der Betrachtung von Rechnerunterstützung von Gruppenarbeit häufig vernachlässigt. Gerade seit bei Telefonen und Telefonanlagen immer mehr digitale Technik eingesetzt wird und Telefone entweder mit vorhandenen Rechnern verbunden werden oder als eigenständige Rechenanlagen betrachtet werden können, kann diese Abgrenzung nicht mehr aufrecht erhalten werden.

[2] Das Programm XWHO wurde an der Technischen Universität München entwickelt und erlaubt die Anzeige einer Menge von Rechnern mit den jeweils aktiven Benutzern auf diesen Rechnern. Genauere Informationen zu XWHO sind in [Leliv94] oder unter folgender URL zu finden:
http://www11.informatik.tu-muenchen.de/software/xwho/

auch synchrone Zusammenarbeit unterstützen. In Anhang A werden beispielhaft die beiden asynchronen Gruppeneditoren ALLIANCE und PREP, die beiden synchronen Gruppeneditoren COMEDIA und GROVE sowie das Toolkit DISTEDIT ausführlicher vorgestellt.

ALLIANCE	[Decou94, Decou95b]	DUPLEX	[Pacul94]
BSCW	[Bentl95b]	GRIFFON	[Decou93]
CES	[Greif86]	INTERLEAF RDM	[Krick95, Papow95]
COLLABRA SHARE	[Colla96]	LINKWORKS	[Phadk95, Linkw96]
CONTEXTS	[Delis87]	LOTUS NOTES	[Kawel88, Notes91]
CONTACT	[Kirby95]	NFS EXPRESS	[Olson90]
CRYSTAL WEB	[Peter95]	PREP	[Neuwi92, Neuwi90]
DISTEDIT	[Knist90, Knist93]	QUILT	[Fish88, Lelan88]
DOCMAN	[Backe96]	SHARED BOOKS	[Lewis88]
DOCS OPEN	[MIS95, PcDoc94]		

Abbildung 3.1: Auswahl von Systemen zur Unterstützung kooperativer Dokumentenerstellung (nur asynchrone Zusammenarbeit durch gemeinsame Dokumentenablage, gemeinsames Objektrepository)

CALLIOPE	[Mitch96]	IRIS-1	[Borgh93b, Borgh93a]
CAVEDRAW	[Lu91]	JOINT EMACS	[Resse96]
COLLABORWRITER	[McAlp94]	MACE	[Newma91]
COMEDIA	[Santo94, Santo95]	MERMAID	[Watab90]
DOLPHIN	[Mark95, Strei94]	MESSIE	[Sasse93]
ENSEMBLE	[Wolf92]	MILO	[Jones95]
GCS	[Bogen88]	MMCONF	[Crowl90]
GROUPDESIGN	[Beaud92]	RAPPORT	[Ahuja88]
GROUPDRAW	[Green92]	SASE, SASSE	[Baeck93]
GROUPWRITER	[Malco91]	SEPIA	[Haake94, Strei92]
GROVE	[Ellis89, Ellis90]	SHEMACS	[Polo95]

Abbildung 3.2: Auswahl von Systemen zur Unterstützung kooperativer Dokumentenerstellung (mit Unterstützung synchroner Zusammenarbeit)

Dokumentenaustausch, asynchrone Kommunikation, Workflow

Die erste Art der Unterstützung von kooperativer Dokumentenerstellung besteht in einer Unterstützung der zeitlich versetzten direkten Kommunikation zwischen den Autoren (allgemein: Austausch von Ressourcen). Dabei handelt es sich oft um Dienste auf der Basis von E-Mail oder Usenet-News. Weiterhin gehört zur Kommunikation der Austausch von Dokument-Dateien (Multimedia-Mail oder Dienste wie ftp, rcp oder WWW). Die Verfahren zum Austausch von Dokumenten sind oft verbunden mit einer Konvertierung der Dokumente zwischen unterschiedlichen Formaten. NFS EXPRESS ist ein Beispiel für ein System aus diesem Bereich.

Eine spezielle Art der Kommunikationsunterstützung stellen Workflow-Management-Systeme dar. Hier werden zusätzlich zu den Nachrichten noch Stati der Dokumente verwaltet, die durch Nachrichten geändert werden können, bzw. deren Änderung Nachrichten auslösen kann. Thimm stellt in [Thimm94] ein solches System vor, das auf einer zentralen Datenbank basiert, die per E-Mail abgefragt und geändert werden kann.

Spezielle Kommunikationssysteme zur Unterstützung von gemeinsamer Dokumentenerstellung tauschen meist neben dem Dokument noch Zusatzinformation aus oder erlauben das Zusammenfügen verschiedener Dokumentenversionen. Ein Beispiel ist hier der Gruppeneditor PREP, der es erlaubt, ein Dokument mit mehreren Spalten zu erzeugen, einzelne Spalten zu verschicken und zugeschickte Spalten ins lokale Dokument aufzunehmen. Ein Anwendungsgebiet von PREP ist das Hinzufügen von Anmerkungen zu Dokumenten in eigenen Spalten und das Zusammenfügen der Anmerkungen mehrerer Reviewer in ein Dokument.

Gemeinsame Informationsräume

Neben Dokumentenaustausch per E-Mail ist gerade in lokalen Netzwerken die gemeinsame Dokumentenablage eine wichtige Art der Unterstützung kooperativer Dokumentenerstellung. Hier werden gemeinsame Dateisysteme wie NFS[3], AFS[4] oder CODA[5], verteilte Datenbanken wie VODAK [Thimm94] und auch speziell dafür entwickelte Programme wie z.B. DOCMAN benutzt, um den gemeinsamen Zugriff auf Dokumente zu ermöglichen. Dokumente werden dabei häufig in kleinere Teile zerlegt und als separate Dateien abgelegt. Newman erwähnt beispielsweise, daß die am weitesten verbreitete Technologie zur Rechnerunterstützung des kooperativen Schreibens ein zentraler Datei-Server mit Standard PC-Textverarbeitungsprogrammen ist [Newma93].

Bei gemeinsamen Datenbasen wird teilweise durch zusätzliche Methoden sichergestellt, daß eine Datei nicht von zwei Autoren gleichzeitig bearbeitet wird. Die Synchronisierung der Zugriffe ist entweder pessimistisch (Sperren einer Datei nachdem sie von einem Autor gelesen wurde, z.B. RCS [Tichy82]) oder optimistisch (beliebig viele Autoren dürfen parallel an einer Datei arbeiten, z.B. CVS [Berli90]). Es werden teilweise noch Hilfestellungen bei der Erkennung und Auflösung von Konflikten beim Zurückschreiben ins Repository angeboten. Ein auf optimistischen Verfahren basierendes System, das speziell zur Unterstützung von asynchronem Editieren erstellt worden ist, ist PALIMPSEST [Duran94]. Ein Beispiel für ein kommerzielles Komplettsystem ist CLEARCASE MULTISITE [Allen95]. Das System bietet ein repliziertes Repository und ist zur Unterstützung der gemeinsamen Softwareentwicklung gedacht.

Einige Beispiele für Systeme zur Unterstützung kooperativer Dokumentenbearbeitung, die auf RCS aufbauen sind CONTEXTS, SHARED BOOKS, CES, QUILT, DOCMAN, BSCW.

---

[3]NFS = (Sun) Network File System [Lyon85]
[4]AFS = Andrew File System [Satya93a]
[5]Coda ist eine Erweiterung des Andrew File Systems (AFS). Die zusätzliche Funktionalität betrifft hauptsächlich die Replikation von Dateien und die Unterstützung isolierter Arbeit mit mobilen Rechnern [Kazar90, Satya90a].

Diese Editoren erlauben es Benutzern, am selben Dokument zu arbeiten, aber typischerweise in verschiedenen Abschnitten und zu verschiedenen Zeiten.

Wenn es nicht nur um die Bearbeitung eines einzelnen Dokuments, sondern um die Bearbeitung einer Sammlung von Dokumenten geht, dann wird häufig der sogenannte 'Shared Workspace'-Ansatz verfolgt (z.B. in BSCW). Dabei legen die Mitglieder einer Gruppe ihre Dokumente, Graphiken usw. in einem gemeinsamen Arbeitsbereich ab. Neben dem verteilten Zugriff wird von solchen Anwendungen teilweise auch noch Versionsmanagement und eingeschränkte Awarenessinformation angeboten.

Bei einigen Systemen gibt es zusätzlich zur Bearbeitung des Dokumentes noch die explizite Möglichkeit des Einfügens von Anmerkungen. CONTEXTS und QUILT sind beispielsweise Hypertext-basierte Systeme, die neben der Verwaltung verschiedener Versionen noch Anmerkungen unterstützen. Auch bei FORCOMMENT und INTERNOTE erfolgt die Unterstützung der Kooperation hauptsächlich durch die Ermöglichung von Anmerkungen. QUILT versucht, kooperatives Schreiben mit strukturierten Anmerkungen und sozialen Rollen für Autoren zu unterstützen.

Zur Unterstützung asynchroner wie auch synchroner Zusammenarbeit eingesetzt werden Anwendungen, die Informationen über den Status der Arbeitsgruppe liefern können (Awarenessinformation). Dabei handelt es sich um Programme, die beispielsweise den Zustand entfernter Rechner anzeigen können oder Information über die Anwesenheit von Benutzern liefern. Konkrete Beispiele dafür sind die schon am Anfang des Abschnitts erwähnten Anwendungen finger und XWHO.

Schließlich muß man in diesem Abschnitt noch Anwendungen nennen, die Kommunikationsmöglichkeiten mit einer verteilten Datenbank und anderen Groupware-Features (z.B. gemeinsamer Terminkalender) kombinieren. Hierunter fallen beispielsweise LOTUS NOTES (Lotus), FIRST CLASS (SoftArc), EXCHANGE (Microsoft) oder LINKWORKS (Digital)[6].

Unterstützung synchroner Dokumentenbearbeitung

Neben den Systemen, die den Austausch von Dokumenten und damit die asynchrone Arbeit an diesen Dokumenten unterstützen, gibt es auch solche, die sich primär die Unterstützung synchroner Zusammenarbeit während einer Sitzung widmen.

Hier sind zuerst Video-Konferenzsysteme zu nennen (z.B. PICTURETEL, PROSHARE). Diese werden oft in Verbindung mit Applikation-Sharing-Systemen[7] wie SHARED X [Rodde91], oder XSHARE [Glick92] eingesetzt. Solche Systeme erlauben es, Standardanwendungen gleichzeitig von mehreren Rechnern aus zu bedienen. Dazu werden die Fenster der Anwendung auf allen Bildschirmen in identischer Weise angezeigt. Von einem der beteiligten

---

[6] Auf der Basis von LINKWORKS wird beispielsweise gerade in Projekt POLITEAM unter Beteiligung der GMD (Forschungszentrum Informationstechnik GmbH) ein System entwickelt, welches das 'räumlich verteilte Regieren' zwischen den Regierungssitzen Bonn und Berlin unterstützen soll (siehe dazu z.B. [Hosch94, Klock95]).

[7] Applikation-Sharing-Systeme werden aufgrund ihrer Funktionsweise häufig auch als Window-Sharing-Systeme bezeichnet.

Rechner werden Eingaben entgegengenommen. Meist kann der Rechner, von dem aus Eingaben entgegengenommen werden, mittels eines Floor-Control-Verfahrens gewechselt werden. Mit solchen Programmen können mehrere Autoren gleichzeitig an einem Standardeditor arbeiten. JVTOS[8] ist eine derartige Plattform, die eine gemeinsame Nutzung beliebiger graphischer und multimedialer Anwendungen in einer heterogenen Rechnerumgebung (UNIX, MacOS, MS-DOS/Windows) erlauben soll und zusätzliche Kommunikationskanäle bereitstellt (Audio- und Video-Konferenzen). Hauptnachteil dieser (Applikation-Sharing-)Systeme ist, daß alle Autoren die gleiche Anzeige haben und immer nur ein Autor arbeiten kann.

Wie schon bei der zuvor besprochenen Unterstützung asynchroner Zusammenarbeit sind auch im Bereich synchroner Zusammenarbeit spezielle Gruppeneditoren entwickelt worden. Beispiele solcher Systeme sind GROVE, SASE, SASSE, CAVEDRAW, GROUPDESIGN und GROUPDRAW. Weiterhin sind synchrone Gruppeneditoren oft als Teile verteilter Konferenzsysteme realisiert (z.B. RAPPORT, MMCONF, MERMAID und ENSEMBLE).

Neben der Festlegung auf lokale Netzwerke[9] sind häufige Einschränkungen dieser Systeme die Forderung nach einer dauernden zusätzlichen Kommunikationsverbindung oder einer festen Gruppenzusammensetzung (z.B. GROVE).

An Metainformation wird von synchronen Gruppeneditoren in der Regel höchstens geliefert, welche Autoren gerade an der Sitzung beteiligt sind. Hauptgebiet für aktuelle Arbeiten ist die Art und Weise der Darstellung dieser Information (z.B. Farbe für Autoren, Scrollbars, Farbe für Alter der Änderungen, um Orientierung zu erleichtern und um Haupttätigkeitsgebiete (hot spots) zu erkennen (GROUPDESIGN)). Informationen zu Historie oder anderen Daten, die für länger andauernde Projekte mit größtenteils asynchroner Zusammenarbeit interessant sind, fehlen meist völlig.

Falls auf einen möglichen Einsatz in Weitverkehrsumgebungen eingegangen wird, dann geschieht dies häufig durch zentrale Datenverwaltung (SEPIA, COVER) oder durch restriktive, pessimistische Zugriffskontrollverfahren (MACE).

Zusammenfassung

Bei den bisherigen Ansätzen, kooperative Dokumentenerstellung mit Rechnern zu unterstützen, wird auf der einen Seite der Austausch bzw. die zentrale Speicherung von elektronischen Dokumenten unterstützt. Diesen Systemen wird neuerdings vielleicht noch eine Videokonferenz- oder Applikation-Sharing-Konponente hinzugefügt, es existiert aber kein Übergang zu synchroner Zusammenarbeit (z.B. fehlende Notifikationen).

Auf der anderen Seite gibt es Anwendungen, die voll synchrone Zusammenarbeit unterstützen, aber nur in LANs einsetzbar sind. Bei synchronen Systemen steht der Sitzungsaspekt

---

[8]JVTOS = Joint Viewing and Teleoperations Service [Derml92, Derml94]
[9]Die meisten der angesprochenen Systeme sind nicht grundsätzlich auf lokale Netzwerke beschränkt, sie wurden aber nicht im Hinblick auf die Einsatzfähigkeit in WANs entwickelt. Beispielsweise gehen viele der Systeme davon aus, daß alle beteiligten Rechner untereinander immer erreichbar sind. Dies schränkt die mögliche Einsatzumgebung in der Praxis auf lokale Netzwerke ein. Weitere Einschränkungen ergeben sich aus den anderen, bereits unter 1.2 angesprochenen Unterschieden zwischen lokalen Netzen und Weitverkehrsnetzen.

im Vordergrund, der aber nur einen sehr kleinen Teil der Zeit bei der Erstellung großer Dokumente ausmacht. Alle Beschränkungen, die während synchronen Sitzungen sinnvoll sind, wirken in den langen Phasen asynchroner Arbeit eher hinderlich.

Betrachtet man in diesem Zusammenhang das Modell zur kooperativen Dokumentenerstellung aus Kapitel 2, dann kann man sagen, daß bisher entweder gemeinsame Datenhaltung unterstützt wird, oder direkte und indirekte Kommunikation. Zur sinnvollen Unterstützung des Prozesses ist aber beides notwendig und es muß zusätzlich ein nahtloser Übergang zwischen ungekoppelter (asynchroner) Kooperation und eng gekoppelter (synchroner) Kooperation möglich sein. Weiterhin müssen die Mittel zur Kommunikation mit denen zur Datenhaltung integriert sein.

Erste Ansätze zur Ermöglichung eines fließenden Übergangs zwischen ungekoppelter Arbeitsweise und eng gekoppelter Zusammenarbeit sind bei SEPIA und DOLPHIN zu finden. Diese Systeme können aber aufgrund ihrer zentralen Datenhaltung nur in LANs dauernde Verfügbarkeit garantieren.

Diese fehlende Unterstützung für die typischen Arbeitsszenarien wie Weitverkehrsnetze und mobile Rechner ist auch für andere Systeme charakteristisch. Wie in Kapitel 1 schon ausgeführt (vgl. S.9), ist die Situation bei der Kooperation über Weitverkehrsnetze aber nicht mit der bei der Benutzung von lokalen Netzen vergleichbar. Die entsprechenden Systeme lassen sich also nur bedingt einsetzen.

Alle in diesem Abschnitt angesprochenen Anwendungen zur Unterstützung kooperativer Dokumentenbearbeitung und insbesondere die speziellen Gruppeneditoren (synchron und asynchron) bieten noch keine zufriedenstellende Unterstützung für die kooperative Dokumentenerstellung. So erklärt sich, warum heute nur Anwendungen zur Unterstützung einzelner Teilaufgaben wie die Dokumentenverteilung teilweise Verbreitung gefunden haben (z.B. gemeinsame Dokumentenrepositories). Zur Verbreitung der bisher entwickelten Gruppeneditoren hat Beck bei einer Untersuchung 1993 beispielsweise festgestellt, daß die damals verfügbaren Gruppeneditoren, außer bei den Entwicklungsteams selbst, nicht einmal im akademischen Bereich eingesetzt werden [Beck93b]. An dieser Situation hat sich bis heute nichts geändert.

3.2 Unterstützung kooperativer Arbeit

Nach der Betrachtung existierender Systeme löse ich mich kurz von der konkreten Aufgabe der gemeinsamen Dokumentenerstellung und betrachte allgemeine Aspekte und Erfahrungen zur Rechnerunterstützung kooperativer Arbeit. Die dabei gewonnenen Erkenntnisse werden später in diesem Kapitel dazu benutzt, ein Grundkonzept für Gruppeneditoren zu motivieren.

Zuerst einmal betrachte ich, auf welche Art und Weise Rechner zur Unterstützung von Arbeitsprozessen generell eingesetzt werden können:

- Der Rechner kann erstens bisherige Kooperationsstrukturen unterstützen, also bisherige Hilfsmittel ersetzen oder ergänzen und funktionell aufwerten. So kann z.B. briefliche Kommunikation durch E-Mail ersetzt werden. Die Kommunikation funktioniert dann schneller und ist einfach archivierbar und durchsuchbar.

- Neben der Verbesserung bisheriger Strukturen kann die Technik aber auch zur Neuschaffung von Organisationsspielraum führen, und dies kann genutzt werden, um neue Kooperationsstrukturen einzuführen.

Die Randbedingungen beim Einsatz von Rechnern zur Unterstützung kooperativer Arbeit lassen sich durch die Begriffe *Erhaltung*, *Ersatz* und *Ermöglichung* gut zusammenfassen [Mosle93]. Beim Einsatz des Rechners zur Unterstützung kooperativer Arbeit ist auf die Erhaltung vorhandener Kooperationsstrukturen hinzuwirken. Die Rechnertechnik kann bei ihrem Einsatz zur Kooperationsunterstützung in weiten Bereichen sinnvollen (weil effizienteren) Ersatz für herkömmliche Arbeitstechniken bieten und kann nicht zuletzt auch neue Formen der Zusammenarbeit ermöglichen.

Bei der Betrachtung der Art und Weise der möglichen Unterstützung kann grob zwischen zwei Bereichen der Unterstützung unterschieden werden: der *prozeßorientierten* Unterstützung und der *informationsorientierten* Unterstützung.

Prozeßorientierte Unterstützung

Diese Art der Unterstützung bietet sich insbesondere bei Aufgaben mit hoher Strukturiertheit oder streng hierarchischer Organisation an (siehe dazu auch Abschnitt 2.2, S.23). Der Rechner sollte ein Modell des zu unterstützenden Prozesses oder der Gruppenstruktur besitzen und kann dann aktiv bei der Durchführung helfen.

Beispiele für Situationen, in denen prozeßorientierte Unterstützung geboten werden kann, sind verschiedene Formen synchroner Sitzungen (Sitzungsräume mit Software zur Unterstützung von Brainstorming, Zeitkontrolle oder Rederechten) und auch Vorgänge, die sequentiell bearbeitet werden müssen (Workflow-Management).

Hauptsächlich kann Unterstützung in folgenden Bereichen geboten werden:

- *Kontrolle/Koordination:* Das System erzwingt die Einhaltung von Regeln und sorgt so für einen ordnungsgemäßen, harmonischen Ablauf der Gruppenarbeit (z.B. Floor-Control bei der Sitzungsunterstützung).

- *Strukturierung:* Informationen können durch das System strukturiert dargestellt werden (z.B. Sortierung nach Wichtigkeit, Filterung nach bestimmten Kriterien, graphische Darstellung verschiedener Attribute).

- *Motivation:* Durch ansprechende Arbeitsumgebung und eventuell durch eine gewisse Anonymität kann ein System eine kreative Umgebung schaffen (z.B. für ein Brainstorming).

Da es sich bei der Dokumentenerstellung weder um eine Aufgabe hoher Strukturiertheit handelt, noch Teams beteiligt sind, die streng hierarchisch organisiert sind, bietet sich für diese Unterstützungsart wenig Potential.

Informationsorientierte Unterstützung

Bei wenig strukturierten Aufgaben tritt die informationsorientierte Unterstützung in den Vordergrund. Wie schon im vorhergehenden Kapitel dargestellt, ist bei wenig strukturierten Aufgaben zur erfolgreichen Kooperation die Erlangung eines Gruppenbewußtseins notwendig. Dies ist durch Informationsfluß erreichbar. Rechner und die dazugehörige Infrastruktur, so wie Netzwerke, können nun helfen, diesen Informationsfluß anzureichern (durch automatische Generierung von Information) und die Übermittlungszeiten zu verkürzen. Im Zusammenhang mit der Informationsanzeige kann, soweit möglich, auch wieder die Strukturierung von Information eingesetzt werden.

Aufgrund des Prozeßtyps ist für die Dokumentenerstellung hauptsächlich die informationsorientierte Unterstützung wichtig.

Groupware

Nach dieser Beleuchtung der Einsatzpotentiale von Rechnern bei der Unterstützung kooperativer Arbeit, soll nun auf allgemeine Aspekte eingegangen werden, die bei der Konzeption von Groupware zu beachten sind.

Dewan definiert kooperative Anwendungen folgendermaßen (siehe auch Abbildung 3.3):[10]

Definition 3.1 (Kooperative/Kollaborative Anwendung)
„A collaborative application is a software application that (a) interacts with multiple users, that is, receives input from multiple users and displays output to multiple users, and (b) couples these users, that is, allows one user's input to influence the output displayed to another user." [Dewan94]

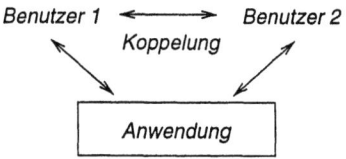

Abbildung 3.3: Allgemeine Sicht einer kooperativen Anwendung

Hauptaussage der Definition über den Unterschied zwischen Einbenutzer-Anwendungen und kooperativen Anwendungen ist, daß letztere mit mehreren Benutzern interagieren und diese 'koppeln'.

---

[10]Die Definition einer kooperativen Anwendung nach Dewan zeigt Parallelen zur Definition kooperativer Arbeit aus Kapitel 2. In beiden Definitionen ist von Ressourcenaustausch und von der Einflußnahme auf andere Benutzer die Rede.

Die Natur und die Enge der Koppelung wird von der Definition nicht festgelegt. Bei der Enge hat man die Wahl zwischen den beiden Extremen 'keine Koppelung' und 'WYSIWIS'[11]. Es ist festzulegen, wie gekoppelte Interaktion stattfindet. Das heißt, daß zu klaren ist, welche Benutzer sich Änderungen mitteilen und wann diese Änderungen mitgeteilt werden.

Ein prinzipielles Problem bei der Rechnerunterstützung kooperativer Prozesse ist die Frage, wie weit die Unterstützung gehen soll. Oberquelle benennt in diesem Zusammenhang sieben Prinzipien [Oberq91a, Oberq91b]:

1. *Unterstützen, nicht automatisieren*: Groupware soll keine Kooperationsbeziehungen festschreiben; die Systeme sollen nicht als Ersatz für mögliche Kooperationspartner dienen.

2. *Ergänzen, nicht ersetzen*: Groupware soll keine Kooperationsformen festschreiben; die Systeme sollen als Ergänzung zu bestehenden Medien wirken.

3. *Verbinden, und zwar neutral*: Groupware soll eine Infrastruktur zwischen den Organisationsmitgliedern schaffen, nicht aber eine Organisationshierarchie.

4. *Integrieren, nicht Zusatzaufgaben schaffen*: Groupware soll sich in bestehende Arbeitszusammenhänge einfügen, nicht aber zusätzliche Aufgaben schaffen.

5. *Erweiterte, aufgabengebundene Transparenz*: da in kooperativen Aufgabenzusammenhängen eine Voraussetzung ist, auch die Teilnehmerstruktur und deren Tätigkeitsbereiche zu kennen, ist eine größtmögliche Durchschaubarkeit von mit den eigenen Aufgabenteilen verbundenen Aufgaben zu fordern.

6. *Gruppenbezogene Autonomie*: Gruppen sollen weitgehend selbst über Verfahrensweisen (d.h. Gruppenorganisation, Aufgabenaufteilung, Koordinationsmechanismen) bestimmen können, nach denen sie ein Gruppenziel erarbeiten.

7. *Verhandlungsfähigkeit*: Groupware muß die Möglichkeit unterstützen, über die Modalitäten einer Kooperation (und Kommunikation) zu verhandeln.

Auch beim Einsatz für strukturierte Arbeitsabläufe darf sich Groupware nicht rein auf die Unterstützung des definierten Prozesses beschränken. Auch hier muß informelle Kommunikation unterstützt werden. Einerseits funktioniert manche Organisation insbesondere deswegen gut, weil nicht allein formale Dienstwege beschritten werden, sondern ein dichtes Netz informeller Beziehungen besteht und genutzt wird. Das Büro oder andere organisatorische Einheiten sollen als soziale Gemeinschaft mit ihren informellen Strukturen unterstützt werden. Andererseits sind mit informeller Kommunikation solche Situationen gemeint, in denen ungeplant und spontan kommuniziert wird, ohne daß feste Rollen, Vorschriften oder eingefahrene Vorgehensweisen einschränkend wirken.

---

[11]WYSIWIS ist die Abkürzung für *What You See Is What I See*. Darunter versteht man, daß alle an einer Kommunikation beteiligten Partner auch dasselbe am Bildschirm vor sich sehen, also dieselben Fenster mit denselben Inhalten, dieselbe Anordnung der Fenster.

Bentley beschreibt dieses Ziel von CSCW-Anwendungen in [Bentl95b] damit, daß die Anwendungen das 'Medium' der Zusammenarbeit unterstützen sollen und nicht den 'Prozeß' der Zusammenarbeit.

Prinzipiell ist der Entwurf von Groupware weitaus schwieriger als der von Einbenutzer-Systemen. Erstens bestehen dieselben Probleme wie bei Einbenutzer-Systemen hinsichtlich der Gestaltung der Benutzerschnittstelle. Zusätzlich haben die Gruppenmitglieder aber unterschiedliche Kenntnisse, Erfahrungen und Vorlieben. Trotzdem sollen alle an einer Anwendung zusammenarbeiten. Eine weiterer Unterschied zu Einbenutzer-Software ist der Umstand, daß Groupware häufig Einfluß auf die sozialen und organisatorischen Strukturen in Gruppen und Unternehmungen nimmt. Das bedeutet, daß beim Entwurf von Groupware auch darauf besondere Rücksicht genommen werden muß.

Grudin führt in [Grudi94a] folgende weitere Herausforderungen an, die bei der Konzeption von Groupware auftreten und deren Nichtbeachtung häufig für den Mangel an Akzeptanz verantwortlich ist:

- mögliche Diskrepanz von Arbeit und Nutzen

- Notwendigkeit einer kritischen Masse von Benutzern

- mögliche Störung sozialer Prozesse

- Notwendigkeit der Behandlung von Ausnahmen

- Notwendigkeit einer 'unaufdringlichen' Verfügbarkeit

- Schwierigkeit der Evaluation

- fehlerhafte Intuition der Entwickler

- Notwendigkeit eines Anpassungsprozesses

Bei der Aufzählung dieser Herausforderungen und bei Betrachtung der zuvor genannten Prinzipien zum Umfang der Rechnerunterstützung von Oberquelle lassen sich einige Punkte erkennen, die bei den in Abschnitt 3.1 vorgestellten Systemen nicht beachtet worden sind. Neben den Aspekten wie der eingeschränkten Einsatzumgebung und der fehlenden Integration synchroner und asynchroner Zusammenarbeit wurde versäumt, einen Anreiz zu liefern, der es ermöglicht hätte, daß eine kritische Masse von Benutzern auf ein neues System umsteigt. Dabei ist als Hauptgrund die fehlerhafte Intuition der Entwickler zu nennen, die dazu geführt hat, daß 'technisch interessante' Lösungen implementiert worden sind, anstatt dem Autor ein Zusammenarbeits-Medium mit möglichst vielen Freiräumen zur Verfügung zu stellen.

Als Ergebnis dieses Abschnitts für das Ziel dieser Arbeit kann zusammengefaßt werden, daß neben der Bestrebung nach möglichst guter Unterstützung der Kooperation (Kommunikation, Gruppenbewußtsein, fließender Übergang zwischen asynchroner und synchroner Zusammenarbeit), beim Entwurf eines Gruppeneditors vor allem auch wichtig ist, daß den

Koautoren möglichst viele Freiheiten geboten werden. Das beginnt bei der Wahl der Editor-Benutzerschnittstelle und geht bis zur technischen Durchsetzung von Zugriffsrechten. In folgendem Abschnitt wird dieser Aspekt noch genauer angesprochen.

3.3 Unterstützung kooperativer Dokumentenerstellung

Der vorhergehende Abschnitt bestätigt die Grundprinzipien, die bei der Unterstützung kooperativer Dokumentenerstellung beachtet werden müssen:

- *informationsorientierte Unterstützung* (direkte und indirekte Kommunikation der Koautoren)[12]

- *Flexibilität*

In Kapitel 2 habe ich den Prozeß der kooperativen Dokumentenerstellung detailliert besprochen sowie ein allgemeines Modell dazu erstellt. Dieses Modell kann man mit den Betrachtungen zu Groupware aus Abschnitt 3.2 zu einem Modell für eine rechnerbasierte Umgebung zur Unterstützung der kooperativen Dokumentenerstellung ausbauen (siehe auch Abbildung 3.4):

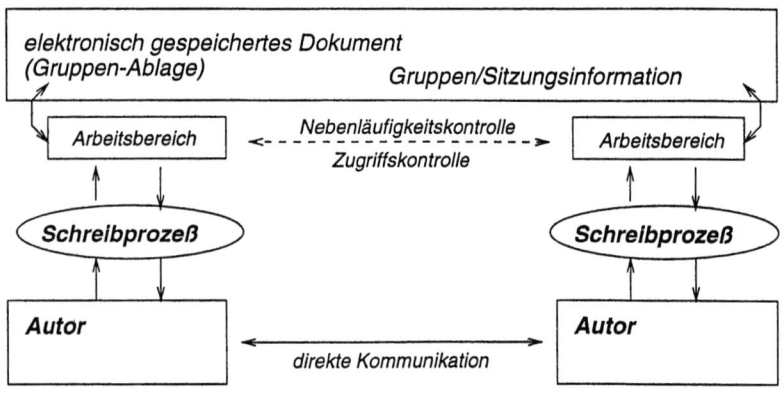

Abbildung 3.4: Modell für einen Gruppeneditor

- Gemeinsame Dokumentenablage

---
[12]Mitchell schreibt zur Unterstützung kooperativer Dokumentenerstellung folgendes: *"Writing is a form of communication. Writing together is a process of negotiating for content and meaning of a text. Tools to support collaborative writing must take into consideration the communication which takes place both around and through the text."* [Mitch96].

- Jeder Benutzer interagiert mit einer Instanz der Benutzerschnittstelle. Dabei kann es sich um eine eigenständige replizierte Komponente oder auch nur um ein Fenster einer zentralen Anwendung handeln.

- Der Benutzer führt über die Benutzerschnittstelle Editier-Kommandos durch, die vor der Anwendung auf das Dokument eine Zugriffskontrolle (*access control*[13]) und eine Nebenläufigkeitskontrolle (*concurrency control*) durchlaufen müssen.

- Die Unterstützungsumgebung bietet Möglichkeiten zur direkten Kommunikation und unterstützt die indirekte Kommunikation durch Bereitstellung von Gruppeninformation und von Notifikationen.

Auf den folgenden Seiten werden einige der im letzten Kapitel angesprochenen Aspekte noch für das eben präsentierte technische Modell konkretisiert. Dazu muß noch erwähnt werden, daß nicht alle Anforderungen hier von der Software unterstützt werden müssen. Einige der Anforderungen können auch vom sozialen Umfeld, in dem die Software eingesetzt wird, behandelt werden (soziale Protokolle).

Einsatzszenario

Entsprechend den bisherigen Betrachtungen aus Kapitel 2 sieht die zu unterstützende Aufgabe folgendermaßen aus:

Gegeben ist eine Aufgabe (Dokumentenerstellung), die in eine oder mehrere Teilaufgaben zerfallen kann (relativ unabhängige Teildokumente). Die Teilaufgaben werden von Arbeitsgruppen bearbeitet (typischerweise 2 bis 6 Personen). Die Gruppen können geographisch auf mehrere Standorte verteilt sein. Die Standorte können weit voneinander entfernt sein, so daß persönliche Treffen nicht immer möglich sind. Die Rechner der beteiligten Personen sind in einem Weitverkehrsnetz verbunden. Einzelne Rechner können über längere Zeiträume vom Netz getrennt sein (mobile Rechner).

Für die technische Einsatzumgebung gilt folgendes:

- Es werden heterogene Rechner und Benutzerschnittstellen benutzt (auch bei homogener Rechnerumgebung werden die Benutzer bei Wahlfreiheit heterogene Benutzerschnittstellen wählen).

- Die Rechner sind in Weitverkehrsnetzwerken oder mobilen Netzwerken mehr oder weniger dauerhaft miteinander verbunden, können also zumindest in unregelmäßigen Abständen miteinander kommunizieren.

---
[13] Auch wenn, wie im letzten Punkt erwähnt, die Dokumententeile für alle Bearbeiter zugreifbar sein sollen, muß beim Zugriff auf ein Objekt noch die Unterscheidung zwischen zugriffsberechtigten Benutzern (Bearbeitern) und nicht-zugriffsberechtigten Benutzern getroffen werden.

Kooperative Dokumentenerstellung

Zur Arbeitsweise bei der Dokumentenerstellung ist in Anlehnung an die Überlegungen im vorherigen Kapitel folgendes zu sagen: Innerhalb der Teilprojektgruppen arbeiten die Autoren eng zusammen. Dabei können die einzelnen Autoren sehr wohl eine Großteil ihrer Arbeitszeit alleine arbeiten, sie müssen aber regelmäßig ihre Aktionen untereinander koordinieren und absprechen. Dazu sind Kommunikationsmöglichkeiten und die Möglichkeit des gemeinsamen Zugriffs auf das Dokument notwendig.

Zwischen den Teilprojektgruppen ist keine so enge Zusammenarbeit notwendig. Hier beschränkt sich der Austausch auf einen Austausch von Zwischenversionen der Dokumente und auf Besprechungen zu allgemeinen Zielen. Trotzdem ist es auch hier vorteilhaft, wenn die aktuellen Arbeitsversionen für die anderen Teilprojekte einsehbar sind, um Probleme frühzeitig zu erkennen.

Dokumentenzugriffe

Aus den in Kapitel 2 erwähnten Studien zum kooperativen Schreiben kann folgende Grundcharakteristik für Lese- und Schreibzugriffe auf das gemeinsam bearbeitete Dokument abgeleitet werden:

- Ein einzelner Autor arbeitet in der Regel in kleinen abgegrenzten Bereichen.
- Die Granularität der Arbeitsbereiche ist verschieden.
- In einem bestimmten Bereich schreiben zu einem Zeitpunkt nur wenige, oft sogar nur ein einzelner Teilnehmer.
- Die Haupttätigkeit eines Autors findet isoliert, ohne synchronen Kontakt zu anderen Autoren statt.
- Gleichzeitige Schreibzugriffe mehrerer Teilnehmer in einem Bereich sind möglich, aber nicht sehr häufig.
- Änderungen am Dokument werden nicht immer sofort an die Gruppe weitergegeben, aber trotzdem persistent gespeichert

Aus den Forderungen bei der Definition von Kooperation kann man weiterhin ableiten, daß es im allgemeinen Fall für alle Koautoren immer möglich sein sollte, Lese- und Schreibzugriffe auf dem gesamten Dokument durchzuführen. Dabei sollte zusätzlich immer ein möglichst aktueller Stand des Dokuments präsentiert werden.

Zugriffsschutz, Rollen

Über diesen allgemeinen Fall hinaus, bei dem nur eine Überprüfung des Zugangs zum Dokument an sich notwendig ist, werden in einigen Arbeitsgruppen differenzierte Zugriffsrechte gewünscht, wie zum Beispiel die feste Zuordnung von Dokumententeilen zu Koautoren, die alleine für alle Änderungen zuständig sind. Um eine größtmögliche Flexibilität zu bieten, sollte die Sicherstellung der Einhaltung dieser Beschränkungen grundsätzlich den Gruppenteilnehmern selbst überlassen bleiben und nicht vom Gruppeneditor erzwungen werden.[14] Um dem Wunsch nach technischer Unterstützung hierbei nachzukommen und trotzdem eine größtmögliche Flexibilität aufrechtzuerhalten, könnten zwar jedem Autor Zugriffsrechte zugeordnet werden, deren Einhaltung auch von den Editoranwendungen erzwungen wird. Diese Rechte könnten aber von jedem Autor modifizierbar sein. Will ein Autor Änderungen vornehmen, obwohl es in den Projektrichtlinien nicht vorgesehen ist, dann kann er dies trotzdem machen, muß dazu aber explizit seine Rechte ändern. Will man auch die Wünsche von Gruppen zu erfüllen, die eine solche Flexibilität nicht wünschen, sollte es schließlich noch möglich sein, dieses Recht zur Änderung der eigenen Zugriffsrechte für bestimmte Benutzer abzuschalten.

Zusätzlich zu Zugriffsrechten haben sich bei vielen der am Anfang dieses Kapitels angesprochenen Systeme (z.B. QUILT und ALLIANCE) als weiterer wichtiger Aspekt der Zugriffskontrolle die schon in Kapitel 2 angesprochenen sogenannten statischen Rollen durchgesetzt[15].

Wie in Kapitel 2 schon allgemein dargestellt, beinhalten Rollen meist zwei Aspekte:

- Die Rolle als Attribut des Benutzers dient zur *Information* der anderen Autoren über die Haupttätigkeit des Autors oder dessen Stellung in der Hierarchie. Beispiele wären hier die Rollen *Reviewer* oder *Projektleiter*.

- Die Rolle als Template für die Zugriffsrechte dient im Rahmen des technischen Protokolls dem System als Information (z.B. Reviewer dürfen keinen Text löschen oder überschreiben, sondern nur Anmerkungen hinzufügen)

Als Information über die Autoren können Rollen wertvolle Aufschlüsse über Haupttätigkeitsbereiche eines Benutzers oder dessen Stellung in der Hierarchie liefern. Auch wenn eine völlig offene Zugangspolitik gewählt worden ist, sollten Rollen mit ihrem Informationscharakter zur Verfügung stehen. Hier ist auf jeden Fall darauf zu achten, daß keine Einschränkung auf eine feste Menge von Rollen vorgegeben ist. In Arbeitsgruppen bilden sich nämlich die verschiedensten Rollen heraus.

Synchronisation von Dokumentenzugriffen

Es kann nun vorkommen, daß zwei, zur Durchführung von Änderungen berechtigte Koautoren zur selben Zeit auf ein und dasselbe Teildokument zugreifen wollen. Hier ist eine Koordination der Zugriffe notwendig. Das kann entweder durch das System geschehen oder von den Benutzern geregelt werden. Im einzelnen gibt es folgende Alternativen:

---

[14]Greenbaum prägte für diese Art der Kontrolle mittels sozialer Protokolle den Begriff '*cooperative control*' [Green88].

[15]'Statische Rollen' sind Zuordnungen von Rollenbezeichnungen zu Benutzern, die für ein Projekt gelten und sich während der Projektlaufzeit nicht ändern.

- vom System erzwungene Koordination (Auflösung von Konflikten nach festen Regeln; das System sorgt dafür, daß keine Inkonsistenzen entstehen können),

- durch das System unterstützte Koordination (das System unterstützt eine Koordination durch die Bereitstellung von Information zu aktuell stattfindenden Zugriffen oder auch durch lockere Sperren[16], es wird aber keine Konsistenz erzwungen, dafür müssen die Benutzer selbst sorgen) und

- vollständige soziale Koordination (die Benutzer verständigen sich selbst soweit, daß Konflikte vermieden oder aufgelöst werden; es wird keine Unterstützung durch das System angeboten).

Dourish stellt in [Douri95b] dar, daß CSCW-Systeme nicht die unbedingte Vermeidung von Konflikten verfolgen sollten, da diese Serialisierung der Aktionen der Benutzer der natürlichen Parallelität der Aktionen widerspricht. Er schlägt vor, Aktionen parallel durchzuführen und nur gelegentlich zu synchronisieren. Die Wahl der Synchronisationsmechanismen legt Dourish dabei nicht fest. Diese ist abhängig von den Rahmenbedingungen, den verwalteten Datenstrukturen und den möglichen Operationen zu treffen.

CSCW-Systeme sollten also nicht versuchen, bei der Koordination in der Gruppe alle zwischenmenschlichen Konflikte durch technische Protokolle zu lösen. Da durch die Kontrolle der Dokumentenzugriffe keine bestimmte Arbeitsweise aufgezwungen werden darf, muß die Kontrolle von sozialen Protokollen bestimmt sein. Wie bei der Zugriffskontrolle kann dabei eine Unterstützung durch das System erfolgen.

Konflikte sollen durch Informieren der Benutzer behandelt werden. Erstens sollten Konflikte durch Information schon im Vorfeld vermieden werden. Falls doch ein Konflikt auftritt, dann soll die Situation den Benutzern präsentiert werden und für eine spätere Auflösung vorgemerkt werden. Der Benutzer sollte nicht gezwungen werden, Konflikte sofort aufzulösen [Gaine93]. Optional kann für Gruppen, die eine Unterstützung wünschen, eine konfigurierbare automatische Konfliktauflösung vorgesehen werden.

Kommunikation

Wie schon mehrfach motiviert, erfordert eine befriedigende Unterstützung von Kooperation intensive Kommunikationsmöglichkeiten. Mit der nachrichtentechnischen Definition von Kommunikation als '*Übertragung von Information von einer Quelle über einen Übertragungskanal zu einem Empfänger*' beinhaltet dies sowohl die direkte Kommunikation, als auch die indirekte Kommunikation durch Information über Aktionen an gemeinsamen Daten.

Direkte Kommunikationsmöglichkeiten sind zur gezielten Kommunikation zwischen einzelnen Gruppenmitgliedern notwendig. Zur Unterstützung direkter Kommunikation gehört

---

[16]Unter 'lockeren Sperren' versteht man Sperren, deren Einhaltung nicht durch das technische Protokoll des Systems erzwungen wird. Entweder kann die Sperre nur als Hinweis für den Benutzer dargestellt werden, oder es ist einfach möglich die Wirkung der Sperre aufzuheben oder zu umgehen.

die Ermöglichung synchroner Gespräche genauso, wie die Bereitstellung von Möglichkeiten zum Austausch von asynchronen Nachrichten (z.B. E-Mail oder News für Mitteilungen und weniger dringende Fragen) [Beck93b, Galeg90]. Erfahrungen zeigen hier, daß selbst bei lokalen Arbeitsgruppen (gleicher Raum) häufig E-Mail zur Kommunikation benutzt wird [Beaud90]. Gründe für diesen Umstand sind, daß asynchrone Kommunikation erstens nicht unterbrechend ist und zweitens für spätere Referenz archiviert werden kann. Neben direkter 1:1 Kommunikation sollte es auch Möglichkeiten zur Verteilung von Nachrichten an die ganze Gruppe der Autoren geben (1:n Kommunikation).

Direkte Kommunikation hat an sich keinen direkten Bezug zu Dokumenten oder Dokumentstellen. Es ist aber sehr wahrscheinlich, daß bei der Kommunikation auf Teile des Dokuments Bezug genommen wird. Außerdem ist es zum Verständnis einer Nachricht, also zu deren erfolgreicher Interpretation, häufig wichtig zu wissen, in welchem Kontext die Nachricht erstellt worden ist (z.B. zu welchem Dokument) [Sharp93, Beck93b].

Für direkte Kommunikation ist also folgendes notwendig:

- *Referenzmechanismen*: Bei asynchroner Kommunikation kann dies ein eindeutiger Identifikator eines Dokumententeils sein, der eventuell vom Editor automatisch zur Positionierung verwendet werden kann. Bei synchroner Kommunikation (z.B. Audio- oder Videokonferenz) können diese Mechanismen zu Telepointern erweitert werden.

- Direkte Kommunikation, die mit dem Dokument zu tun hat, könnte abschließend direkt beim Dokument gespeichert werden, um den anderen Autoren Zugriff darauf zu bieten. Auf diese Weise ist eine Nutzung der direkten Kommunikation auch im Kontext indirekter Kommunikation möglich (Historie).

- *Aufruf von externen Werkzeugen direkt aus dem Editor heraus,* um die entsprechenden Beziehungen automatisch einzufügen (automatische Übermittlung von Dokumentenbezügen durch semistrukturierte Nachrichten).

- Falls eine asynchrone Nachricht mit Bezug zum Dokument neu eintrifft, kann eine *Notifikation im Editor* erfolgen.

Neben den Möglichkeiten, einen Bezug zwischen Dokument und direkter Kommunikation herzustellen, ist auch noch der Aspekt interessant, ob eine Kommunikationsverbindung bei bestimmten Situationen (z.B. Erkennung eines Konflikts, Arbeit im selben Abschnitt) automatisch aufgebaut wird. Nachdem der Benutzer so wenig wie möglich gestört werden soll, ist dies nicht wünschenswert. Besser ist es, Notifikationen zu Konflikten zuzustellen und allgemein eine einfache Initiierung einer Kommunikationsverbindung zu ermöglichen.

Daß der Gruppeneditor alle Informations- und auch Kommunikationsmöglichkeiten bereitstellen sollte, heißt nicht automatisch, daß sie auch im Programm zur Bearbeitung der Dokumente realisiert werden müssen [Sharp93]. Es ist möglich und sogar wünschenswert, externe Programme zu benutzen (z.B. Standard-E-Mail-Anwendungen). Der Aufruf der externen Programme und das Ausfüllen von Standardparametern, wie z.B. der Adresse des Kommunikationspartners, sollten aber direkt aus dem Gruppeneditor heraus möglich sein.

Auch Referenzen zum Dokumentenkontext (Dokumentenbezeichner und Position im Dokument) sollten einfach eingefügt werden können.

Gruppenbewußtsein und Information

Im Hinblick auf das Gruppenbewußtsein müssen Informationen zum aktuellen Status (z.B. aktueller Dokumenteninhalt, momentan am Dokument arbeitende Autoren) bereitgestellt werden [Beaud90, Miles93]. Weiterhin ist eine explizite Kenntnis der Aktionen anderer Gruppenmitglieder, d.h. der aktuell stattfindenenden Aktionen und der Historie der Aktionen, notwendig [Ensor90]. Was in den einzelnen Bereichen angeboten werden sollte, wird im Kapitel 5 näher behandelt.

Sehr wichtig erscheint die Forderung, daß die Bereitstellung von Information möglichst wenig 'Kosten' für den Benutzer mit sich bringen darf [Douri92]. Das ist deshalb wichtig, da ein Ungleichgewicht zwischen denen, die den Aufwand für die Informationsbereitstellung tragen (information provider), und denen, die den Nutzen haben (information consumer) die Benutzer demotiviert [Grudi88a, Grudi94a]. Nachdem auch bei einer symmetrischen Anordnung (jeder Autor stellt dieselben Informationen aktiv zur Verfügung) die Kosten meist höher sind als der Nutzen (nicht alles, was bereitgestellt wird, bringt Nutzen), sollten Informationen zur Gruppe und zu den Aktionen der Gruppenmitglieder am besten ohne zusätzlichen Aufwand des Benutzers generiert werden. Für die Implementierung heißt das, daß Informationen soweit als möglich automatisch generiert werden sollten. Dabei ist dann aber auf die Privatsphäre der Beteiligten zu achten. Die einzelnen Benutzer sollten eine Möglichkeit haben, Einfluß darauf zu nehmen, was über ihre Aktionen verbreitet wird.

In einem Gruppeneditor (siehe Editormodell in Abb. 3.4) fließen Informationen auf folgende Weise: Erstens kann es zwischen den Benutzern jedwede Art von direkter Kommunikation geben. Zweitens können Instanzen Nachrichten an andere Benutzer schicken. Drittens kann aus dem Dokument eine Nachricht generiert werden (entweder automatisch bei Änderungen oder auf Anfrage bei Historienanfragen). Schließlich kann noch der verwendete Mechanismus zur Nebenläufigkeitskontrolle zu Nachrichten führen (z.B. bei Konflikten). Informationen wie Statuswerte und Gruppeninformation werden im virtuellen Dokument gespeichert.

3.4 Anforderungen an eine Unterstützungsumgebung

Nach den bisherigen Überlegungen muß eine Unterstützungsumgebung folgende Funktionalität anbieten:

- gemeinsamer Dokumentenzugriff (Nebenläufigkeits- und Zugriffskontrolle mit hoher Flexibilität) und

- Informationen zur Einstellung eines Gruppenbewußtseins und direkte Kommunikation der Autoren untereinander.

In folgendem Abschnitt werden die bisher erlangten Ergebnisse zu Anforderungen an die Konzeption eines Gruppeneditors zusammengestellt. Dabei werden die Aspekte, die bei der Betrachtung allgemeiner Groupware angesprochen worden sind, und die Lehren, die man aus der Betrachtung bisher realisierter Systeme ziehen kann, mit einbezogen.

Wie schon zuvor erwähnt, wird hier und auch für alle Betrachtungen im weiteren Verlauf der Arbeit zu Grunde gelegt, daß das Ziel der Arbeit die Entwicklung eines Editors ist, mit dem eine räumlich verteilte Gruppe von Personen, über einen längeren Zeitraum größere Dokumente gemeinsam bearbeiten kann. Die Anfertigung kleinerer Dokumente soll natürlich auch unterstützt werden, Maßstab für Designentscheidungen sollen aber größere Dokumente mit einer langen Erstellungsdauer sein. Damit ist die Notwendigkeit der Unterstützung sowohl synchroner als auch asynchroner Zusammenarbeit gegeben.

Weiterhin wird die Unterstützung auf die 'Dokumentenerstellungsphase' beschränkt. Zur Unterstützung anderer Phasen (z.B. Brainstorming) sollten andere, spezialisierte Anwendungen benutzt werden. Eine Verbindung zwischen der Editorumgebung und den anderen Anwendungen ist möglich und wünschenswert.

Nützlich für den einzelnen Benutzer

Wenn wir die Anforderungen und Randbedingungen der letzten beiden Kapitel und speziell die Konzepte aus Abschnitt 3.2 zusammenfassen, fällt auf, daß ein Punkt immer wieder angesprochen wird: *'Den Benutzer nicht behindern/einschränken'*. Als Hauptforderung kristallisiert sich also heraus, daß bei der Konzeption des Editors beachtet werden sollte, daß zu keiner Zeit einer der Autoren behindert wird. Präziser kann man sagen, daß jeder Gruppeneditor die normalen Arbeitspraktiken der einzelnen Benutzer unterstützen sollte [Sharp88].

Santos faßt dies in folgendem Zitat zusammen: *"If a [...] CSCW system or technology requires more effort to use then a single-user one, users will be very likely to reject it"* [Santo95].

Forderung 1:

Ein Gruppeneditor muß die Funktionalität eines Einbenutzereditors mit Zugriff auf das Dokument über ein verteiltes Dateisystem bieten.

Im einzelnen sind hinter diesem Punkt folgende Teilziele zu identifizieren:

- Immer arbeiten können:
    - Gleichzeitig arbeitende Koautoren werden nicht am Arbeiten gehindert, wenn eine Netz-Verbindung zwischen ihren Rechnern nicht möglich ist.

- Eine Nichterreichbarkeit des Dokuments beim Start des Editors kann in Kauf genommen werden (trotzdem sollte hier eine möglichst hohe Verfügbarkeit geboten werden). Wenn man aber einmal erfolgreich angefangen hat, ein Dokument zu bearbeiten (d.h. Kopie im lokalen Speicher), dann darf es keine technischen Einschränkungen mehr geben.
- Koautoren können möglichst immer in eine Sitzung ein- und aussteigen.

• Keine schlechtere Performance als bei Einbenutzer-Editoren (sofortige Antwort auf Eingaben, schnelles Feedback).

• Sicheres Speichern des Dokuments (Änderungen am Dokument sollen unabhängig von Rechner- oder Netzwerkfehlern erhalten und verteilt werden).

• Einfache und natürliche Bedienung (Erwartungen, die von Einbenutzer-Anwendungen erfüllt werden, müssen unterstützt werden); zusätzliche Funktionen und Anzeigen sollten nicht aufgezwungen werden (einige Benutzer wünschen beispielsweise die Möglichkeit, verschiedene Objektversionen zu benutzen, andere möchten das Vorhandensein unterschiedlicher Objektversionen (außer zur Konfliktauflösung) nicht einmal wahrnehmen [Gaine93]).

Der Großteil der Anforderungen hat mit dem Verfahren zu tun, das zur Abwicklung von Dokumentenzugriffen benutzt wird. Die Teilziele müssen also bei der Konzeption der Komponente zur Datenhaltung berücksichtigt werden.

Akzeptanz bei allen Benutzern

Das System sollte so flexibel sein, daß in der Organisation und bei den Benutzern nur ein kleiner oder kein Umstellungsaufwand bei der Einführung des Systems entsteht. Vorhandene Anwendungen sollen eingebunden werden können. Dies ist wichtig, damit die 'kritische Masse' erreicht wird, die für den Erfolg nötig ist (vgl. [Grudi94a]). Aus demselben Grund muß weiterhin die Konfiguration für die Organisation und den jeweiligen Benutzer möglich sein.

Für die Akzeptanz sind bei der Konstruktion eines Gruppeneditors zwei Punkte besonders zu beachten:

• Benutzerschnittstelle und

• Einfluß auf eigene Arbeitsweise, Privatsphäre.

Beim ersten Punkt ist entscheidend, daß die Schnittstelle, mit der der Benutzer am Gruppeneditor arbeitet, sehr flexibel an verschiedene Anforderungen anpaßbar ist. Die Schnittstelle, mit der das System anfangs (beim Umstieg von Einbenutzer-Anwendungen) benutzt wird, sollte identisch oder zumindest ähnlich dem der bisher benutzten Anwendungen sein. Auch Gaines stellt in [Gaine93] fest: *„users are current users of standard commercial word* *processors; would not be ready to accept any degradation in facilities nor willing to make major changes in their work practice.*".

Es bietet sich also an, keine feste Softwarekomponente zu erstellen, die einige Konfigurierungsmöglichkeiten bietet, sondern möglichst viele Standardeditoren als Benutzerschnittstellen des Systems einzubinden. Ziel muß es sein, eine Familie von verschiedenen Benutzerschnittstellen zu haben, die zusammenarbeiten können. Dies kann beispielsweise durch eine geschickte Entkoppelung von Benutzerschnittstelle und Datenspeicherung erreicht werden.

Die Forderung nach Flexibilität bezieht sich aber nicht nur auf die Editierfunktionalität. So sollte es auch möglich sein, verschiedenste E-Mail-Programme oder andere Systeme zur direkten Kommunikation zu benutzen. Insgesamt läuft das auf eine integrierte Umgebung anstatt auf eine einzelne Softwarekomponente hinaus. Das hätte den weiteren Vorteil, daß nicht die ganze notwendige Funktionalität und der Datenaustausch mit existierenden Anwendungen neu realisiert werden muß, sondern nur Schnittstellen zwischen dem Gruppeneditor und den erprobten Anwendungen geschaffen werden müssen.

Der zweite Punkt, der auf die Akzeptanz wirkt, ist der, daß eine Verletzung der ungeschriebenen Regeln der Kommunikation des einzelnen oft zu einer unbewußten Abneigung gegen Mehrbenutzer-Software führt (beispielsweise wollen Autoren selbst bestimmen können, wann ihre Änderungen verbreitet werden oder zumindest über eine Weitergabe informiert werden). Wichtig ist hier vor allem die Beachtung der Privatsphäre. In unserem Fall heißt das, daß die Benutzer selbst bestimmen können sollen, wann die Gruppenmitglieder ihre Ergebnisse mitgeteilt bekommen.

Das Problem der Erweiterungsfähigkeit und Anpassungsfähigkeit bezüglich Benutzerschnittstelle und auch bezüglich Kommunikationsregeln ist hauptsächlich ein Problem der Präsentation [Bentl95a]. Zu beachten ist also, daß keine starren Festlegungen getroffen werden. Bently gibt als Beispiel ein Blatt Papier und seine Möglichkeiten zur Unterstützung kooperativen Schreibens an. Es ist kein direkter Bezug zur Aufgabe vorhanden, es wird aber mehr ermöglicht, als mit vielen anderen Hilfsmitteln. Ebenso begründet sich der Erfolg von E-Mail und von LOTUS NOTES. Beide Systeme stellen keine restriktiven Hilfsmittel zur Unterstützung eines bestimmten Prozesses dar, sondern Medien zur Abwicklung der Zusammenarbeit. Genauso sollte die Editorumgebung hauptsächlich Medium sein.

Forderung 2:

Der Editor sollte nicht als einzelne Anwendung, sondern vielmehr als integrierte Umgebung aufgebaut sein, die die Integration mehrerer vorhandener Anwendungen erlaubt. Die Arbeitsweise (z.B. das Wegschicken von Änderungen) darf nicht vorgeschrieben werden, sondern muß vom Benutzer definiert werden können.

Dourish beschreibt diese Forderung in [Douri95a] mit den drei Anforderungen an interaktive Systeme: offene Infrastruktur, dynamisch und reaktiv, adaptiv und anpassungsfähig. Der Ansatz der Integration wird auch schon bei einigen anderen CSCW-Projekten verfolgt (z.B. MOCCA [Benfo93], ASCW [Kreif93]). Die Systeme beschränken sich aber oft darauf, einige bestimmte Anwendungen fest zusammenzustellen.

Die Idee der Integration verschiedener Anwendungen in ein Rahmensystem wird auch bei CAD-Umgebungen verfolgt. Es gibt dafür bereits erste kommerzielle Produkte: SIFRAME [Sifra94] und PORTABLE COMMON TOOL ENVIRONMENT (PCTE) [ECMA93]. Bei der konkreten Umsetzung der Integrationsideen in Kapitel 7 ab Seite 157 wird auf diese Systeme noch etwas näher eingegangen.

Kooperationsunterstützung

Die bisher genannten Anforderungen bezogen sich darauf, den einzelnen Benutzer zufriedenzustellen. Dies ist für die Gruppenarbeit insofern unerläßlich, als das Gruppensystem von einer kritischen Masse von Autoren akzeptiert werden muß, um sinnvoll eingesetzt zu werden. Nachdem diese Punkte behandelt sind, können wir uns nun der direkten Unterstützung der Kooperation und Koordination in der Gruppe widmen.

Bei der Betrachtung der Kooperationsunterstützung dürfen die zuvor behandelten beiden Forderungen nicht aus den Augen verloren werden. Es sollen, wie oben begründet, verschiedene Oberflächen und verschiedene Arbeitsweisen unterstützt werden. Letzteres bedeutet, daß Koordination oder Synchronisation nicht erzwungen werden darf, sondern höchstens vom System unterstützt werden darf (durch Information oder durch schwache Sperren). Die Unterstützung kann entweder durch Bereitstellung zusätzlicher Information oder durch die Bereitstellung freiwillig nutzbarer Hilfsmittel zur Koordination erfolgen.

Wie in der bisherigen Arbeit hergeleitet, soll zur Unterstützung der Kooperation hauptsächlich ein 'Medium' bereitgestellt werden, in dem die Benutzer ihre Zusammenarbeit selbst organisieren können und in dem ein Übergang zwischen synchroner und asynchroner Zusammenarbeit möglich ist. Zu diesem Medium gehören Kommunikationsmöglichkeiten, konfigurierbare Informationsmöglichkeiten sowie die Möglichkeit der Unterstützung sozialer Protokolle. Weiterhin soll dieses 'Medium' unabhängig von der jeweils verfügbaren Netzsituation verfügbar sein. Technikbedingte Einschränkungen sollten so gering wie möglich gehalten werden, Informationen zur Einsatzbereitschaft der für die Zusammenarbeit benutzten Technologie, die für die Zusammenarbeit relevant sind, sollten zugänglich gemacht werden.

Forderung 3:

Bereitstellung von möglichst viel dokument- und gruppenbezogener synchroner und asynchroner Information sowie von Kommunikationsmöglichkeiten; dabei Berücksichtigung von Privatsphäre und von verschiedenen Zuständen bei den verbindenden Rechnernetzen.

Wie im vorhergehenden Abschnitt bemerkt, sollten bei der Bereitstellung von Information möglichst keine Kosten für den bereitstellenden Benutzer entstehen. Die Bereitstellung muß folglich automatisch durch die Unterstützungsumgebung erfolgen. Der Benutzer sollte aber die Möglichkeit haben, auf Wunsch diesen Prozeß zu konfigurieren und auch zusätzliche eigene Information verbreiten zu lassen.

3.5 Architekturkonzept für einen Gruppeneditor

Zusammenfassend kann man sagen, daß bei einem Gruppeneditor drei Gruppen von Anforderungen befriedigt werden sollen:

1. Zuerst einmal soll der Gruppeneditor nützlich für einen einzelnen Benutzer sein, also seine Arbeit auch im verteilten Umfeld optimal und ohne Beschränkungen unterstützen.

2. Dann soll der Gruppeneditor kein geschlossenes System mit einigen festen Konfigurationsmöglichkeiten darstellen, sondern in bestehende Systeme integrierbar sein und bereits vorhandene Anwendungen (z.B. zur Kommunikation) integrieren/nutzen können.

3. Schließlich soll ausreichende Unterstützung für die Zusammenarbeit gegeben werden. Dabei handelt es sich vor allem darum, durch die Bereitstellung von Informations- und Kommunikationsmöglichkeiten, ein Medium für die räumlich und zeitlich verteilte Zusammenarbeit zu schaffen.

Diese drei Forderungen kann man auch an dem in Abbildung 3.4 auf Seite 54 dargestellten Modell aufzeigen: Erstens muß die Interaktion des Benutzers mit den lokalen Daten immer möglich sein und der Austausch zwischen globalen Daten und lokalen Daten möglichst immer möglich sein. Zweitens darf der Prozeß des Benutzers nicht nur durch eine einzelne Anwendung unterstützt werden. Drittens soll möglichst viel Information durch die Arbeitsumgebung bereitgestellt werden.

Die Grundidee zur Befriedigung der Anforderungen ist, daß zur Unterstützung der kooperativen Dokumentenerstellung eine *integrierte Umgebung* geschaffen wird. Diese Umgebung sollte es erstens erlauben Dokumente verteilt zu speichern und zu bearbeiten und zweitens sollte sie als Medium dienen, mit dem die Autoren ihre Arbeit organisieren und durchführen können. Weiterhin sollte die Umgebung sich dadurch auszeichnen, daß Benutzer verschiedene Oberflächen und auch Standardanwendungen zur Bearbeitung der Dokumente benutzen können. Als Gemeinsamkeit dieser Anwendungen kann die Datenverwaltung und die Informationsbereitstellung und -verteilung identifiziert werden.

Zentraler Bestandteil der integrierten Umgebung ist deshalb, wie auch schon in Abschnitt 3.3 motiviert, ein Dienst zur Verwaltung des bearbeiteten Dokuments und zur Generierung und Verteilung der Awarenessinformation. Dieser Grunddienst kann von verschiedenen Benutzerschnittstellen genutzt werden. Von den Benutzerschnittstellen aus können weiterhin verschiedene Standardanwendungen für Kommunikation und Informationsbeschaffung und Koordination (z.B. Organisationsdatenbanken, Workflow-Management-Systeme) integriert werden. Abbildung 3.5 zeigt diese Architektur im Überblick.

Bei der Koordinierung der Dokumentenzugriffe (Nebenläufigkeitskontrolle) ist zu beachten, daß die Benutzer an den Benutzerschnittstellen beim Arbeiten nicht behindert werden und trotzdem nebenläufige Zugriffe durchführen können.

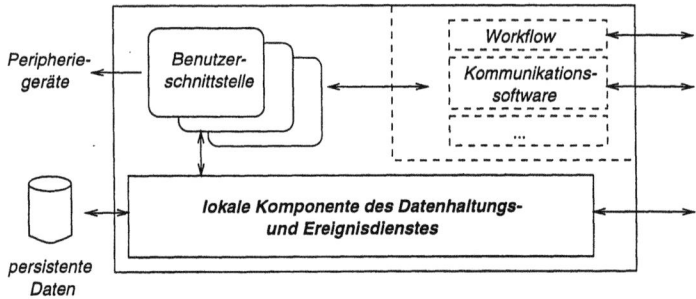

Abbildung 3.5: Grundarchitektur einer Umgebung zur Unterstützung kooperativer Dokumentenbearbeitung

Eine wichtige Forderung beim Design des Gruppeneditors war die Einsetzbarkeit in allen möglichen Netzszenarien. Aus diesem Grund soll erstens der Datenzugriff und die Nebenläufigkeitskontrolle auch in Weitverkehrsnetzen und mit mobilen Rechnern ohne Einschränkungen funktionieren. Bei der Awarenessinformation als wichtigstes Mittel zur Integration synchroner und asynchroner Kooperation ist ebenfalls auf die Einsetzbarkeit in allen Szenarien zu achten. Die Awarenessinformation soll den Benutzer darin unterstützen, in allen denkbaren (Fehler-)Fällen einen Überblick über die Situation und vor allem über die Qualität der angezeigten Gruppeninformation zu behalten.

Die Forderung nach der Einsetzbarkeit in Weitverkehrsumgebungen führt zusammen mit dem Wunsch nach einer integrierten Unterstützung von synchroner und asynchroner Zusammenarbeit dazu, keine der bisher verfügbaren Gruppeneditoren zur Unterstützung verwendet werden können (siehe Ausführungen in Kapitel 1 und in Abschnitt 3.1). Besonders bei der Generierung und Verteilung von Informationen wurde bisher, wenn überhaupt, nur auf lokale Umgebungen Rücksicht genommen.

Der angesprochene Grunddienst zur Verwaltung des Dokuments und zur Generierung und Verteilung von Awarenessinformation wird in der weiteren Arbeit '*Datenhaltungs- und Ereignisdienst*' oder verkürzt einfach '*Datenhaltungsdienst*' genannt. Alternativ wird in Hinblick auf die Schichtung in der Gruppeneditorumgebung auch der Name '*Datenhaltungsschicht*' benutzt.

Mit diesem Kapitel ist der erste Schritt zur Erfüllung der in Abschnitt 1.3 beschriebenen Zielsetzung getan. Es wurden die Anforderungen der Benutzer an einen Gruppeneditor analysiert und ein Modell für einen Gruppeneditor entworfen.

Neu am bisherigen Vorgehen und an den Ergebnissen ist erstens die ausführliche Berücksichtigung von Grundkonzepten zur Kooperation und zur Dokumentenerstellung auch aus anderen Fachgebieten zur Herleitung der Anforderungen und des Modells für Gruppeneditoren. Ebenso neu ist das aus der Anforderungsanalyse hergeleitete Konzept, einen Gruppeneditor hauptsächlich als Unterstützungsplattform zu konzipieren, die den einzelnen Benutzer in *beliebigen Netzumgebungen* optimal unterstützt und trotzdem den wichtigsten Aspekt bei der Unterstützung von Zusammenarbeit, die *Vermittlung eines Gruppenbewußtseins* durch Informationsaustausch, berücksichtigt. Ein wichtiger Punkt ist dabei die Betrachtung der Informationsanforderungen unter den verschiedensten Randbedingungen (insbesondere verschiedene reale Weitverkehrssituationen). Diese Ziele sind für Gruppeneditor-Anwendungen bisher noch nicht behandelt worden. Hier liefert diese Arbeit einen völlig neuen Ansatz, der auch unabhängig von Gruppeneditoren eingesetzt werden kann.

Ziel der weiteren Arbeit ist es nun, aufbauend auf den Anforderungen, die in diesem Kapitel erarbeitet worden sind, den Datenhaltungs- und Ereignisdienst zu entwickeln. Dazu wird zuerst auf die verteilte Umgebung und das Grundproblem der Datenhaltung in dieser Umgebung eingegangen (Kapitel 4) und eine Grundarchitektur vorgestellt, die auch in Weitverkehrsnetzen einen zufriedenstellenden Zugriff auf die gemeinsamen Dokumente erlaubt. Dann werden die Kommunikations- und Informationsanforderungen eingehend betrachtet und ein Modell für die bereitzustellende Information aufgestellt (Kapitel 5). Schließlich werden die Informationsbedürfnisse noch in die Grundarchitektur von Kapitel 4 integriert und eine Realisierung des Datenhaltungs- und Ereignisdienstes vorgestellt (Kapitel 6).

Kapitel 4

> kooperative Dokumentenerstellung
> Unterstützung kooperativer Dokumentenerstellung
> **Verteilte Systeme / Datenhaltung**
> Gruppenbewußtsein und Information speziell WANs, mobile Rechner
> Konzeption und Implementierung des Daten/Info-Dienstes
> Einsatz in der Gruppeneditorumgebung Iris

Verteilte Systeme und Datenhaltung

In diesem Kapitel wird die Grundlage für den Datenhaltungs- und Ereignisdienst des Gruppeneditors gelegt. Zuerst wird näher auf das zu berücksichtigende technische Umfeld eingegangen. Dann werden mögliche Verfahren zur Datenhaltung in verteilten Systemen vorgestellt. Aus diesen Möglichkeiten wird ein Verfahren für die Datenhaltung im Gruppeneditor herausgearbeitet, das die im vorherigen Kapitel aufgestellten Anforderungen erfüllt.

4.1 Verteilte Systeme

Eine wichtiger Aspekt der Problemstellung dieser Arbeit ist die mögliche räumliche Trennung der Koautoren. Wie bereits motiviert, ergibt sich daraus unter anderem, daß bei dem zu entwickelnden Basis-Datenhaltungs- und Ereignisdienst die Einsetzbarkeit in Weitverkehrsnetzen und mobilen Szenarien besonders berücksichtigt werden muß. Um die entsprechenden Überlegungen in diesem und dem folgenden Kapitel auf eine fundierte Basis zu stellen, werden hier zuerst die wichtigsten Eigenschaften des Umfeldes herausgearbeitet.

Jeder Koautor verfügt über einen Rechner, auf dem er seine Arbeit durchführt. Die Rechner können in lokalen Netzwerken (LANs) oder in Weitverkehrsnetzen organisiert sein oder auch die meiste Zeit als mobile Rechner von allen Netzen getrennt arbeiten. In jedem Fall können die Rechner aber zumindest zeitweise miteinander kommunizieren. (Abbildung 4.1 stellt diese Topologie mit möglichen Rechner- und Verbindungsausfällen beispielhaft dar.)

Solche Rechnermengen, die über Netzwerke miteinander kommunizieren, bezeichnet man üblicherweise als *verteiltes System* :

> *"[Ein verteiltes System ist] eine Anzahl eigenständiger Rechensysteme, die über ein nachrichtenvermittelndes Kommunikationssystem [...] gekoppelt sind."* [Diets94, S.8f]

Diese Definition des Begriffs 'verteiltes System' deckt beileibe nicht alle Aspekte des Begriffs ab. Detaillierte Betrachtungen zu den verschiedenen Facetten des Begriffs finden sich

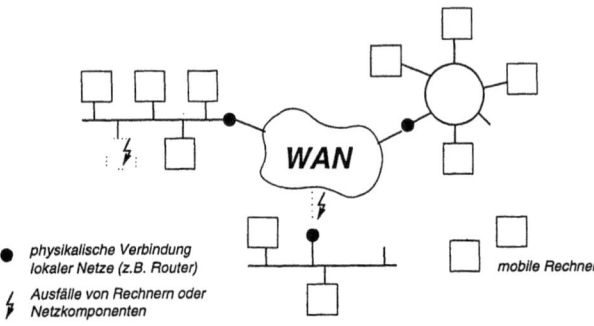

Abbildung 4.1: Rechnernetzumgebung bei der Unterstützung kooperativer Dokumentenerstellung

beispielsweise in [Diets94]. Ich gehe an dieser Stelle aber nicht näher auf die anderen Aspekte des Begriffs ein, da für die weiteren Betrachtungen dieser Arbeit die eben vorgestellte Definition ausreicht. Im weiteren betrachten wir ein verteiltes System also anhand folgender Charakteristika:

- Das System besteht aus mehreren Rechnern.
- Diese Rechner kommunizieren miteinander.
- Die Rechner führen Software aus, die sie befähigt, zusammen einen Dienst zu erfüllen; dazu müssen Aktivitäten koordiniert werden und eventuell gemeinsame Ressourcen genutzt werden.

Weitverkehrsnetze

Aufgrund der räumlichen Trennung der Koautoren muß das verteilte Gruppeneditorsystem über mehrere Städte, Länder oder Kontinente verteilt sein können. Netzwerke, die Rechner in solchen Umgebungen verbinden, bezeichnet man üblicherweise als *Weitverkehrsnetze*.

Nachdem die Einsatzmöglichkeit in Weitverkehrsnetzen ein wichtiger Aspekt des zu konzipierenden Systems sein soll, ist es wichtig, zu klären, was unter einem Weitverkehrsnetz genau zu verstehen ist. Zur Charakterisierung von Weitverkehrsnetzen und zur Abgrenzung zwischen Weitverkehrsnetzen und lokalen Netzen (LANs, local area networks) gibt es eine Reihe von Ansätzen, die von geographischen Gesichtspunkten (Entfernungen im Netz) über technische Aspekte (Art und Anzahl der Komponenten, die zur Verbindung der Rechner eingesetzt werden) bis hin zu organisatorischen Randbedingungen (beteiligte Organisationen, Länder) reichen (siehe dazu z.B. [Tanen87, S.116ff]).

Für die weiteren Betrachtungen in diesem Kapitel interessieren zunächst hauptsächlich die technischen Eigenschaften des Netzes, also die Erreichbarkeit der Rechner untereinander und die Zuverlässigkeit der Verbindungen.

Im Idealfall erwartet man von einer Menge von Rechnern $p_1, p_2, ..., p_n$, die durch Kommunikationswege verbunden sind, daß die Erreichbarkeitsrelation die Eigenschaften Symmetrie, Transitivität und Verbundenheit aufweist. In der Realität zeigt sich aber, daß bei Weitverkehrsnetzen Kommunikationsverzögerungen zusammen mit Timeoutmechanismen dazu führen, daß es signifikante Zeiträume gibt, in denen Symmetrie oder Transitivität nicht erfüllt sind. Ausfälle von Komponenten oder autonome Rechner sorgen dafür, daß es (zeitweilig) mehrere Teilnetze geben kann, die untereinander keinen Kontakt haben.

Diese realen Eigenschaften werden in folgender technischen Charakterisierung des Begriffs *Weitverkehrsnetz (WAN)* nach der Erreichbarkeitsrelation der beteiligten Rechner berücksichtigt:

Definition 4.1 (Weitverkehrsnetz (nach Babaoglu und Schiper [Babao94]))
Für ein Weitverkehrsnetz (WAN) mit den Rechnern $p_1, p_2, ..., p_n$ ist im Gegensatz zu lokalen Netzwerken charakteristisch, daß folgende Situationen auftreten können:

1. *Asymmetrie der Erreichbarkeitsrelation:* $(p1 \to p2) \not\Rightarrow (p2 \to p1)$

2. *Nicht-Transitivität der Erreichbarkeitsrelation:* $(p1 \to p2) \land (p2 \to p3) \not\Rightarrow (p1 \to p3)$

3. *Nicht-Verbundenheit der Erreichbarkeitsrelation: Der Graph, der die Erreichbarkeitsrelation repräsentiert, muß nicht zusammenhängend sein.*

Wie bereits in der Einleitung dieser Arbeit bei der Motivation der Aufgabenstellung bemerkt, haben diese technischen Charakteristika großen Einfluß auf die Datenhaltung und auf die Bereitstellung von Information zum Aufbau eines Gruppenbewußtseins. Bei der Konzeption von Lösungen für diese Dienste muß also die Möglichkeit unvorhergesehener, länger andauernder Kommunikationsausfälle besonders berücksichtigt werden.

Auch schon angesprochen wurde der Umstand, daß neben den besonderen technischen Eigenschaften auch noch organisatorische Eigenschaften als charakteristisch für Weitverkehrsnetze angesehen werden können. Hierauf und auf die zuvor genannten technischen Unterschiede soll in diesem Abschnitt noch etwas näher eingegangen werden.

Fehlermöglichkeiten

Charakteristisch für verteilte Systeme, in denen über Weitverkehrsnetze kommuniziert wird, sind Situationen, die durch Fehler bei einzelnen Komponenten des Systems auftreten können: Die einzelnen Rechner und auch die Kommunikationskomponenten können unabhängig voneinander ausfallen und wieder starten. Die Kommunikation über das Netzwerk ist nicht zuverlässig. Nachrichten können beliebig verzögert werden oder auch verloren gehen bzw. verdoppelt werden.[1]

---

[1] Wie die meisten anderen Arbeiten im Zusammenhang mit verteilten Systemen betrachte ich nur voll funktionsfähige oder komplett ausgefallene Rechner. Byzantinische Fehler, die durch fehlerhaft arbeitende Rechner entstehen, werden vernachlässigt.

Wie bei den Charakteristika von WANs bereits angesprochen, können Ausfälle von Netzwerk-Komponenten dazu führen, daß es von bestimmten Punkten des Netzes aus so aussieht, als ob eine Gruppe von Rechnern ausgefallen sei, obwohl diese Rechner noch funktionieren und sogar miteinander kommunizieren können. Eine solche Situation wird Partitionierung des Netzes genannt.

Definition 4.2 (Partitionierung)
„Ein Rechnernetz heißt partitioniert, wenn es zwei oder mehrere disjunkte Rechnermengen gibt, für die gilt: Kein Rechner aus der einen disjunkten Rechnermenge kann mit einem Rechner aus einer anderen Rechnermenge kommunizieren (vgl. [Jajod87]). Jede dieser disjunkten Rechnermengen heißt Partition. Ursachen der Partitionierung sind ausgefallene Kommunikationskomponenten, die eine Kommunikation zwischen den Partitionen verhindern." [Borgh93a]

In der Praxis ist das Versenden von Nachfragenachrichten (Polling) die einzige Möglichkeit, die Verfügbarkeit eines entfernten Rechners festzustellen. Da diese Nachrichten entweder wegen Partitionierungen erst gar nicht ankommen oder wegen des Ausfalls des Empfängers nicht beantwortet werden könnten, besteht keine allgemeine Möglichkeit, sicher zwischen Ausfall des Rechners und Partitionierung des Netzes zu unterscheiden. Dieser Umstand führt dazu, daß man auch bei Rechnerausfällen immer annehmen muß, daß auf dem Rechner noch Operationen ausgeführt werden. Dies hat vor allem Auswirkungen auf die Konzeption von Verfahren zur Konsistenthaltung von verteilt gespeicherten Daten (siehe weitere Abschnitte dieses Kapitels). Aber auch bei der Ermittlung von Awarenessinformation macht sich dieser Umstand bemerkbar. Es kann nie eindeutig festgestellt werden, ob ein Benutzer noch am Rechner arbeitet und wegen einer Partitionierung nicht erreichbar ist, oder ob der Benutzer den Rechner abgeschaltet hat.

Mobile Rechner

Neben diesen 'echten' Fehlern hat man auch noch mit Rechnern zu tun, deren Erreichbarkeit bewußt eingeschränkt ist:

- mobile Rechner, die nur zeitweise ans Netz angeschlossen sind und

- Rechner, die wegen hoher Kosten für Kommunikationsverbindungen nur teilweise oder mit reduzierter Bandbreite ans Netz angeschlossen sind (z.B. Nachrichtenverzögerung durch 'Bandwidth-Management' auf Systemebene).

Die Auswirkungen solcher Situationen sind mit denen von technischen Fehlern vergleichbar. Es ist meist sogar unmöglich, zwischen einem technischen Fehler und absichtlicher Einschränkung zu unterscheiden. Die Situationen sollten dennoch getrennt betrachtet werden, da bei absichtlichen Einschränkungen beispielsweise eine Vorab-Benachrichtigung möglich ist. Auch können die Einschränkungen, im Gegensatz zu technischen Fehlern, festen Zyklen folgen.

Organisatorische Unterschiede

Neben diesen technischen Unterschieden zwischen lokalen Netzen und Weitverkehrsnetzen lassen sich meist zusätzlich noch Unterschiede beim organisatorischem Zusammenhang der Kommunikationspartner ausmachen.

In einem lokalen Netz kann man davon ausgehen, daß nur Mitglieder derselben Organisation oder Organisationseinheit angeschlossen sind. Dadurch erübrigen sich unter anderem Betrachtungen hinsichtlich der Systemsicherheit.[2] In geschlossenen Organisationen ist auch die zu erwartende Datenmenge eher absehbar, so daß dort eingesetzte Systeme keine besonderen Fähigkeiten zur Skalierbarkeit benötigen.

Bei Beteiligung unterschiedlicher Organisationen kann man schließlich noch weniger als in einer einzelnen Organisation davon ausgehen, daß ein homogener Maschinenpark und eine homogene Softwarelandschaft zur Verfügung steht.

Zusammenfassung

Zusammengefaßt sind in einem verteilten System folgende Problemklassen zu beachten:[3]

- Rechnerausfälle (geplant, d.h. normale Abschaltung, und ungeplant)
- Ausfälle von Kommunikationsverbindungen
  - ungeplanter Zusammenbruch der Verbindung
  - vorhersehbare Trennung der Verbindung (Kostengründe, Funknetze, mobile Rechner)
  - flüchtige ('transiente') Fehler: Paketverlust, Verzögerungen
- Unterschiedliche Organisationen, Notwendigkeit einer hohen Skalierbarkeit

Eine Folgerung der technisch bedingten Probleme für die Realisierung der Datenhaltung ist, daß bei Einbeziehung von Weitverkehrsnetzen und mobilen Rechnern mit hoher Wahrscheinlichkeit nie alle Rechner gleichzeitig erreichbar sind. Eine Folgerung der organisatorischen Randbedingungen ist, daß besonders auf Sicherheitsaspekte, Skalierbarkeit und auf die Möglichkeit der parallelen Verwendbarkeit unterschiedlicher Software zur Bearbeitung von Dokumenten eingegangen werden muß.

---

[2]Dieser Umstand zeigt sich auch bei den aktuellen Entwicklungen bei Intranets. Diese Unternehmensnetze weisen innerhalb der jeweiligen Organisation zwar kaum Sicherheitshürden auf. Nach außen hin (zum Internet) sind die Netze aber durch die sogenannten, sehr restriktiven Firewalls abgeschirmt.

[3]Eine besonders anschauliche Darstellung der Probleme bei der Kommunikation in verteilten Systeme findet sich in [Diets94, S.10] in Form einer Parabel, die das Europäische Städtesystem im Spätmittelalter aus dem Blickwinkel heutiger Rechnernetze betrachtet und Parallelen bei Problemen des Nachrichtenaustausches und bei Problemen der Konsistenz gemeinsamer Daten aufzeigt.

4.2 Datenhaltung in verteilten Systemen

Die Anforderungen, die sich aus der Berücksichtigung der Charakteristika und Fehlermöglichkeiten eines verteilten Systems ergeben, müssen sowohl bei der Datenhaltung als auch bei der Ermittlung und Verteilung von Awarenessinformation beachtet werden. In diesem Kapitel beschränke ich mich zunächst auf die Erarbeitung eines tragfähigen Konzepts zur Datenhaltung. Der Datenhaltungsdienst wird dann in der weiteren Arbeit zum kompletten Datenhaltungs- und Ereignisdienst ausgebaut.

Bevor ein Modell für die zu konzipierende Datenhaltungsschicht vorgestellt wird, werden in diesem Abschnitt zuerst die wichtigsten Anforderungen an Datenhaltung in verteilten Systemen zusammengefaßt.

Die Grundforderungen an Datenspeicherung in verteilten Systemen sind:

- *Verfügbarkeit*: Die Benutzer sollen möglichst immer von allen Rechnern aus auf die Daten zugreifen können.

- *Transparenz*: Die Benutzer/Programmierer sollen sich nicht darum kümmern müssen, ob die Daten lokal oder verteilt vorliegen bzw. wo sie gespeichert sind. In der Literatur zu verteilten Systemen werden verschiedene Arten von Transparenz betrachtet (z.B. Ortstransparenz, Zugriffstransparenz, Replikationstransparenz, Fehlertransparenz, usw.; siehe [Borgh95, S.4ff]).

- *Konsistenz*: Trotz der räumlichen Verteilung der Systemkomponenten sollen Zugriffe konsistent abgewickelt werden.

- *Fehlertoleranz*: Fehler im verteilten System sollen (möglichst) keine Auswirkungen auf die obigen Forderungen haben.

Problem bei diesen Grundforderungen ist, daß sie sich teilweise widersprechen. Will man beispielsweise eine möglichst hohe Verfügbarkeit erreichen, dann muß man häufig Abstriche bei der Konsistenz in Kauf nehmen.

Zentrale Speicherung, Replikation

Die richtige Wahl des Ortes, an dem die Daten gespeichert werden, ist essentiell für die Erfüllung obiger Forderungen. Man unterscheidet generell zwischen einer zentralen, einer replizierten und einer hybriden Architektur:

- *Zentrale Architektur:* Der zentrale Ansatz basiert auf dem Client-Server-Modell. Die Daten werden von einem einzigen Server verwaltet. Alle Zugriffe auf die Daten müssen über den Server abgewickelt werden.

- *Replizierter Ansatz:* Beim replizierten Ansatz gibt es mehrere Kopien der Daten im Netz (sogenannte *Replikate*[4]), die jeweils von lokalen Komponenten verwaltet werden. Es existiert keine ausgezeichnete Instanz, die den Zugriff auf die Daten koordiniert. Die Konsistenz der Kopien wird durch Abstimmung der Zugriffe zwischen den Kopien erreicht.

- *Hybrider Ansatz:* Wie im replizierten Ansatz liegen die Daten repliziert vor (d.h. es gibt mehrere Kopien der Daten). Schreibzugriffe werden aber von einem zusätzlichen zentralen Prozeß oder von einer ausgezeichneten Kopie[5] synchronisiert.

Grundsätzlich kann man also unterscheiden, ob nur ein Exemplar der Daten existiert oder ob es mehrere Exemplare (Kopien, Replikate) gibt. Falls es mehrere Kopien der Daten gibt ist noch zu unterscheiden, ob eine (oder auch mehrere) der Kopien ausgezeichnet sind, z.B. eine besondere Aufgabe bei der Abwicklung von Zugriffen haben.

Ein Nachteil des zentralen Ansatzes ist, daß die zentrale Stelle einen Flaschenhals darstellt. Zweitens sorgt ein Ausfall der zentralen Stelle zum Erliegen aller Datenzugriffe.

Durch *Replikation* (also dem Verteilen mehrerer Kopien desselben Datenobjekts auf verschiedene Rechner) wird versucht, diese Probleme zu umgehen. Bei replizierten Daten können Lese- und Schreiboperationen trotz Rechner- oder Verbindungsausfällen (Partitionierungen oder auch virtuelle Partitionierungen wegen zu langsamer Antwort unter Last) durchgeführt werden. Neben dieser erhöhten Fehlertoleranz und der gesteigerten Verfügbarkeit kann die Replikation auch zu einer Erhöhung der Zugriffsperformanz führen (echt parallele Zugriffe und vermehrt lokale Zugriffe) und einen besseren Lastausgleich im verteilten System ermöglichen.

Diesen Vorteilen stehen aber auch einige Nachteile gegenüber. Problem bei der Replikation ist, daß nicht beliebig auf Kopien geschrieben und von Kopien gelesen werden kann. Da es sich nicht um verschiedene Datenobjekte handeln soll, sondern um Kopien eines Datenobjekts, wird gefordert, daß Zugriffe an jeder Stelle des Netzes konsistente Ergebnisse liefern. Das bedeutet beispielsweise, daß Lesezugriffe an jeder Stelle im Netz dieselben Daten liefern. Wenn von jeder Kopie ohne Einschränkungen gelesen werden können soll, muß folglich bei einem Schreibzugriff dafür gesorgt werden, daß alle Kopien erfolgreich beschrieben werden. Dieses Problem versucht man im hybriden Ansatz in den Griff zu bekommen, indem man für Lesezugriffe die Replikation nutzt und Schreibzugriffe zentral synchronisiert. Dadurch entstehen für Schreibzugriffe natürlich wieder die schon beim zentralen Fall angesprochenen Probleme (Flaschenhals, keine Fehlertoleranz).

---

[4] 'Orginale' gibt es im replizierten Ansatz nicht mehr. Es gibt nur eine Menge von Kopien (Replikaten), von denen keine besonders ausgezeichnet ist.

[5] Anstatt mit einer einzelnen, ausgezeichneten Kopie zu arbeiten, ist es auch möglich, eine Teilmenge der Kopien auszuzeichnen. Diese Teilmenge stimmt dann Zugriffe gleichberechtigt untereinander ab.

Nebenläufigkeitskontrolle, Konsistenthaltung

Sobald auf Daten durch mehrere Prozesse zugegriffen wird, können typischerweise mehrere Zugriffe quasi parallel oder nebenläufig ablaufen. Bei solchen nebenläufigen Zugriffen auf gemeinsame Ressourcen entsteht das Problem, diese eventuell konkurrierenden Zugriffe zu koordinieren. Diese Koordination wird mit dem Begriff *Nebenläufigkeitskontrolle* bezeichnet.

Das Problem der Nebenläufigkeitskontrolle wurde zuerst im Bereich der Mehrbenutzer-Datenbanksysteme intensiver untersucht. Als Transaktionen zusammengefaßte Operationen sollten von einer zentralen Datenbank so ausgeführt werden, daß die Transaktionen nach außen hin als serialisiert erscheinen. Dies kann im einfachsten Fall durch tatsächliche Serialisierung der Transaktionen erreicht werden. Normalerweise wird aber versucht, verschiedene Transaktionen parallel zu bearbeiten und die Serialisierbarkeit durch Sperren zu garantieren oder nach Abschluß der Transaktion zu überprüfen und diese eventuell zurückzusetzen. Eingehende Abhandlungen zur Thematik der Nebenläufigkeitskontrolle in zentralen Datenbanksystemen finden sich beispielsweise in [Berns81] und [Kumar95].

Das hier zugrundegelegte Ziel wird oft mit *interner Konsistenz* bezeichnet. Bei der Wahrung der internen Konsistenz handelt es sich um die Durchführung der Zugriffe auf eine Kopie nach den Transaktionsforderungen ACID[6].

Bei Replikation erfährt das Problem der Nebenläufigkeitskontrolle eine Verschärfung, da nun neben der *internen Konsistenz* auch noch die *gegenseitige Konsistenz* der Kopien zu beachten ist. Eine wichtige Forderung bei replizierten Daten ist, daß sich die verschiedenen Kopien nach außen hin wie eine einzige logische Kopie verhalten. In Anlehnung an den Serialisierbarkeitsbegriff bei zentralen Kopien wird hier auch gerne von *Ein-Kopien-Serialisierbarkeit* gesprochen (siehe z.B. [Berns81]).

Für den nutzbringenden Einsatz von Replikation ist es nun wichtig, daß die Kosten zur Erhaltung der Konsistenz trotz der zusätzlichen Komplexität der Umgebung akzeptabel bleiben. Diese Herausforderung hat zur Entwicklung einer Reihe von Verfahren zur verteilten Nebenläufigkeitskontrolle geführt. Die meisten dieser Algorithmen lassen sich in einer der beiden Grundklassen — *pessimistische Verfahren* und *optimistische Verfahren* — einordnen.

Pessimistische Nebenläufigkeitskontrolle

Bei den pessimistischen Verfahren wird versucht, gleichzeitig stattfindende Schreibzugriffe auf verschiedenen Kopien unter allen Umständen zu verhindern. Dies wird durch eine globale Serialisierung der Schreibzugriffe erreicht[7]. Es wird also sichergestellt, daß immer nur ein Schreibzugriff auf einem Datenobjekt aktiv ist. Erst wenn dieser Zugriff sicher abgeschlossen ist, wird der nächste Zugriff erlaubt.

---

[6] ACID = Atomarität, Konsistenz (consistency), Isolation und Dauerhaftigkeit. Genauere Erläuterungen zu dem Begriff und dem dahinterstehenden Transaktionskonzept finden sich in der Literatur zu Datenbanken (z.B. [Berns81]).

[7] Auch Lesezugriffe können in die Serialisierung einbezogen werden. Bei Groupware wird aber häufig darauf verzichtet (vgl. [Borgh93a]).

Pessimistische Verfahren machen also aus den verschiedenen Operationen, die auf Datenobjekten durchgeführt werden, schon zur Durchführungszeit *einen* Strom. Abbildung 4.2 zeigt diese Situation bei zwei Benutzern A und B. Die Benutzer führen Operationen durch und teilen sie dem jeweils anderen Benutzer mit. Zu jedem Zeitpunkt hat genau ein Benutzer das Recht, eine Operation durchzuführen. Durch Schreibprotokolle wie das Zwei-Phasen-Commit Protokoll (2PC) wird sichergestellt, daß der Schreibzugriff auch auf allen Kopien bzw. einer ausreichenden Teilmenge der Kopien durchgeführt wird.

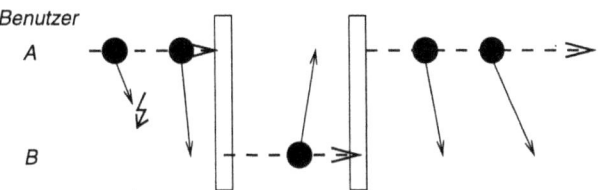

Abbildung 4.2: Strenge Serialisierung der Zugriffe bei pessimistischer Nebenläufigkeitskontrolle

Bei der Verteilung des Zugriffsrechts können zentrale oder dezentrale Verfahren zum Einsatz kommen. Häufig wird auch zwischen Verfahren mit ausgezeichneten Komponenten und Verfahren mit gleichberechtigten Komponenten unterschieden. Eine Klasse von Verfahren mit ausgezeichneten Komponenten (also Verfahren, bei denen eine Stelle die Entscheidung über die Zugriffsberechtigung übernimmt) sind die Token-Verfahren. Dabei wendet sich ein Zugriffswilliger an den Token-Besitzer oder fordert das Token von diesem an. Erst wenn er die Zustimmung des Token-Besitzers hat, darf er zugreifen. Ein Klasse von Verfahren zur Abstimmung des Zugriffsrechtes mit gleichberechtigten Komponenten sind die Votierungsverfahren. Hier werden den Replikaten Stimmgewichte zugeordnet und bei der Ausführung einer Operation jeweils eine Abstimmung durchgeführt. Die Operation darf nur ausgeführt werden, wenn eine bestimmte Mindestanzahl von positiven Stimmen erreicht worden ist. Ein Überblick zu verschiedenen Votierungsverfahren ist in [Borgh91] zu finden.

Im schlechtesten Fall kann bei pessimistischer Verwaltung der replizierten Daten passieren, daß bei Kommunikationsproblemen im Netz Teile der Kopien zeitweise veraltet sind. Ein Konvergieren zu einem konsistenten Stand nach Beendigung der Fehlersituation ist aber garantiert. Problem bei den Verfahren ist, daß bei Netz-Partitionierungen schreibende Zugriffe nur noch in höchstens einer Partition möglich sind.

Optimistische Nebenläufigkeitskontrolle

Im Gegensatz zur pessimistischen Kontrolle ist bei der optimistischen Kontrolle das Hauptziel die Bereitstellung einer hohen Verfügbarkeit bei geringen Kosten. Dazu nimmt man 'optimistisch' an, daß keine Konflikte[8] auftreten werden, und erlaubt jederzeit Zugriffe auf alle

---

[8]Unter *Konflikt* versteht man hier nebenläufige Schreibzugriffe auf dieselben Daten.

Replikate. Nach der Durchführung eines Zugriffs wird die Operation dann an die anderen Replikate verteilt.

Da keine strenge Serialisierung erzwungen wird, kann es bei diesem Vorgehen natürlich passieren, daß bei zwei verschiedenen Replikaten gleichzeitig Änderungen durchgeführt werden. Falls beim Abschluß eines Zugriffs (oder allgemein beim Abschluß einer Transaktion) festgestellt wird, daß ein Konflikt aufgetreten ist, dann sollte dieser aufgelöst werden. Das kann entweder automatisch geschehen (Zurücksetzen der Operation, automatische Konfliktauflösung) oder durch den Benutzer des Systems.

Man hat also verschiedene, parallele Ströme von Operationen, die zuerst einmal auf den lokalen Replikaten durchgeführt werden. Zu Synchronisationspunkten werden die Zustände der Replikate angeglichen, es wird also beispielsweise eine Serialisierung der Ströme unternommen. Diese Synchronisation besteht aus zwei Phasen: zuerst müssen die erfolgten Änderungen mitgeteilt werden und dann müssen die entfernten Änderungen in den lokalen Strom von Operationen eingepaßt und eventuelle Konflikte erkannt und aufgelöst werden.

Eine Möglichkeit wäre, sofort nach der lokalen Durchführung von Operationen diese an die anderen Kopien zu versenden und dort auszuführen. Genauso kann der Zeitpunkt zur Mitteilung der lokalen Änderungen aber auch anders gewählt werden. Diese Zunahme an Flexibilität muß aber mit zeitweiligen Inkonsistenzen und eventuell nicht automatisch auflösbaren Konflikten erkauft werden.

Abbildung 4.3 zeigt den schematischen Ablauf einer Sitzung mit zwei Replikaten bei den Benutzern A und B. Beide Benutzer führen unabhängig voneinander Operationen auf ihren Replikaten durch und verbreiten diese Operationen an den jeweils anderen Benutzer. Solche Mitteilungen können verloren gehen. In regelmäßigen Synchronisationsphasen werden die Replikate dann wieder konsistent gemacht, indem verlorengegangene Änderungsnachrichten erkannt und nachgeführt werden.

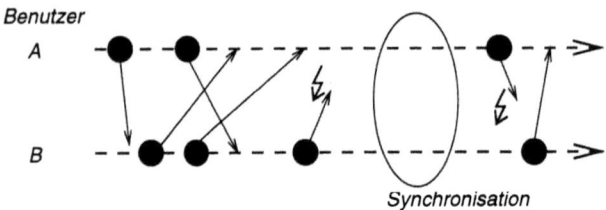

Abbildung 4.3: Gleichzeitige Arbeit verschiedener Benutzer an einem Objekt mit optimistischer Nebenläufigkeitskontrolle

Der Unterschied zwischen optimistischen und pessimistischen Verfahren liegt also hauptsächlich im Zeitpunkt der Feststellung und in der Behandlung von Konflikten. Man kann sagen, daß optimistische Verfahren versuchen, Konsistenz herzustellen, anstatt Inkonsistenz zu vermeiden. Anstelle einer strengen Serialisierung wird eine Synchronisation der Zugriffe bezweckt.

Vorteil dabei ist, daß auch während Partitionierungen in allen Partitionen auf die Datenobjekte zugegriffen werden kann. Nachteil ist, daß Konflikte auftreten können und dann aufgelöst werden müssen.

Der Ansatz der optimistische Nebenläufigkeitskontrolle als parallele Ströme von Operationen mit gelegentlicher Synchronisation betrachtet, schließt alle bekannten optimistischen Verfahren als Spezialfälle mit ein. Dourish stellt in [Douri95b] beispielsweise vor, wie man das im Editor GROVE angewandte Verfahren mit Operationstransformation als optimistisches Verfahren betrachten kann.

Realisiert werden kann dieses Konzept mit Hilfe der Versionierung von Datenobjekten. Dabei besteht ein Objekt nicht mehr nur noch aus dem aktuellen Zustand, sondern aus dem Zustand und einer Historie der Operationen, die zum aktuellen Zustand geführt haben. Damit können erstens neu eintreffende Operationen eingeordnet werden, und es kann auch durch Vergleich der Historien festgestellt werden, ob noch Mitteilungsbedarf besteht. Insgesamt entsteht also aus einer linearen Historie ein Versionsbaum. Jeder Konflikt führt zu einer neuen Verästelung im Baum.

Die Synchronisation bedeutet in diesem Modell das Zusammenführen von auseinandergelaufenen Versionen. Damit wird der Versionsbaum sogar zu einem Geflecht.

Mögliche Verfahren zur Synchronisation sind:

- *Abort, Rollback*: Eine Operation wird rückgängig gemacht.

- *Transformation von Operationen*: Die Operationen werden überall so transformiert, daß die Nacheinander-Ausführung zum selben Ergebnis führt.

- *Undo, Redo*: Es wird nachträglich eine eindeutige Reihenfolge der Operationen festgelegt und die Operationen je nach Bedarf zurückgenommen und neu ausgeführt.

- *Versionen, Merge*: Man speichert verschiedene Versionen eines Objekts. Diese können durch einen beliebigen Schreibzugriff wieder in eine gemeinsame Version übergeführt werden.

Die Wahl des Synchronisationsverfahrens ist stark von der jeweiligen Einsatzsituation abhängig. Hier spielen Parameter wie Art der zu synchronisierenden Daten, Verteilung der Daten, erwartete Zugriffsstruktur und auch organisatorische Gegebenheiten eine Rolle. In folgendem Abschnitt wird näher darauf eingegangen, wie diese Wahl bei einem Gruppeneditor aussehen sollte.

4.3 Datenverwaltung bei einem Gruppeneditor

Nach der Einführung in Charakteristika verteilter Systeme und in die technischen Rahmenbedingungen bei der Datenhaltung in verteilten Systemen soll in diesem Abschnitt anhand der Anforderungen aus Kapitel 3 ein Grundkonzept für die Datenhaltung in der Gruppeneditorumgebung entwickelt werden.

Verwaltungseinheiten

Die Datenverwaltungsschicht soll möglichst flexibel hinsichtlich der zu bearbeitenden Medien und Dokumentenstrukturen sein. Aus diesem Grund können keine bestimmten Medienmengen oder feste Dokumentenstrukturen vorgegeben werden.

Allgemein kann man folgendes annehmen: Ein Dokument besteht aus einem Inhalt, der logisch strukturiert sein kann, sowie einer Menge von Attributen. Beispiele für die logische Struktur des Inhalts wären hierarchische Kapitelstrukturen oder Hypertextstrukturen. Neben der Strukturinformation kann noch Layoutinformation als Teil des Dokumenteninhalts oder als Attribut enthalten sein.

Ein Dokument ist im einfachsten Fall also ein einzelnes Objekt mit Attributen.

Der Inhalt eines Dokuments selbst kann aber aufgrund der Strukturierung auch auf mehrere Objekte verteilt sein. Für diese Aufteilung eines Dokumentes auf mehrere Objekte gibt es mehrere Gründe:

- *mehrere Medien*: Falls Dokumente aus verschiedenen Medien bestehen, werden Inhaltsteile verschiedener Medien häufig als verschiedene Objekte betrachtet.

- *logische Dokumentenstruktur*: In letzter Zeit wird häufig versucht, die logische Struktur eines Dokuments im Dokument selbst festzuhalten. Dies funktioniert mit Auszeichnungen bestimmter Abschnitte (z.B. SGML), aber auch mit der Aufteilung des Dokuments in verschiedene Teile und der Attributierung dieser Teile.

Der vom technischen Standpunkt aus gesehen ausschlaggebende Grund zur Aufteilung von Dokumenten in mehrere Objekte ist die Ermöglichung einer kleineren Zugriffsgranularität. Dadurch können Konflikte bei nebenläufigen Änderungen am Dokument größtenteils vermieden werden.

- *Vermeidung von nebenläufigen Schreibzugriffen*: Obwohl ein auftretender Konflikt zwischen zwei Dokumentenversionen, die durch nebenläufige Schreibzugriffe auf demselben Objekt entstehen, toleriert wird, ist es wünschenswert, die Wahrscheinlichkeit konkurrierender Zugriffe zu minimieren. Dazu ist es vorteilhaft, das Dokument in einzelne Teile zu zerlegen, auf die unabhängig zugegriffen werden kann. Diese Aufteilung sollte durch den Benutzer beeinflußbar sein.

Ein Dokument sollte also in Teile partitionierbar sein. Diese Teile müssen dann durch eine Dokumentenstruktur zusammengehalten werden. Die einzelnen Teile und die Dokumentenstruktur werden in separaten Objekten gespeichert. Ein Dokument besteht also aus einem Strukturobjekt und mehreren Inhaltsobjekten. Abbildung 4.4 zeigt zwei Möglichkeiten für Dokumentenstrukturen. An den Knoten der Struktur hängen jeweils die Inhaltsobjekte.

Struktur- und Inhaltsobjekte müssen nun neben den eigentlichen Inhaltsdaten auch noch zusätzliche Informationen speichern können. Beispiele dafür sind der Typ des Objekts, die Anwendung, die das Objekt erzeugt hat, oder auch der Erzeuger und der Erzeugungszeitpunkt.

Zur Speicherung dieser Informationen führen wir die sogenannten Objektattribute ein. Dabei handelt es sich um Zusatzinformation, die mit einem Objekt gespeichert werden kann.

Die am Anfang dieses Abschnitts erwähnten Dokumentenattribute werden auf die Attribute des Strukturobjekts abgebildet. Beispiele dafür sind die Liste der zugriffsberechtigten Autoren oder der Status des Dokuments. Wie bei den Objekten werden auch den einzelnen Knoten eines Strukturobjekts Attribute zugeordnet. Hier können beispielsweise Layouthinweise abgespeichert werden.

Definition 4.3 (Dokument)
Unter einem Dokument verstehe ich im weiteren eine Menge von Inhaltsobjekten und einem Strukturobjekt. Alle Objekte können neben den Nutzdaten noch beliebige Attribute speichern.

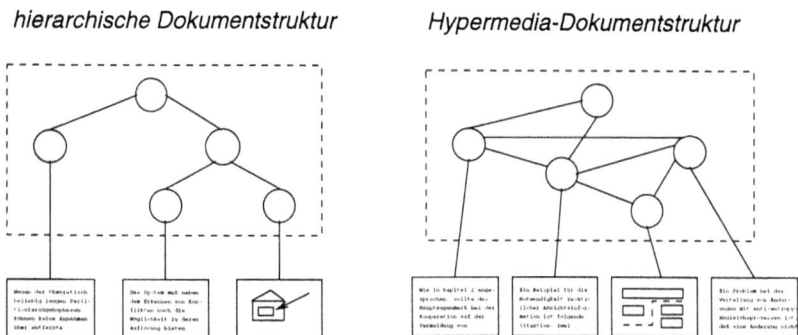

Abbildung 4.4: Mögliche Dokumentenstrukturen

Im der weiteren Arbeit wird mit der Annahme gearbeitet, daß es sich bei Dokumenten um eine Sammlung von Objekten verschiedenen Typs handelt. Falls die Objektmenge aus mehr als einem Objekt besteht, dann gibt es darin genau ein Strukturobjekt, das die Ordnung der anderen Objekte festlegt.[9] In Abbildung 4.4 entspräche ein Strukturobjekt der Menge der Strukturknoten und der Kanten zwischen den Knoten (Information innerhalb der gestrichelt gezeichneten Rechtecke). Jedem Objekt ist eine beliebige Menge von Attributen zugeordnet. Auf den Objekten und den Attributen sind (typabhängig) verschiedene Lese- und Änderungs-Operationen durchführbar, die im weiteren der Einfachheit halber nur durch die Methoden get() und put() repräsentiert werden. Bei einem Schreibzugriff kann es sich um ein einfaches Überschreiben oder einen komplizierteren Ablauf (z.B. eine Transaktion) handeln.

Anforderungen an die Datenhaltung

Die Anforderungen an die Verwaltung der Dokumentenobjekte lassen sich folgendermaßen zusammenfassen (siehe dazu auch die Abschnitte 3.4 und 3.5):

---
[9]Eine konkrete Anwendung dieses Dokumentenmodells wird in Kapitel 7 vorgestellt.

- *Benutzungsszenario*: Die Datenhaltungsschicht soll es erlauben, daß mehrere Benutzer gleichzeitig dieselben Objekte bearbeiten (Lesen und Schreiben). Die Benutzer können räumlich verteilt sein und können mobile Rechner benutzen. Eine dauerhafte Erreichbarkeit der einzelnen Rechner ist nicht gegeben.

- *Verfügbarkeit*: Den Benutzern sollte der Zugriff auf die Daten jederzeit möglich sein. Zumindest sollten übliche Netzwerkfehler oder auch die absehbare Nichterreichbarkeit von einzelnen Rechnern nicht zur Nichterreichbarkeit aktuell genutzter Daten führen.

    – Es soll jederzeit möglich sein, auf Teile eines Dokuments, die gerade bearbeitet werden, lesend und schreibend zuzugreifen.

    – Das System soll die Benutzer bei Änderungen am Dokument nicht beschränken, sondern hauptsächlich Hilfsmittel (Information, eingeschränkte Sperren) bereitstellen und damit die Benutzer bei der Durchführung sozialer Protokolle unterstützen.

- *kurze Antwortzeiten*: Das System soll Aktionen der Benutzer (bzw. deren Anwendungen) sofort durchführen. Der Zugriff auf die Daten sollte so schnell funktionieren, daß sich die Zeitspanne bis zur Anzeige der Daten nicht negativ auf die Interaktivität der Editoranwendung auswirkt.

- *kurze Benachrichtigungszeiten*: Falls eine Verbindung zwischen zwei Rechnern besteht, sollen Änderungen, die auf einem der Rechner durchgeführt werden, möglichst umgehend bei dem anderen bekannt werden.

- *Konsistenz*: Durchgeführte und vom System bestätigte Zugriffe sollen erhalten bleiben. Die Benutzer sollten dieselben (oder zumindest konsistenten) Sichten auf die Daten haben, auch wenn sie an unterschiedlichen Orten und zu unterschiedlichen Zeiten arbeiten. Es ist nicht wichtig, daß immer genau ein Zustand herrscht. Änderungen dürfen aber nicht verloren gehen, und bei bestehenden Kommunikationsmöglichkeiten sollte sich nach einiger Zeit bei allen Beteiligten derselbe Zustand einstellen.

- *Konflikterkennung und -behebung*: Falls Konflikte (d.h. nebenläufige Zugriffe auf dieselben Daten) auftreten, dann sollen diese automatisch erkannt werden und es soll Möglichkeiten zu deren Behebung geben.

Grundkonzept

Im Folgenden werden der Reihe nach diese Anforderungen und ihre Auswirkung auf das Konzept zur Datenverwaltung abgehandelt.

Hohe Zugriffsverfügbarkeit, kurze Antwortzeiten: Da eine hohe Verfügbarkeit sowohl bei Lese-, als auch bei Schreibzugriffen gewährleistet sein muß, kommt für die Datenhaltung eines Gruppeneditors nur der *vollständig replizierte Ansatz* in Frage. Alle andere Lösungen könnten im Falle von Netzfehlern dazu führen, daß der Zugriff auf Dokumententeile nicht mehr möglich ist. Es muß also auf jedem Rechner, auf dem Anwendungen an den Dokumentendaten arbeiten, eine Teilkomponente untergebracht werden, die ein Replikat des Dokuments speichert. Bei bestimmten Netzarchitekturen könnte eine solche Speicherkomponente pro Netzsegment ausreichen, wir gehen im weiteren aber der Einfachheit halber davon aus, daß auf jedem Rechner, auf dem an den Dokumenten gearbeitet werden soll, eine Speicherkomponente existiert.

Um die Zugreifbarkeit auch bei Partitionierungen zu maximieren und die Antwortzeiten des Systems zu minimieren, muß ein optimistisches Nebenläufigkeitskontrollprotokoll gewählt werden. Das heißt, daß Zugriffe sofort lokal ausgeführt und bestätigt werden und dann an die anderen Kopien weitergemeldet werden.

Konsistenz der Replikate: Wegen der theoretisch beliebig langen Partitionierungsphasen können keine Annahmen über den spätesten Zeitpunkt des Eintreffens von Mitteilungen über entfernte Änderungen getroffen werden. Wir können also höchstens sicherstellen, daß jede Änderung zu irgend einem Zeitpunkt bei allen Partnern eintrifft. Die zu erfüllende Konsistenzbedingung ist folglich, daß jeder Replikatverwalter jeden Schreibzugriff irgendwann erhält.

Bei der Informationsweitergabe kann man dazu von einem allgemeinen 'anti-entropy'-Protokoll ausgehen, das sicherstellt, daß eine Änderung zu irgend einer Zeit von jedem Replikatverwalter empfangen wird [Agraw91, Demer88]. Grundprinzip dabei ist, daß jeder Replikatverwalter regelmäßig einen Partner auswählt und mit ihm seinen Stand abgleicht (entweder durch Weitergabe der durchgeführten Änderungen oder durch direkten Vergleich der Daten). Solange die Replikatverwalter nie dauerhaft getrennt sind, ist dadurch sichergestellt, daß jede Änderung irgendwann überall bekannt ist. Weitere Annahmen zu dem Verfahren, wie die Partner ausgewählt werden, zur Häufigkeit dieser Kontaktaufnahme oder zu anderen Parametern des 'anti-entropy'-Prozesses müssen nicht getroffen werden. Diese Parameter können abhängig von der konkreten Netzsituation gewählt werden. Damit ist es auch möglich, mobile Rechner zu integrieren, die nur sehr selten mit einem anderen Rechner verbunden sind.

Beispiele für Systeme, die ein solches Protokoll verwenden, sind REFDBMS [Goldi94], PALIMPSEST [Duran94] und BAYOU [Terry95].

Kurze Benachrichtigungszeiten: Ein Problem bei der Verteilung von Änderungen mit 'anti-entropy'-Abgleichprozessen ist, daß eine Änderung nicht unbedingt sofort nach der lokalen Durchführung bei allen erreichbaren Replikaten erscheint. Dies ist aber für synchrone Zusammenarbeit wichtig. Aus diesem Grund sollte neben dem sicheren Verteilen durch Anti-Entropy auch ein sofortiges, nicht bestätigtes Verteilen an alle erreichbaren Replikate vorgenommen werden.

Konflikterkennung: Da auf verschiedene Replikate gleichzeitig zugegriffen werden kann oder Änderungen auf der Basis veralteter Daten durchgeführt werden können, sind Konflikte unvermeidlich. Um Konflikte zu erkennen, ist eine beliebige Art von Historieninformation notwendig. Beispiele sind Versionsvektoren (z.B. in LOCUS [Parke83]), Zeitstempel (z.B. in FISCUS [Heide92]) oder komplette Historien.

Speichert man keine kompletten Historien oder Versionsgraphen, sondern greift auf Versionsvektoren zurück, dann hat man das Problem, daß Konflikte zwar erkannt werden können, aber keine vollständige Information über deren Zustandekommen mehr verfügbar ist. Nachdem es vorkommen kann, daß Konflikte erst nach sehr vielen Änderungen erkannt werden, kann es aber bei der automatischen oder der manuellen Konfliktauflösung vorteilhaft sein, auf die komplette Historie zugreifen zu können. Außerdem ist die Änderungshistorie eine Information, die die Bildung des Gruppenbewußtseins unterstützt (siehe Kapitel 5). Aus diesen Gründen sollen im zu konzipierenden Datenhaltungsdienst ein Versionsgraph mit allen Objektversionen gespeichert werden. Die Objektversionen müssen dann einen global eindeutigen Identifikator haben, um eine Unterscheidung zu erlauben.

Konfliktauflösung: Das System muß neben dem Erkennen von Konflikten noch die Möglichkeit zu deren Auflösung bieten. Das Integrieren einer automatischen Auflösung in die Datenhaltung ist hier nicht sinnvoll, da zur Auflösung von Konflikten Information zur Semantik der Zugriffe, zu den Absichten der Autoren notwendig ist und diese nur den Autoren selbst zur Verfügung steht.[10] Es sollte also den Autoren oder der Editor-Anwendung überlassen bleiben, wie Konflikte aufgelöst werden. Eine Möglichkeit, dies zu realisieren wäre, daß die Applikation eine Funktion registriert, die bei Erkennung eines Konflikts automatisch aufgerufen wird. Es können dann beliebige Überprüfungen stattfinden und der Konflikt eventuell nach Nachfrage beim Benutzer durch einen erneuten Schreibzugriff aufgelöst werden. Falls diese Möglichkeit mit einer Konfigurierbarkeit auf Seiten der Anwendung ergänzt wird, dann ist eine dynamische Anpassung an verschiedene Gruppenstrategien denkbar.[11]

Konfliktvermeidung: Wie in Kapitel 2 angesprochen, sollte das Hauptaugenmerk bei der Kooperation auf der Vermeidung von Konflikten liegen. Neben der Festlegung einer kleinen Zugriffsgranularität werden Konflikte hauptsächlich durch Informationen der Gruppenteilnehmer und die Schaffung eines Gruppenbewußtseins vermieden. Im Zusammenhang mit der Datenhaltung können zwei Arten von Information betrachtet werden:

- Änderungen am Dokument müssen nicht immer sofort an alle Partner verteilt werden. Falls Änderungen privat bleiben, kann zumindest bei der Fortschreibung dieser Versionen kein Konflikt auftreten. Beim Fortschreiben von Daten sollte also zwischen zwei Typen von Schreibzugriffen unterschieden werden. Beim

---

[10]Ein Beispiel für die Notwendigkeit zusätzlicher Absichtsinformation ist folgende Situation: zwei Benutzer (U1, U2) fügen an derselben Stelle Text ein, U1: 'Wir', U2: 'Ich'. In diesem Fall liefern automatische Verfahren, die versuchen alle Eingaben zu verwenden, entweder (1) 'Wir Ich', (2) 'Ich Wir', (3) 'IWcihr' oder ähnliche Varianten. Keine dieser Varianten macht aber Sinn. Es ist auf jeden Fall besser, die Benutzer zu benachrichtigen und um eine Auflösung des Konflikts zu bitten.

[11]Eine genauere Betrachtung des Konfliktbegriffs im Kontext von Groupware, die auch auf diesen Aspekt eingeht, ist beispielsweise in [Wulf96] zu finden.

Fortschreiben von 'privaten Versionen' werden Versionen erzeugt, die nur vom Autor fortgeschrieben werden können, beim Erzeugen einer öffentlichen Version entsteht eine Version, die von allen Zugriffsberechtigten fortgeschrieben werden kann.

- 'soziale Sperren': Auch wenn explizite Sperren nicht möglich sind, kann die Informationsfunktion von Sperren genutzt werden, um Koautoren auf die eigenen Arbeitsbereiche hinzuweisen. Dieser Punkt hängt insofern mit den im letzten Punkt erwähnten privaten Versionen zusammen, als deren Existenz zur Generierung von Arbeitsbereichsinformation herangezogen werden könnte.

Zusammengefaßt muß die Verwaltung der Dokumentendaten in unserer Editorumgebung folgendermaßen aussehen:

- Auf jedem Rechner, auf dem an Dokumenten gearbeitet wird, existieren Replikate der lokal bearbeiteten Objekte.

- Ein Dokument besteht aus mehreren Objekten (jeweils ein Strukturobjekt und ein oder mehrere Inhaltsobjekte). Ein Objekt setzt sich aus einer Menge von Versionen zusammen. Neue Objektversionen entstehen durch die Anwendung von Änderungsoperationen auf bereits erstellte Objektversionen.

- Zugriffe auf ein Objekt werden immer sofort auf dem lokalen Replikat ausgeführt. Als Funktionen für den Zugriff gibt es für Daten und Attribute jeweils die Funktionen get und put. Bei Schreiboperationen können Versionen erzeugt werden, die zwar verteilt werden, von anderen Autoren aber nicht fortgeschrieben werden können.

- Nach der lokalen Ausführung werden die Operationen an alle erreichbaren Replikate verteilt. Durch einen Abgleichprozeß wird sichergestellt, daß die Replikate regelmäßig gegenseitig abgeglichen werden und sich somit Änderungen sicher verteilen (Zeitpunkt der Verteilung und Häufigkeit des Abgleichs sollen konfigurierbar sein).

- Aufgetretene Konflikte können entweder automatisch oder manuell durch Zusammenführung mehrerer Äste des Versionsbaums zu einem Ast aufgelöst werden (der Versionsbaum wird dadurch zu einem Versionsgraphen).

Das hier vorgestellte Grundkonzept legt die konkrete Architektur der Datenhaltungsschicht noch nicht fest. So bin ich bisher beispielsweise noch nicht darauf eingegangen, wie die Verwaltung der Replikate aussehen soll und wie die Änderungen zwischen den Replikaten ausgetauscht werden. Ein Grund für die allgemeine Darstellung der Anforderungen war, daß die Möglichkeit offen gehalten werden sollte, die Funktionalität aufbauend auf ein bereits verfügbares System zur replizierten Datenspeicherung zu realisieren. In folgenden Abschnitt betrachte ich diese Möglichkeit genauer.

4.4 Verwendbarkeit bisheriger Lösungen

Im Bereich der verteilten Systeme wurden in den letzten Jahren einige Systeme entwickelt, die eine Speicherung beliebiger Daten in verteilten Umgebungen realisieren. Da es sich hierbei vielleicht um Systeme handelt, die zur Realisierung der Datenhaltungsschicht verwendet werden können, sollen diese Systemklassen hier kurz vorgestellt werden und diskutiert werden, wie solche Systeme im Rahmen des vorgestellten Konzeptes der Datenhaltung eines Gruppeneditors eingesetzt werden könnten.

Repositories

Die erste Klasse von Anwendungen, die sich um nebenläufige Zugriffe auf eine Menge von Datenobjekten kümmern, sind *Code-* oder *Objektrepositories*. Darunter versteht man datenbankähnliche Systeme, mit denen man Daten speichern und wieder abrufen kann. Meist bieten solche Systeme ein Checkout/Checkin-Paradigma. Das bedeutet, daß man Objekte auslesen kann (checkout), die Objektkopien außerhalb des Repositories ändert und dann wieder zurückschreibt (checkin).

Existierende Systeme stammen aus dem Bereichen des Software Configuration Management (z.B. RCS [Tichy82], CVS [Berli90], MJØLNER PROJEKT [Magnu93]), sowie aus den Bereichen CAD-Datenbanken (z.B. DVSS DISTRIBUTED VERSION STORAGE SERVER [Ecklu87], CAD DESIGN DATABASE [Katz87]) und Hypertext-Datenbanken (z.B. CO-VER, [Hicks91, Hicks93]).

Nebenläufiges Ändern wird bei einigen Systemen (z.B. RCS) ganz verhindert, indem beim Auslesen eine Sperre gesetzt wird und nur dem Inhaber der Sperre erlaubt wird, das Objekt zurückzuschreiben. Bei anderen Systemen ist gleichzeitiges Arbeiten an einem Objekt erlaubt. Beim Zurückschreiben werden dann entweder automatisch verschiedene Versionen erzeugt oder von einem Benutzer gefordert, explizit einen neuen Versionsast zu erzeugen.

Bezüglich der Verteiltheit ist anzumerken, daß alle bisher genannten Systeme mit einer zentralen Speicherung der Daten arbeiten. Meist ist es zusätzlich möglich, über Interfaces (z.B. RPC) von anderen Rechner auf diese zentrale Verwaltung zuzugreifen.

Repositories mit verteilter Datenhaltung sind für die Anwendung auf mobilen Rechnern eingeführt worden. Beispiele sind GRAPEVINE [Birre82, Schro84] und BAYOU [Terry94]. Bei diesen Ansätzen wird auf das Konzept der 'weak consistency' zurückgegriffen. Das bedeutet, daß man optimistische Ansätze zur Abwicklung von Zugriffen benutzt und zeitweilige Inkonsistenzen zuläßt. Ein weiteres bekanntes Beispiel eines replizierten Repositories dieser Art ist LOTUS NOTES [Kawel88]. Hier wird mit besonders lose gekoppelten Rechnermengen gearbeitet.

Für die Anwendung bei der Datenhaltung unseres Gruppeneditors wird ein repliziertes Tool mit optimistischer Nebenläufigkeitskontrolle benötigt. Deshalb scheiden alle Verfahren aus, die sich auf zentrale Datenverwaltung oder pessimistische Nebenläufigkeitskontrolle stützen. Darunter fallen die meisten Repositories.

Eine mögliche Lösung für die Datenhaltungskomponente eines Gruppeneditors sind replizierte Repositories. Bei den existierenden Systemen dieser Art bleiben aber hinsichtlich der Funktionalität einige Wünsche offen. Die Systeme sind meist nicht konfigurierbar hinsichtlich Verbreitungszeitpunkten und Konfliktauflösung. Weiterhin gehen verteilte Repositories oft von sehr lose gekoppelten Netzen aus und verzichten so auf eine schnelle Mitteilung von aktuellen Änderungen.

Das größte Problem bei den existierenden Lösungen ist aber, daß keine Möglichkeiten zur Speicherung von Sitzungsinformation und zur Verteilung von Awarenessinformation vorhanden sind. Diese Funktionalität müßte beim Einsatz in der Datenhaltungsschicht eines verteilten Gruppeneditors auf jeden Fall neu programmiert werden.

Nachdem die Flexibilität der Datenübertragung existierender verteilter Repositories nicht ausreichend ist und auf jeden Fall eine Schicht zum Austausch von Awarenessinformation neu aufgebaut werden muß, bietet sich auch folgende Möglichkeit an: Zur Speicherung der lokalen Objektreplikate werden verfügbare lokale Repositories verwendet. Der Austausch der Operationen wird darauf aufbauend programmiert und mit dem Informationsaustausch verbunden. Neben der Freiheit bei der Wahl des Synchronisationszeitpunkts und bei der Konfliktauflösung hätte man durch den selbst realisierten Austausch der Operationen vielfältige Möglichkeiten bei der Generierung und dem Austausch von Notifikationen.

Verteilte Dateisysteme

Eine weitere Klasse von Systemen, die sich mit nebenläufigen Zugriffen auf einen Datenbestand in verteilten Systemen beschäftigen sind *verteilte Dateisysteme*.

Mit diesen Systemen ist zwar eine teilweise synchrone Arbeitsweise möglich, aber es ist zu bemerken, daß hauptsächlich auf die Herstellung von Nebenläufigkeitstransparenz geachtet wird. Die Benutzer, die am System arbeiten, sollen möglichst nichts voneinander wissen. Wegen der hohen Anforderungen nach Konsistenz werden meist pessimistische Verfahren zur Nebenläufigkeitskontrolle eingesetzt.

Neben zentralen Systemen gibt es auch hier verteilte Lösungen. Als Methoden zur Nebenläufigkeitskontrolle kommen verschiedenste pessimistische Verfahren zum Einsatz (z.B. Primary Copy, Votierungsverfahren). Ein guter Überblick ist in Bernstein [Berns81] und in [Borgh93a] zu finden.

Im Hinblick auf die Datenhaltung bei einer kooperativen Editorumgebung ist das verteilte Dateisystem CODA [Satya90a, Satya90b, Satya92, Satya93b, Satya93a] besonders interessant.

Bei CODA handelt es sich um einen Zusatz zum verteilten Dateisystem ANDREW FILE SYSTEM (AFS). AFS selbst arbeitet mit replizierten Servern und dem Caching von Dateien bei den Clients. Die Cache-Konsistenz und Notifikation über Zugriffe wird mittels Callbacks der Clients durch die Server sichergestellt. Zusätzlich zu den Möglichkeiten, die AFS bietet, ist es mit CODA nun möglich, mit den Clients auch in einem 'Disconnected Mode' zu arbeiten. Das heißt, daß auf Dateien auch zugegriffen werden kann, wenn die Clients von den Servern getrennt sind.

Die meisten verteilten Dateisysteme kommen für die Verwendung als Datenhaltungsdienst einer Editorumgebung nicht in Frage, da sie entweder keine Replikation unterstützen oder Zugriffe mit pessimistischen Protokollen handhaben.

Der Spezialfall eines verteilten Dateisystems mit optimistischer Replikationskontrolle CODA wäre eine mögliche Basis für die angestrebte Datenhaltung. Als Nachteile sind hier aber dieselben zu nennen, wie bei den verteilten Repositories: mangelnde Flexibilität und fehlender bzw. unzureichender Informationsaustausch.

Groupware

Eine gute Zusammenfassung zur Modifikation bisheriger pessimistischer Nebenläufigkeitskontrollverfahren gemäß Groupware-Anforderungen präsentiert Greenberg in [Green94]. Speziell auf die Verwendung bestehender replizierter Nebenläufigkeitskontrollverfahren in Groupware geht Borghoff in [Borgh93a] ein.

Häufig findet man bei verteilter Groupware noch zentrale Datenverwaltung. Diese Systeme scheiden deshalb als Grundlage für die Datenhaltungskomponente des Gruppeneditors aus.

Die wenigen Beispiele mit Replikation arbeiten viel mit optimistischer Nebenläufigkeitskontrolle (teilweise auf LANs zugeschnitten). Ein Beispiel für ein solches Groupware-Tool ist GROVE [Ellis89]: Dieser synchrone Editor führt Operationen sofort auf dem lokalen Replikat durch und verteilt sie dann an alle anderen Replikate. Da die Operationen nicht kommutativ sind und verschiedene Ankunftsreihenfolgen auftreten können, werden ankommende Operationen so transformiert, daß sich bei allen Replikaten derselbe Endzustand ergibt. Einschränkend für die Verwendbarkeit ist, daß keine längeren Partitionierungen oder Nachrichtenverluste toleriert werden und weiterhin die Zahl der Replikate konstant bleiben muß. Der Graphik-Editor GROUPDESIGN [Karse93] und der Gruppeneditor JOINT EMACS [Resse96] benutzen ein etwas erweitertes Verfahren. Aber auch hier wird eine sichere Zustellung der Änderungsnachrichten vorausgesetzt.

Als mögliche Basis zur Realisierung des Datenhaltungs- und Ereignisdienstes sind auch noch sogenannte CSCW-Toolkits zu betrachten. Hierbei handelt es sich um Toolkits, die sich das Ziel gesetzt haben, Hilfsmittel zur Erstellung von CSCW-Anwendungen bereitzustellen. Bereitgestellte Hilfsmittel sind dabei u.a. Sitzungsmodelle, Kommunikationsmöglichkeiten und auch Datenhaltung. Beispiele für solche Toolkits sind COCOON [Kolla94], TRANSIS [Dolev94] oder LINCKS [Lambr94].

Die meisten dieser Systeme verwenden eine zentrale Speicherung oder sind nur in Netzwerken ohne Verbindungsausfällen einsetzbar. Die meisten Toolkits stellen zwar eine einige brauchbare Mechanismen bereit, sind aber nur in eingeschränkten Bereichen einsetzbar (z.B. nur in LANs). Also sind auch diese Systeme nicht in der Datenhaltungsschicht einsetzbar.

Zusammenfassung

Von den existierenden Systemen zur verteilten Datenhaltung entspricht keines den konkreten Anforderungen. Hauptprobleme sind die fehlende Replikation von Daten und Kontrolle, die mangelnde Konfigurierbarkeit des Verteilungsprozesses sowie das Fehlen einer einfachen Möglichkeit zur Erweiterung um Awarenessinformation.

Der direkte Einsatz existierender Lösungen zur Realisierung der verteilten Datenhaltung und des Ereignisdienstes scheidet also aus. Zu jeder Lösung müßte noch einiges ergänzt werden. Aus diesem Grund wird auf die, bei der Beschreibung der Repository-Technologien zuvor erwähnte flexibelste Lösung zurückgegriffen: Die Verteilung der Daten und Information wird neu realisiert, bei der lokalen Datenhaltung wird aber auf existierende Repositories zurückgegriffen, die beispielsweise die Versionsverwaltung übernehmen.

4.5 Aufbau der Datenhaltungsschicht

Mit den Erkenntnissen des vorhergehenden Abschnitts ist es nun möglich, das in Abschnitt 4.3 vorgestellt Grundkonzept des Kerndienstes zur Datenhaltung[12] zu konkretisieren.

Wie bereits in Abschnitt 4.3 ausgeführt, werden auf jedem Rechner, an dem an Dokumenten gearbeitet wird, Replikate der entsprechenden Datenobjekte gespeichert. Bei der Speicherung soll, soweit möglich, auf vorhandene Speichertechnologien zurückgegriffen werden. Zum Austausch der lokalen Zugriffe zwischen den einzelnen Rechnern wird auf jedem Rechner ein (Replikat-)Verwalterprozeß benötigt, der lokale Zugriffe verteilt und entfernte Zugriffe auf dem lokalen Replikat durchführt. Die Replikatverwalter müssen dazu untereinander kommunizieren können.

Die lokale Komponente des Datenhaltungsdienstes, also der Replikatverwalter, besteht aus lokalem Repository, Repository-Verwaltung, Verteilungsmodul und Koordinationsmodul. Das Koordinationsmodul nimmt Anfragen der Benutzerschnittstellen entgegen und führt sie auf den lokalen Daten durch. Weiterhin initiiert das Koordinationsmodul bei Bedarf die sofortige Weitergabe der Daten an andere lokale Sitzungsteilnehmer. Das Verteilungsmodul ist für die Entgegennahme entfernter Änderungen zuständig und sorgt für den regelmäßigen Abgleich der Daten ('anti-entropy'-Verteilung).

Diese Grundarchitektur der in Kapitel 3 geforderten Kernkomponente ist in Abbildung 4.5 dargestellt.

In diesem Kapitel wurden die Randbedingungen von Weitverkehrsnetzen für den Gruppeneditor klargestellt und unter Berücksichtigung der Anforderungen aus dem vorhergehenden Kapitel ein Datenhaltungsdienst konzipiert. Mit der vorgeschlagenen Architektur für die

---

[12]Zu den Begriffen: Bei dem *Kerndienst* handelt es sich um die überall verfügbare Funktionalität zur Speicherung von Daten und zur Abfrage von Information. Dieser Dienst wird nach den Überlegungen dieses Kapitels von einer Reihe gleichberechtigter Server erbracht. In Anlehnung an die Unterscheidung von 'Service' und 'Server' bei Client-Server-Systemen wird in der weiteren Arbeit der ganze Dienst meist mit 'Kerndienst', 'verteilter Datenhaltungs- und Ereignisdienst' oder auch mit 'Datenhaltungsschicht' bzw. 'Zugriffsschicht' bezeichnet. Die einzelnen replizierten Anwendungen, die den Dienst erbringen, werden mit den Begriffen 'Replikat der Zugriffsschicht', 'lokaler Objektverwalter' oder 'lokale Komponente des Datenhaltungsdienstes' bezeichnet. Teilweise wird für die Replikate auch der Begriff 'lokale Zugriffsschicht' benutzt.

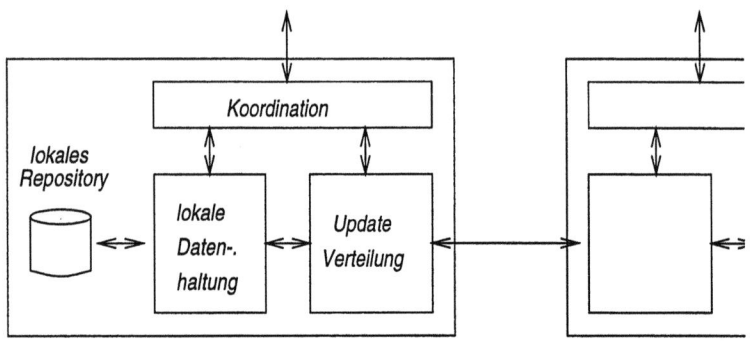

Abbildung 4.5: Aufbau eines lokalen Objektverwalters für einen Gruppeneditor

Datenhaltung können nun zu beliebiger Zeit lokal Änderungen an Dokumentendaten vorgenommen werden. Änderungen werden unter den Objektverwaltern verteilt und Konflikte erkannt.

Um die Replikatverwalter implementieren zu können fehlen noch die Festlegung der Kommunikationsstrategien sowie die genaue Bestimmung der Datenstrukturen und der Funktionalität, die diese Komponente anbieten soll. Diese Fragestellungen werden in Kapitel 6 behandelt.

Mit der Funktionalität zur verteilten Speicherung der Dokumentendaten ist auch die Grundlage für den Ereignisdienst geschaffen worden. In folgendem Kapitel wird, aufbauend auf die hier erarbeiteten Charakteristika von Weitverkehrsnetzen und auf dem vorgestellten Grundkonzept für die Datenhaltung, die Bereitstellung von Awarenessinformation behandelt.

> kooperative Dokumentenerstellung
> Unterstützung kooperativer Dokumentenerstellung
> Verteilte Systeme / Date...
> **Gruppenbewußtsein und Information speziell WANs, mobile Rechner**
> Konzeption und Implementierung des Daten/Info-Dienstes
> Einsatz in der Gruppeneditorumgebung Iris

Kapitel 5

Gruppenbewußtsein und Information

Die Bereitstellung von Awarenessinformation hat eine entscheidende Bedeutung für erfolgreiche Kooperation in räumlich verteilten Teams. Zur Herleitung der Funktionalität des Ereignisdienstes des in Kapitel 3 skizzierten Gruppeneditors, werden in diesem Kapitel zuerst die zur Erreichung eines Gruppenbewußtseins notwendigen Informationstypen zusammengetragen. Dann wird mit den im vorhergehenden Kapitel motivierten Eigenschaften von verteilten Systemen auf die Probleme der Informationsbewertung in Zusammenhang mit der Situation in Weitverkehrsnetzen eingegangen und eine Aufstellung der konkret bereitzustellenden Information erarbeitet.

5.1 Kommunikation und Information

In den Kapiteln 2 und 3 wurde ausführlich auf die zentrale Bedeutung der Kommunikation zwischen den Koautoren und auf die Wichtigkeit der Vermittlung eines Gruppenbewußtseins eingegangen. Zusammengefaßt wurde die Unterstützung von direkter Kommunikation und von indirekter Kommunikation (Änderungshistorie, Sitzungsinformation und Notifikationen zu Änderungen am Dokument und an der Sitzungsinformation) als notwendig identifiziert.

Direkte Kommunikation, also der direkte Austausch von Information zwischen zwei oder mehreren Autoren (vgl. auch die Definition auf Seite 33), soll in diesem Kapitel nicht weiter betrachtet werden. Hierzu wurde bereits in Kapitel 3 festgestellt, daß alle Möglichkeiten der direkten Kommunikation (1:1, 1:n, synchron, asynchron) zur Unterstützung der Kooperation wünschenswert sind und durch Integration externer Anwendungen in die Unterstützungsumgebung abgedeckt werden sollten. Die Integration sollte zumindest einen einfachen Aufruf mit Parameterübergabe an die Kommunikationsprogramme und ein einfaches Versenden und Wiederverwenden von Dokumentenreferenzen beinhalten. Weiterhin sollte es möglich sein, Nachrichten oder Protokolle von Konferenzen mit dem Dokument zu speichern.

Auf den nächsten Seiten werden die verschiedenen Möglichkeiten indirekter Kommunikation näher betrachtet und die einzelnen durch die Unterstützungsumgebung bereitzustellenden Dienste identifiziert.

Zu anderen Arbeiten, die bei der Unterstützung von Gruppenarbeit auf die Bereitstellung von Awarenessinformation eingehen, ist zu bemerken, daß dieses Thema bisher immer nur am Rande betrachtet worden ist. Wenn überhaupt, dann wurde die Bereitstellung und die Anzeige von Awarenessinformation höchstens zur Aufwertung der Benutzerschnittstelle benutzt. Deshalb wurde auch mehr auf mögliche Arten der Darstellung von Information eingegangen, als auf die Auswahl und die Beschaffung der darzustellenden Information. Eine große Zahl von Benutzerschnittstellen zur Anzeige verschiedener Awarenessinformation ist z.b. im Projekt GROUPKIT entstanden [Rosem95, Rosem96].

Viele der in Kapitel 3 erwähnten Gruppeneditorprototypen und auch andere CSCW-Systeme haben zwar Awarenessfunktionen in der einen oder anderen Art und Weise integriert, es handelt sich aber fast immer nur um Ad-Hoc-Lösungen, die mehr von der technischen Machbarkeit als von den Notwendigkeiten ausgehen. Eine fundierte Behandlung und Berücksichtigung des Themas Awareness bei der Entwicklung von Groupware fehlt bisher. Realer Einsatz von speziellen Awarenessanwendungen findet sich heute mehr im Bereich der Überwachung (asymmetrische Awareness) als im Bereich der Kooperationsunterstützung.

Eines der wenigen bekannten Projekte, das Awarenessfunktionen in realen Büroanwendungsumgebungen einsetzt und auch auf die Auswahl und die Beschaffung der Information eingeht, ist POLITEAM [Fuchs95, Fuchs96]. Ein Beispiel für die Bereitstellung von Awarenessinformation in asynchronen Umgebungen durch verschiedene Sichten der Historie ist das BSCW-System [Bentl95b].

Indirekte Kommunikation, Information

Die Basis für die Unterstützung bei der Vermittlung eines Gruppenbewußtseins ist die Bereitstellung und der Austausch von Information. Die Information sollte möglichst automatisch erzeugt und ausgetauscht werden, also ohne daß der bereitstellende Autor diesen Vorgang explizit anstößt. Dies ist möglich, wenn Aktionen der Autoren, die zur Bearbeitung des Dokuments bestimmt sind, selbständig in Informationen umsetzt und verbreitet werden (indirekte Kommunikation). Grund für den Wunsch nach automatischer Ermittlung und Verbreitung der Awarenessinformation ist die bereits in Kapitel 3 angesprochene Minimierung der Bereitstellungskosten, ohne die keine Akzeptanz auf Seiten der Informationsbereitsteller zu erwarten ist.

Als für den Gruppenprozeß notwendige Komponenten des Gruppenbewußtseins wurden in Abschnitt 2.4 folgende drei Informationsklassen identifiziert:

- Information zur gemeinsamen Aufgabe,

- Information zur Gruppe und

- Information zur Arbeitsumgebung, zu Interaktionen der Gruppenmitglieder mit der Arbeitsumgebung.

Eine automatische Informationsgenerierung und -verteilung durch Rechner kann hauptsächlich für Information zur Arbeitsumgebung erfolgen. Grund dafür ist, daß das Editorsystem einen entscheidenden Teil dieser Arbeitsumgebung darstellt und so auch Information dazu besitzt.

Informationen zur Aufgabe oder zur Gruppe (ausgenommen Information zur Erreichbarkeit der Gruppenmitglieder) kann vom System nicht selbständig aus den Aktionen des Benutzers in der Arbeitsumgebung ermittelt werden, sondern muß vom Benutzer explizit bereitgestellt werden. Für die Verbreitung dieser Information können die Möglichkeiten zur Unterstützung direkter Kommunikation benutzt werden. Eine andere Möglichkeit wäre, die Information als Teil des Dokuments zu verwalten (z.B. ein eigener Abschnitt mit Information zum Ziel und zum Arbeitsplan). Zusätzlich könnte noch eine Hilfestellung zur bequemen Eingabe und zur automatischen Präsentation der Information geschaffen werden (z.B. Erzeugung und Auswertung von semi-strukturierten Nachrichten).

Neben der direkten Eingabe durch den Benutzer könnte Information, die nicht über die Interaktionen der Autoren mit dem Gruppeneditor ermittelbar ist, über Schnittstellen zu anderen CSCW- oder Planungsanwendungen beschafft werden. Mögliche Informationsquellen sind beispielsweise Organisationsdatenbanken, lokale oder verteilte Terminkalender, Workflow-Management-Systeme[1] oder Entscheidungsunterstützungsprogramme (Group Decision Support Systems (GDSS)). Ähnliche Ansätze der Integration von Unternehmensinformationssystemen und Groupware finden sich schon bei einigen anderen Arbeiten (z.B. [Karag94]).

Ein Beispiel für Informationen, die für die erfolgreiche Koordination in der Arbeitsgruppe wichtig sein können, sind Informationen über die Möglichkeiten, die andere Koautoren haben, um am gemeinsamen Projekt mitzuarbeiten. Dillon [Dillo93] und Beck [Beck93b] haben beispielsweise festgestellt, daß Koautoren neben einem speziellen Schreibprojekt oft noch in einigen, nicht mit diesem Projekt in Beziehung stehenden Projekten beteiligt sind, die sie auch zeitlich in Anspruch nehmen. In der Studie von Beck [Beck93b] haben die Koautoren versucht, diese Information außerhalb des Systems zu erlangen oder zu verteilen.[2]

Genauso wichtig wie Zusatzinformation zu den Autoren kann Zusatzinformation zur gemeinsamen Aufgabe sein. Beispiele wären hier Daten zu Ziel und Gliederung des Dokuments.

Information mit Bezug zur Arbeitsumgebung

Nachdem für die Verbreitung und Bereitstellung von Information zur Aufgabe und zur Gruppe die Dokumentenspeicherung selbst und die Hilfsmittel zur direkten Kommunikation benutzt werden können, gehe ich im weiteren hauptsächlich auf die Information über die Arbeitsumgebung ein. Hier ist eine automatische Ermittlung möglich und die Information kann

---

[1] Workflow-Management-Systeme sind auch hinsichtlich arbeitsumgebungsbezogener Information interessant. In den folgenden Abschnitten wird unter anderem das Beispiel des Dokumentenstatus als Anwendungsbeispiel angesprochen.

[2] Die uneingeschränkte Bereitstellung solcher und ähnlicher privater Information, die eventuell sogar ohne Wissen des Betreffenden geschieht, wirft natürlich Probleme auf. Eine gewisse Privatsphäre oder zumindest eine Mitteilung bei der Abfrage solcher Information wird unbedingt gewünscht. Bei der Realisierung von Gruppeninformationsanwendungen sollte diese Anforderung auf jeden Fall mit einbezogen werden. Ein Ansatz ist beispielsweise, daß solche Information von den Betroffenen explizit bereitgestellt werden muß, und daß lesende Zugriffe auf die Information an die Bereitsteller gemeldet werden.

so mit Attributen ausgestattet oder typisiert werden, daß auch eine automatische Filterung möglich wird.

Nach den vielen Vorbemerkungen in den vorhergehenden Kapiteln wird nun die Frage beantwortet werden, welche Information zur Arbeitsumgebung angeboten werden soll. Als Ausgangspunkt betrachte ich dazu folgende Fragen, die mit der Information beantwortet werden sollten:

- Wer ist gerade an der Sitzung beteiligt?
- Wo arbeiten andere Autoren?
- Sind die anderen Autoren aktiv?
- Was machen die anderen Autoren?
- Was bezwecken die anderen Autoren mit ihren Aktionen?
- An welchen Dokumententeilen arbeiten die anderen Autoren?
- Was können die anderen Autoren sehen?
- Welche Effekte kann die Tätigkeit der anderen Autoren haben?

Neben diesen Fragen, die sich auf den aktuellen Zustand beziehen, sollten auch Fragen zur Historie beantwortet werden:

- Was wurde seit der letzten eigenen Änderung am Dokument getan?
- Wer hat eine bestimmte Änderung gemacht? Warum?

Die Fragestellungen und die für ihre Beantwortung notwendigen Informationen lassen sich nach ihrem inhaltlichen Bezug einordnen:

- *Dokument*: Aktuelle Aktionen (= Änderungen, Synchronisation, Konfliktauflösung, Lesen) und Historie
- *Benutzer*: Erreichbarkeit, Ansprechbarkeit, Arbeitsbereich
- *Gruppe*: Zusammensetzung der Gruppe, Historie der Zusammensetzung

Neben der Unterscheidung nach dem inhaltlichen Bezug ist auch eine Unterscheidung der Informationen nach ihrem Typ möglich. Folgende Typen von Information kann man dabei unterscheiden:

- *Ereignisse* (aktuelle Ereignisse und Historie früherer Ereignisse)
- *aktueller Status* (Zusammenfassung von Ereignissen zu einer Repräsentation des ak-

tuellen Zustands; auch der Inhalt eines Dokuments kann als aktueller Status betrachtet werden.)

- *Anmerkungen*

Um die anzubietende Information klarer herauszuarbeiten, werden im Folgenden die einzelnen Bereiche nach Zeitbezug (also aktuelle Ereignisse im Gegensatz zur Historie) noch genauer betrachtet. Schließlich wird noch kurz auf die Fragen der Präsentation und Filterung eingegangen.

Synchrone Information

Genauso, wie man von jedem Softwaresystem ein schnelles Feedback auf eigene Aktionen erwartet, sollte bei Mehrbenutzer-Systemen ein schnelles 'Feedthrough' (Information über aktuell bei anderen stattfindende Operationen) angeboten werden.

Definition 5.1 (Feedthrough, Echo)
Unter Feedthrough oder Echo verstehen wir im weiteren die Darstellung der Aktionen eines Autors auf der Benutzerschnittstelle eines anderen Autors.

Unter dem Begriff 'synchrone Information' fassen wir alle Informationen zusammen, die aktuelle Ereignisse und den Status (also die Zusammenfassung von Ereignissen bis zu einem bestimmten Zeitpunkt) betreffen.[3] Konkret sind das:

- aktuelle Ereignisse

    - Änderung eines Objekts
    - Änderungen der Gruppenzusammensetzung
    - Änderung des Status eines Gruppenmitglieds
    - Änderung von Zusatzdaten zum Dokument oder zu den Gruppenmitgliedern
    - Lesen eines Objekts

- aktueller Status

    - Aktuelle Gruppenzusammensetzung ('Anwesenheitsliste' = Liste der Koautoren und Information darüber, ob die Autoren gerade aktiv sind)
    - Arbeitsbereiche der einzelnen Autoren im Dokument

Die Information zur Gruppenzusammensetzung wird häufig auch als 'Sitzungsinformation' bezeichnet. Der Begriff der Sitzung wurde in Kapitel 2 schon als *'zusammenhängender Zeitabschnitt, in dem ein oder mehrere Benutzer am Dokument arbeiten'* definiert. Der Ausdruck *'am Dokument arbeiten'* entspricht dabei, auf das Dokumentenmodell der Datenhaltung aus Kapitel 4 projiziert, 'an einem Objekt des Dokuments arbeiten', oder noch genauer, 'ein

---

[3]Der Begriff 'aktuell' bedeutet hier, daß das Ereignis im Rahmen der Netzlaufzeiten zeitgleich stattfindet bzw. der Status dem Zustand der entsprechenden Komponente zum Abfragezeitpunkt entspricht (wieder im Rahmen der Netzlaufzeiten und der möglichen Nicht-Erreichbarkeit). Die Aktualität ist ein lokales Attribut.

Objekt des Dokuments zur Anzeige oder zur Änderung geladen haben'. Nachdem als Einstiegspunkt zu einem Dokument immer das entsprechende Strukturobjekt beteiligt ist (siehe Ausführungen zum Dokumentenmodell auf Seite 81), werden Informationen 'zu einem Dokument' im weiteren immer auf Informationen zum Strukturobjekt bezogen.

Eine wichtige Frage bei der Verbreitung von Objektänderungen ist, mit welcher Granularität Änderungen vermittelt werden. Ein Extremum ist hier die Bereitstellung des WYSIWIS-Paradigma, welches notwendig ist, um bei synchroner direkter Kommunikation Referenzprobleme[4] zu lösen. Unabhängig von Bildschirmlayout ist dabei besonders wichtig, daß Änderungen am Dokument beim Kommunikationspartner angezeigt werden, sobald man über sie spricht (schnelles und zuverläßliches Feedthrough). Andererseits gibt es häufig Situationen, in denen weniger eng zusammengearbeitet wird und in denen aus Gründen beschränkter Bandbreite der Kommunikationskanäle oder aufgrund gewünschter Privatsphäre nicht immer jede kleinste Änderung verbreitet werden soll.

Da nur der Benutzer selbst oder vielleicht noch die Benutzerschnittstelle weiß, welche Mitteilungsgranularität im Moment gerade richtig ist, muß die Lösung sein, die Entscheidung darüber dem Benutzer zu überlassen.

Asynchrone Information

Wie schon erwähnt, kann sich das Erstellen eines Dokuments über einen längeren Zeitraum erstrecken. Für einzelne Autoren kann es dabei auch lange Phasen der Nichtbeteiligung geben. Im Gegensatz zu einem Einbenutzer-Editor, bei dem in der Abwesenheit nichts gemacht werden kann, ist es bei einem Gruppeneditor nun wichtig, daß man sich bei Arbeitsbeginn erst klarmacht, was während der Abwesenheit passiert ist, um die eigenen Tätigkeiten darauf anzupassen [Sohle94, Beck93b]. Das gleiche gilt für Autoren, die neu zu einer Gruppe hinzukommen. Historieninformation ist also unbedingt notwendig für erfolgreiche Gruppeneditoren [Beaud90, Miles93].

Neben Information zu den stattgefundenen Änderungen am Dokument ist auch noch Information zur Historie der Gruppenzusammensetzung wichtig. Das betrifft zuerst einmal die Liste der Personen, die mitarbeiten, aber auch die Arbeitsbereiche der Koautoren (letzteres ließe sich näherungsweise aus der Änderungshistorie ermitteln, wenn bei den Ereignissen der jeweils durchführende Autor vermerkt ist).

Die Information über Aktionen am Dokument sollte chronologisch und in verschiedener Granularität und Detailliertheit angeboten werden können. Benötigt werden Daten über den Initiator und den Zeitpunkt einer Änderungen sowie über die betroffene Stelle im Dokument.

Im einzelnen ist unter asynchroner Information also Folgendes zu sehen:

---

[4]Unter dem Referenzproblem bei direkter Kommunikation versteht man die Situation, daß zwei Autoren über Elemente des gemeinsamen Arbeitsbereichs sprechen, die auf beiden Seiten unterschiedlich dargestellt sind (verschiedene Positionierung am Bildschirm, unterschiedliche dargestellte Ausschnitte, verschiedene Versionen der Objekte).

- Historie der Operationen auf dem Dokument
- Historie der Gruppenzusammensetzung

Auch in den Bereich der asynchronen Information kann man die Forderung nach einem Dokumentenstatus einordnen. Prinzipiell handelt es sich dabei um eine Zusammenfassung und Interpretation der Historie, die noch mit zusätzlichen Informationen angereichert ist. Die Information kann vom System selbst nicht ermittelt werden, sondern muß von den Benutzern eingegeben werden. Das System sollte nur für eine Verbreitung und Darstellung sorgen. Weiterhin kann dafür gesorgt werden, daß anderweitig verfügbare Information zum Dokumentenstatus automatisch importiert werden kann. Hier sollte unter anderem eine Anbindung an Workflow-Management-Anwendungen vorgesehen werden [Haake94]. Eine Möglichkeit wäre ein zum Dokument gehörendes Informationsattribut im Editor, das vom Autor oder auch von einem Workflow-Management-System beschrieben werden kann.

Anmerkungen

Eine Möglichkeit, die bei indirekter Kommunikation auch immer wieder erwähnt wird, sind Anmerkungen oder Textkommentare. Diese nehmen eine Stellung zwischen direkter und indirekter Kommunikation ein. Einerseits können Anmerkungen direkt für andere Autoren bestimmt sein. Dann handelt es sich um eine Methode zur direkten Kommunikation. Andererseits kann man auch Anmerkungen erzeugen, die für den eigenen Schreibprozeß bestimmt sind (z.B. 'To-do'-Vermerke). Diese Anmerkungen können auch für andere Autoren hilfreich sein, um den Status des bearbeiteten Textabschnitts einzuschätzen (indirekte Kommunikation).

Zur Realisierung von Anmerkungen werden entweder in den Text Verweise auf andere Datenobjekte integriert, oder die ganze Anmerkung wird direkt in den Text geschrieben (siehe dazu z.B. [Beck93b] oder [Bayde93]). Meist sind Anmerkungen also sehr eng mit dem Dokument verknüpft.

Aus diesem Grund betrachten wir Anmerkungen im weiteren als Teil des Dokuments bzw. der Dokumentenstruktur und nehmen sie so aus der Diskussion hier heraus. Eine detaillierte Betrachtung zu Kommentaren in Gruppeneditoren findet sich beispielsweise in [Sedlm95] und [Zaenk96]. Auf verschiedene Möglichkeiten zur Integration einer expliziten Unterstützung für Anmerkungen wird in Kapitel 8 eingegangen.

Informationsanzeige, Informationsfilterung

Bisher wurde nur behandelt, was inhaltlich an Information geboten werden sollte. Die Aufgabe des zu entwickelnden Ereignisdienstes ist auch nicht die Darstellung der Information, sondern nur deren Bereitstellung. An einigen Stellen der vorhergehenden Betrachtungen ist aber schon klar geworden, daß zumindest einige Aspekte der Filterung eine nicht zu vernachlässigende Rolle spielen und die Anforderungen an Informationsattribute beeinflussen. Aus diesem Grund werden an dieser Stelle die wichtigsten Aspekte der Benutzerschnittstelle, die Einfluß auf die Anforderungen der Bereitstellung haben können, kurz aufgeführt und besprochen. Für eine umfassende Behandlung des Themas sei auf die Literatur zu den Bereichen

Mehrbenutzer-Schnittstellen, Mensch-Computer-Interaktion (HCI) und auf die Erfahrungsberichte bereits existierender Systeme verwiesen.[5]

Die erste Frage, die im Zusammenhang mit der Benutzerschnittstelle auftaucht, ist die Frage, welche Information wann mitgeteilt werden soll. Das heißt, welche Information aktiv, und welche nur auf Anfrage angezeigt werden soll.

Ein Programm zur Unterstützung von Gruppenarbeit muß eine maximale Durchschaubarkeit des Prozesses gewährleisten. Es soll dazu die Gruppenaktivitäten darstellen, gleichzeitig aber den Benutzer nicht von seiner eigentlichen Arbeit ablenken. Folgende beiden Punkte sind deswegen zu beachten:

- keine Überladung des Benutzers mit Information und
- keine ungewollte Ablenkung des Benutzers durch aktive Notifikation.

Beide Punkte hängen sehr stark mit den Präferenzen und mit der aktuellen Tätigkeit des Benutzers bzw. der Enge der Zusammenarbeit mit anderen Benutzern zusammen (aktive Benutzer könnten beispielsweise nur sehr eingeschränkt an Änderungen anderer Autoren interessiert sein). Aus diesem Grund sollte es möglich sein, auf der Ebene der Benutzerschnittstelle Präferenzen für Zeitpunkt und Umfang der Informationsanzeige anzugeben, und dies auch von der jeweilig aktiven Tätigkeit abhängig zu machen. Der Benutzer sollte Filter definieren können, um die darzustellende Information auszuwählen.

Neben einer Filterung beim Informationskonsumenten, deren Hauptmotivation die Anpassung an die Benutzerpräferenzen (Interesse) und an die Arbeitssituation des Benutzers ist, sind Filter aber auch auf der Seite des Informationserzeugers sinnvoll. Hier können konfigurierbare Filter eingesetzt werden, um den Wunsch eines Benutzers nach Privatsphäre zu befriedigen.

Wie schon angesprochen, ist neben Zeitpunkt und Umfang auch die Art und Weise der Informationsdarstellung konfigurierbar zu halten. Hier wäre eine Anzeige von 'entfernten' Änderungen (d.h. Änderungen in anderen Dokumentenabschnitten) in geringerer Detailliertheit oder geringerer Intensität (weniger 'aufdringlich') denkbar. Mariani liefert hierzu beispielsweise eine Metrik mit der die Nähe von Benutzern eines Datenbanksystems bestimmt werden kann [Maria93]. Auch Dewan beschäftigt sich mit der Bestimmung der Relevanz eines Ereignisses für einen Autoren [Dewan94]. Zur Ermöglichung einer solchen Relevanzbestimmung muß Information über die Arbeitsbereiche der einzelnen Benutzer verfügbar sein (Bereiche, in denen lesende und schreibende Zugriffe stattfinden).

Die Informationsfilter sollten also auf beiden Seiten (Erzeuger und Konsument der Information) eine Auswahl nach den Kriterien 'Was' (Beschreibung der Ereignisse, auch Bestimmung von wem oder an wen[6]), 'Wann' (Benachrichtigungszeitpunkt oder -kontext) und

---

[5] Solche Berichte sind beispielsweise in den Tagungsbänden der Konferenzreihen 'Human Factors in Computing Systems' und 'User Interface Software and Technology (UIST)' der Fachgruppe SIGCHI der ACM zu finden. Online-Informationen zu den Veröffentlichungen und Online-Konferenzbände bietet die Fachgruppe unter der URL http://info.acm.org/sigchi/publications/ an.

[6] Eine Unterscheidung der verbreiteten Ereignisse nach dem Empfänger der Ereignisse wird oft gewünscht. So soll das Sekretariat beispielsweise immer sofort erfahren, wenn man erreichbar ist, die Mitglieder der von einem geführten Arbeitsgruppe vielleicht aber nicht.

'Wie' (Art und Intensität der Präsentation) erlauben (siehe auch [Fuchs96]).

Bei aktiver Informationsanzeige sollte der Benutzer weiterhin den Verursacher und den Grund der Änderung oder den Kontext, in dem die Änderung durchgeführt worden ist, erkennen können [Schmi92]. Zumindest sollte klar erkennbar sein, ob man selbst (Feedback), oder ob ein Koautor (Feedthrough) die Änderung vorgenommen hat.

Ein letzter Aspekt der Benutzerschnittstelle betrifft die sogenannte 'Self-Awareness'. Darunter versteht man das Bewußtsein über den möglichen Einfluß eigener Aktionen auf die Arbeit anderer. Die Benutzerschnittstelle sollte der Vermittlung eines Bewußtseins darüber dienen, wann und in welcher Form eigene Änderungen verbreitet werden. Hierzu ist es beispielsweise notwendig, daß der Benutzer immer einen Überblick hat, welche seiner Aktionen an andere Koautoren gemeldet werden, und auf welche Weise dies geschieht.

Insgesamt sollte die Informationsanzeige und die Reaktion auf Ereignisse möglichst flexibel und konfigurierbar sein. Wichtig ist dabei im Sinne der Benutzerschnittstellenergonomie, daß die Benutzer ihre Möglichkeiten verstehen (keine kryptischen Modes mit explizitem oder auch implizitem Wechsel, sondern verständliche Anzeige des Zustands).

Zusammenfassung

Zur Ermöglichung eines Gruppenbewußtseins ist es neben der Unterstützung direkter Kommunikation notwendig, folgende Informationen verfügbar zu machen:

- Information zu den Aktionen der anderen Gruppenmitglieder (aktuell und Historie),
- Information zur Sitzungszusammensetzung (Liste der beteiligten Autoren, Arbeitsbereiche der Autoren) und
- Information zu den beteiligten Benutzern.

Bisher realisierte Systeme zur Unterstützung kooperativer Dokumentenbearbeitung behandeln die Informationsbereitstellung entweder gar nicht, oder sie beschränken sich in lokalen Netzen auf die Bereitstellung von Information zu aktuellen Aktionen, und in Weitverkehrsnetzen auf die Bereitstellung von Historieninformation.

5.2 Information in Weitverkehrsnetzen

Im vorhergehenden Abschnitt wurde behandelt, welche Informationen zum Aufbau eines Gruppenbewußtseins und damit zur erfolgreichen Unterstützung kooperativer Dokumentenerstellung bereitgestellt werden sollten. Das Ergebnis war, daß Informationen zum aktuellen Status, zu aktuellen Aktionen und zur Historie benötigt werden. Nun reicht aber eine Bereitstellung dieser Informationen allein noch nicht aus. In den Ausführungen in Kapitel 2 ist die Voraussetzung für Gruppenbewußtsein dadurch angegeben, daß die beteiligten Personen äquivalente Sichtweisen der Situation haben und Vorhersagen über die Entwicklung der Situation machen können. Hinsichtlich der grundsätzlichen Realisierbarkeit einer äquivalenten Sichtweise für alle Koautoren gibt es aber Probleme, falls die Informationsverbreitung über Weitverkehrsnetze abgewickelt wird.

Wie in Kapitel 4 dargestellt, ist die Übermittlung großer Informationsmengen über Weitverkehrsnetze heute technisch kein Problem mehr. Die zunehmende Verbreitung breitbandiger Verbindungen mit hoher Zuverlässigkeit macht teilweise sogar synchrone Interaktion möglich. Trotzdem gibt es in diesen Verbindungen aber immer noch lange Ausfallzeiten oder Bandbreitenschwankungen. Eine der Feststellungen aus Kapitel 4 war hierzu, daß mit hoher Wahrscheinlichkeit nie alle beteiligten Rechner gleichzeitig erreichbar sind. Bei der Verwendung von mobilen Rechner trifft dies in noch stärkerem Maße zu. Bei einem Weitverkehrsnetz mit mobilen Rechnern sorgen Partitionierungen, Nachrichtenverzögerungen und Zeitabschnitte ohne Kontakt dafür, daß die lokale Sicht fast immer mehr oder weniger stark von einer globalen Sicht abweicht.[7]

Einfluß der räumlichen Trennung auf die Informationsbewertung

Eine wirklich gleiche Sichtweise der Situation aller Koautoren kann wegen der Verzögerungen und Ausfallwahrscheinlichkeiten in Weitverkehrsnetzen also nicht vorausgesetzt werden. Dadurch ist das Ziel der Bereitstellung von Awarenessinformation, zuverläßlich Aussagen über den aktuellen Zustand sowie Vorhersagen treffen zu können, in Frage gestellt. Auch ergibt sich durch mögliche Falschinformation die Gefahr des Verlustes der Benutzerakzeptanz. Aus diesen Gründen muß den Autoren eine Hilfestellung bei der Bewertung der Informationen gegeben werden. Falls die Autoren beispielsweise über die Möglichkeit unvollständiger Information informiert sind, könnten sie die tatsächlich gelieferten Daten entsprechend interpretieren, eventuell sogar die verfügbare Information extrapolieren, um damit der globalen Sichtweise näher zu kommen. Ziel eines Unterstützungssystems sollte es also sein, den Benutzern zumindest Hinweise auf mögliche Abweichungen der lokalen Sicht von einer globalen Sicht sowie Information, die ihnen eine Bewertung und Interpretation der verfügbaren Information erlaubt, zu liefern.

Bisher ist die Möglichkeit, daß Awarenessinformation unvollständig oder verspätet sein kann, vernachlässigt worden. Wenn man aber der Information einen hohen Wert bei der Effizienz der Zusammenarbeit einräumt und erwartet, daß sich die Benutzer darauf verlassen, dann muß dieser Punkt etwas genauer betrachtet werden. Dies soll in dem vorliegenden Kapitel geschehen.

Ziel ist es, die Nebenläufigkeitstransparenz verteilter Systeme nicht nur im Hinblick auf Information über die anderen Benutzer aufzuweichen, sondern zu diesen Informationen auch Metainformation zu liefern, die den Empfängern eine Bewertung bzw. Interpretation der verfügbaren Information erlaubt.

---

[7]Bei dem schon in Kapitel 4 erwähnten Vergleich des Europäischen Städtesystems im Mittelalter mit verteilten Systemen in [Diets94] wird der Aspekt der globalen Sicht auch angesprochen. Dietsch schreibt, daß das Weltbild im Mittelalter auch zu keinem Zeitpunkt völlig 'intakt' war, sondern immer nur 'zu wesentlichen Teilen verfügbar' war.

Allgemein kann diese Metainformation als Information zur Qualität der Nutzinformation angesehen werden.

Der Begriff 'Qualität' stammt vom lateinischen 'qualitas' ab, was mit Beschaffenheit, Verhältnis oder Wertstufe übersetzt werden kann. Auch das Brockhaus/Wahrig Wörterbuch definiert den Begriff entsprechend als „*Sorte, Güte, Brauchbarkeit, Wertstufe*" [Brock82].

Ziel der Metainformation ist, dem Benutzer die Qualität der Awarenessinformation transparent zu machen. Unter Qualität verstehe ich in erster Linie folgende zwei Aspekte:

- Aktualität

- Vollständigkeit

Auch die am Ende von Abschnitt 5.1 angesprochene 'Relevanz' wäre eine mögliche Eigenschaft von Qualität. Mit der Relevanz von Awarenessinformation ist die Wichtigkeit letzterer für eine momentan durchgeführte Tätigkeit gemeint. Wie schon erwähnt können solche Aspekte nur mit intensiver Unterstützung durch den Benutzers in ein System integriert werden. Weiterhin hat die Relevanz nichts mit den Auswirkungen der Netzumgebung zu tun. Ich werde diesen Aspekt von Qualität im weiteren also nicht mehr betrachten.

Die Qualität oder Wertstufe kann man als zusätzliche Attribute von Information auffassen, die eine Bewertung erlauben, also Einfluß auf die Bewertung, Interpretation und Verwendung der Information selbst haben.

Mit diesem Ansatz sind neben den technischen Attributen auch die 'sozialen Attribute', z.B. die Absichten der Koautoren, Teilaspekte der Qualitätsinformation. Bei der Zusammenstellung von Hinweisen zur Informationsqualität müssen also nicht nur technische, sondern auch soziale Belange betrachtet werden.

Ein Beispiel für die Notwendigkeit sozialer Attribute zur Bewertung einer Situation ist die Feststellung von Verbindungsausfällen bei synchroner direkter Kommunikation. Bei einer Videokonferenz mit zwei Partnern können Ausfälle sofort festgestellt werden. Bei Wegfall eines Bildes kann von einem System- oder Netzfehler ausgegangen werden, da das Abschalten angekündigt worden wäre. Schwieriger wird es bei direkter Kommunikation mit mehreren Partnern. Falls hier ein Partner ausfällt, sollte das System Information liefern, ob die Verbindung unterbrochen worden ist oder ob die Kommunikation bewußt abgebrochen worden ist. Es ist nicht mehr selbstverständlich, daß das Ausschalten vorher angekündigt wird. Selbst in einem Fall mit nur drei Partnern ist klärungsbedürftig, ob der Wegfall des Bildes durch Ausfall der Video-Hardware oder Software bedingt ist, oder ob die Rechner keinen Kontakt mehr haben.

Mit diesen Überlegungen habe ich einen Aspekt der Informationsbereitstellung in Weitverkehrsnetzen identifiziert, der noch näher behandelt werden muß. Dazu wird nun zunächst eine Auflistung der möglichen Einflüsse auf die Bewertung von Information vorgenommen. Dann wird der Einfluß für die verschiedenen Informationstypen untersucht und ein Vorschlag für eine Erweiterung der bisherigen Informationsmodells präsentiert.

Wie schon im letzten Abschnitt wird bei den Betrachtungen nicht auf die Filterung und Präsentation der Information eingegangen. Für die Konzeption der Benutzerschnittstelle muß dieser Aspekt natürlich auch betrachtet werden. So sollten z.b. Verbindungsabbrüche unaufdringlich angezeigt werden, wenn gerade lose gekoppelt gearbeitet wird, jedoch sehr eindringlich, wenn man eng mit jemanden zusammenarbeitet.

Ansätze zur Nutzung von Qualitätsinformation

Bei einigen wenigen netzbasierten Systemen gibt es schon erste Ansätze, zusätzlich zu den eigentlichen Diensten Information zur Qualität der Übertragung oder der Daten allgemein anzuzeigen.

- Die Videokonferenzanwendung VIC [McCan95] zeigt automatisch neben den Bildern der Konferenzpartner die momentane Empfangsrate in Bildern pro Sekunde an. Auf Wunsch können weiterhin genauere Informationen wie Verlustrate und Rate fehlerhafter Pakete zu einem Sender abgefragt werden.

- Viele Implementierungen von ftp-Clients und alle gängigen Web-Browser zeigen während eines Ladevorgangs die aktuelle Übertragungsrate an.

- Das XWHO-Programm (siehe Kurzbeschreibung in Kapitel 3, Seite 44) prüft die Erreichbarkeit der Rechner, zu denen Login-Information angezeigt wird, regelmäßig durch Polling und stellt einen Rechner als unerreichbar dar, wenn dieser nicht mehr antwortet.

Bei vielen der Daten handelt es sich nur um sehr grobe Schätzungen (z.B. bei der Übertragungsrate in Web-Browsern). Der Umstand, daß diese Informationen trotzdem von den Benutzern als nützlich empfunden wird, bestätigt die Notwendigkeit von Qualitätsinformation.

Die bisher realisierten Gruppeneditoren bieten bei der Bewertung der Awarenessinformation *keine Unterstützung*. Es wird angenommen, daß die bereitgestellte Information immer aktuell und vollständig ist, oder daß der Benutzer selbst aus anderen Quellen oder aus eigener Erfahrung über den Zustand Bescheid weiß und dadurch die Informationen richtig bewerten kann.[8]

5.3 Informationsmodell

Damit Awarenessinformation in räumlich weit verteilten Umgebungen (Weitverkehrsnetze, mobile Rechner) sinnvoll genutzt werden kann, ist also zusätzliche Information über die Qualität der Awarenessinformation notwendig. Dabei spielen technische, aber auch soziale Aspekte eine Rolle.

Zusammenfassend kann man sagen, daß der zu konzipierende Ereignisdienst des Gruppeneditors

---

[8]Mit Ausnahme der in diesem Abschnitt erwähnten Beispiele folgen alle bisherigen verteilten Anwendungen diesem Ansatz, indem sie dem Benutzer einfach alle verfügbaren Informationen präsentieren.

- möglichst aktuelle und vollständige Information liefern muß, und

- Hinweise liefern muß, die eine Bewertung der Information ermöglichen (Hinweis, daß Information nicht aktuell ist, daß Information fehlen oder unvollständig sein könnte).

Der Gruppeneditor bzw. der Ereignisdienst muß also neben der eigentlichen Awarenessinformation noch Zusatzinformation beschaffen und anzeigen. Für die Integration von Zusatzinformation und Awarenessinformation gibt es grundsätzlich zwei Möglichkeiten:

- Der Gruppeneditor unterstützt den Benutzer dabei, über den Status des Netzes und der beteiligten Benutzer Bescheid zu wissen. Dies kann durch Anzeige einer Statusinformation stattfinden. Ein Beispiel wäre die Visualisierung der Netz-Management-Information des in Frage kommenden Teilnetzes. Allgemein gesagt, besteht dieser Lösungsansatz darin, dem Benutzer Information zum Status der Infrastruktur einzublenden, über welche die Awarenessinformation verbreitet wird.

- Die Information zur Qualität von Information wird direkt in die eigentliche Information mit einbezogen (zusammengesetzte Information). So könnten beispielsweise anstatt fester Werte für Daten wie z.B. die Zahl der aktiven Benutzer abhängig von dem Systemzustand Bereiche angegeben werden, in denen sich ein Wert gerade befinden kann (z.B. Werte wie 'mindestens 4' oder '3-5'). Eine weitere Möglichkeit zur Einbeziehung von Qualitätsinformation in die eigentliche Information wäre die Attributierung von Informationen mit einem 'Unsicherheitsindikator', also einer Markierung, die aussagt, ob die Systemsituation gerade eine sichere Ermittlung der Daten erlaubt.

Natürlich können beide Möglichkeiten auch gleichzeitig verwendet werden. So kann ein 'Unsicherheitsindikator' auf ein Problem hinweisen, das dann auf Anfrage des Benutzers mit Hilfe einer Systemdarstellung genauer eingegrenzt werden kann.

Welche Metainformation für die einzelnen Informationstypen, die im ersten Abschnitt dieses Kapitels identifiziert worden sind, konkret bereitgestellt werden soll, ist nicht global beantwortbar. Aus diesem Grund untersuche ich nun getrennt die Informationsklassen 'Ereignisse', 'Historie' und 'Status'.

Diese Einteilung habe ich gewählt, da sie direkt aus dem technischen Modell ableitbar ist, welches letztendlich auch dafür verantwortlich ist, daß Qualitätsinformation notwendig wird.[9]

---

[9]Das allgemeine technische Modell sieht folgendermaßen aus: Auf den Replikaten werden Änderungen durchgeführt (am Dokument oder an den Sitzungsdaten); die entfernten Replikate liefern ihren Benutzern Ereignisse (einzeln oder gesammelt) und Status-Meldungen (Ergebnis der Anwendung von Ereignissen auf Daten).

Ereignisse

Die erste Klasse von Information, die ich betrachte, sind sogenannte Ereignisse[10]. Unter Ereignissen werden in dieser Arbeit Mitteilungen über Aktionen anderer Autoren verstanden. Ereignisse sind Informationen zu Änderungen am Dokument und Änderungen an der Sitzungsinformation (bezugnehmend auf das Modell aus Kapitel 2 allgemein zu Änderungen an der Arbeitsumgebung).

Die wichtigste Anwendung von Ereignissen bei der kooperativen Dokumentenbearbeitung liegt im Hinweis auf aktuell stattfindende Aktionen und in der Lieferung von Information zu den Tätigkeiten und Tätigkeitsbereichen der anderen Autoren. Diese Information wird erstens zur Initiierung spontaner Kooperation und zweitens zur Synchronisation von Tätigkeiten am Dokument benutzt. So könnte beispielsweise abgesprochen sein, daß Autor B mit der Überarbeitung des Schlußkapitels wartet, bis Autor A eine neue Version des Einführungskapitels erstellt hat und B diese gelesen hat. Das Ereignis der Fertigstellung des Einführungskapitels setzt also für B das Zeichen zur Weiterarbeit am Schlußkapitel.[11]

Jedem Ereignis ist normalerweise ein Typ zugeordnet. Dieser Ereignistyp beschreibt die Art der Aktion, auf die sich die Ereignismeldung bezieht. Neben dem Typ sollten Ereignisse noch eine optionale Bewertung des absendenden Benutzers oder der absendenden Anwendung erlauben. Bei Ereignissen, welche Schreibzugriffe auf Dokumentendaten betreffen, wäre beispielsweise im Ereignistyp noch eine Unterscheidung zwischen nicht-abgeschlossenen Versionen ('minor steps', Zwischenversionen) und abgeschlossenen Versionen ('major steps') hilfreich.[12] Eine solche Attributierung von Schreiboperationen ist neben der Hilfestellung bei einer Filterung für den Benutzer insbesondere dann wichtig, wenn Ereignisse direkt in die Historie aufgenommen werden (siehe nächsten Abschnitt). Auch bei dem im letzten Absatz geschilderten Beispiel wäre solche Metainformation notwendig. Falls hier nur das Ereignis 'Beschreiben des Einführungskapitels durch A' gemeldet wird, kann B nicht direkt entscheiden, ob dadurch nur eine neue Zwischenversion entstanden ist, oder ob die Änderungen abgeschlossen worden sind. Autor B braucht noch zusätzliche Information.

Informationen, die zu einem Ereignis gehören, sind:

- Typ der Aktion (z.B. Änderung Textobjekt, neues Textobjekt, neuer Benutzer, Änderung an der Sitzungsinformation),

- Identifikator des Objekts, auf dem die Aktion ausgeführt worden ist,

- Benutzer, der die Aktion initiiert hat,

---

[10]In der Literatur wird oft auch von 'Notifikationen' gesprochen. Nachdem der Begriff Notifikation aber häufig auch rein für die Aktion der Anzeige eines Ereignisses beim Koautor benutzt wird, verwende ich den allgemeineren Begriff 'Ereignis'.

[11]Falls der Gruppeneditor mit einem Workflow-System verbunden ist, kann ein Ereignis genauso dort zu einem Zustandsübergang führen.

[12]Schon in Kapitel 4 ist angesprochen worden, daß bei schreibenden Zugriffen zwischen privaten bzw. nicht-öffentlichen Änderungen und öffentlichen Änderungen unterschieden werden sollte. Dabei konnten die privaten Änderungen sehr wohl verteilt werden, sie durften aber nicht von anderen Autoren weitergeschrieben werden. Die privaten Änderungen von Kapitel 4 entsprächen hier den 'minor steps'.

- Ort, an dem der Benutzer die Aktion durchgeführt hat (Adresse des Rechners, von dem aus die Aktion durchgeführt worden ist),

- je nach Ereignistyp noch zusätzliche Information.

Wie im vorhergehenden Abschnitt motiviert, ist neben diesen Nutzinformationen auch noch die Bereitstellung von Information notwendig, die eine Aussage zur Qualität der Nutzinformation zuläßt. Es ist dazu die Frage zu beantworten, welche Information für den Autor am empfangenden Rechner interessant ist, um ein ankommendes Ereignis richtig zu bewerten. Um diese Frage zu klären, betrachte ich die Aufgaben, die Ereignissen im Gruppenprozeß zukommen.

Die erste Aufgabe von Ereignissen ist die Initiierung von spontaner Kooperation. Dabei nimmt der Ereignisempfänger an, daß der Benutzer, dessen Ereignis gerade angezeigt wird, gerade arbeitet. Wenn das Ereignis schon weiter zurückliegt, dann kann diese Annahme nicht mehr unbedingt getroffen werden. Der Unterschied zwischen dem Zeitpunkt, zu dem das Ereignis stattgefunden hat, und dem Meldezeitpunkt (also dem Zeitpunkt des Eintreffens) muß also bei der Bewertung berücksichtigt werden.

Sinnvoll ist eine Zeitinformation auch für die selektive Anzeige von Ereignissen. Die Zeitinformationen können sehr gut von automatischen Filtern benutzt werden, um auszuwählen, welche Ereignisse dem Benutzer einer Anwendung überhaupt angezeigt werden.

Die Liste der Informationen, die bei einem Ereignis gespeichert sind, wird also um die Werte Erzeugungszeit und Empfangszeit ergänzt. Dabei werden die lokalen Zeiten auf den jeweiligen Rechnern verwendet. Als Genauigkeit der Synchronisation der Uhren reichen für diese Anwendung Sekundenintervalle.

Historie

Empfangene Ereignisse werden gespeichert, um später einen Überblick über den Ablauf der Arbeit am Dokument zu geben. Diese Liste von Ereignissen nennt man auch Historie.

In Kapitel 4 wurde als Grundkomponente der Datenhaltung ein Versionsgraph eingeführt. Neben einer Liste der Vorgänger- und Nachfolgeknoten, sind in den Knoten des Versionsgraphen das Ereignis gespeichert, das zu dieser Version geführt hat, und der aktuelle Stand der Daten[13]. Die Historie entspricht der nach dem Ausführungszeitpunkt geordneten Knotenmenge des Versionsgraphen.

Die Hauptaufgaben der Historie bei der Unterstützung von Kooperation ist die Information über Tätigkeiten der Koautoren während der eigenen Abwesenheit sowie über hauptsächliche Arbeitsgebiete und Verantwortlichkeiten.

---

[13]Zur Optimierung des Platzbedarfs besteht die Möglichkeit, die Daten eines Objekts im Versionsgraphen in Form von Differenzen zur Vorgänger oder Nachfolgeversion zu speichern. Auf diese Differenzenmethode wird im weiteren nicht mehr näher eingegangen, da ihre Verwendung keine konzeptuellen Unterschiede mit sich bringt.

Bei der Darstellung von Änderungen seit der letzten Benutzung oder seit einem bestimmten Zeitpunkt ist wichtig, daß die Ereignisse nach dem Zeitpunkt des Eintreffens geordnet sind. Man will ja keine Unterschiede zwischen zwei globalen Versionen sehen, sondern die Unterschiede zu der Version, die man selbst zu einem bestimmten Zeitpunkt gesehen hat.[14] Auch bei Fragen zur Historie ist also die Zeit, zu der ein Ereignis stattgefunden hat, und die Zeit, zu der es auf dem lokalen Rechner bekanntgeworden ist, zur Einschätzung der Qualität angezeigter Information relevant.

Um die Qualität der Historie einschätzen zu können, ist entscheidend, wie *vollständig* und wie *aktuell* sie ist. Mit der Absetzzeit wird bei Ereignissen die Frage, wann das Ereignis stattgefunden hat, beantwortet. Bei der Historie liefert das Attribut Informationen darüber, welchen Zeitraum die Ereignisse der Historie abdecken.

Darüber hinaus müssen bei der Historie noch folgende Fragen beantwortet werden:

- Sind alle Ereignisse empfangen worden, die im überdeckten Zeitraum stattgefunden haben? (Vollständigkeit)

- Falls die Historie nicht vollständig ist, von wem könnte etwas fehlen?

Beispiel: Wenn Autor A am Montag nachschaut, was seit seinen letzten Änderungen geschehen ist, dann interessiert ihn, ob andere Koautoren vielleicht getrennt vom Netz sind, aber trotzdem am Dokument arbeiten. So könnte Autor B Teile des Dokuments auf seinen Laptop geladen haben, am Wochenende daran gearbeitet haben und die Änderungen erst Montag Mittag wieder einspielen. Ein Hinweis darauf sollte gegeben werden.

Eine vollständige Beantwortung der Fragen erfordert eine globale Sicht mit Informationen darüber, welche Autoren gerade am Dokument arbeiten, welche gearbeitet haben, welche Ereignisse noch nicht übermittelt worden sind. Dies ist aber nicht möglich (wenn keine Ereignisse übermittelt werden können, dann kann auch keine Information über anstehende Ereignisse übermittelt werden).

Lokal verfügbare Information zu den beteiligten Autoren kann hier helfen:

- Wer hat sich angemeldet und noch nicht abgemeldet (d.h. Ereignisse von diesem Benutzer sind möglich)?

- Welche Rechner haben Kopien des Dokuments gespeichert? Sind diese Rechner alle erreichbar?

Zusätzlich zur technischen Erreichbarkeitsinformation sollte noch Zusatzinformation zu den Autoren mit einbezogen werden. So wären beispielsweise Hinweise zu voraussichtli-

---

[14]Hierbei wird davon ausgegangen, daß Benutzer am selben Rechner bleiben. Falls ein Benutzer migriert, können auf dem Zielrechner andere Eintreffzeitpunkte gelten, und es kann so passieren, daß die ermittelte Differenz nicht vollständig oder zu groß ist. Neben dem Zeitpunkt des letzten Kontaktes muß also auf jeden Fall auch der zuletzt benutzte Rechner gespeichert werden, damit im Fall eines Rechnerwechsels der Benutzer bei der Anzeige von Differenzen darauf hingewiesen werden kann, daß die Daten unvollständig sein können.

chen Nichterreichbarkeitszeiten interessant. Eine solche Angabe könnte Rechnern oder Benutzern zugeordnet sein. Aber auch bei den Dokumenten könnten solche Hinweise gespeichert werden. Vergleichbar ist dieses Vorgehen mit dem expliziten Auschecken und Sperren eines Dokuments, bevor man es auf den mobilen Rechner lädt. In realen Büroumgebungen entsprechen dieser Information Zettel im Arbeitsraum, auf denen mitgeteilt wird, daß eine Kopie des Dokuments momentan zu Hause bearbeitet wird.

Um Fragen wie 'Sind noch Anmerkungen von aufgeforderten Reviewern ausständig?' oder 'Habe ich alle Änderungen von Autor B im Dokument?' umfassend beantworten zu können, benötigt man also eine Kombination von Erreichbarkeitsinformation und sozialen Attributen wie Urlaubszeiträume oder Unerreichbarkeitszeiten.

Nachdem die Sitzungsdaten auch unvollständig und veraltet sein können, ist in allen Bereichen zusätzlich noch Information zum Status des Rechnernetzes selbst interessant. Das beinhaltet hauptsächlich Information zur Erreichbarkeit der beteiligten Rechner.

Insgesamt läuft die notwendige Information auf eine 'erweiterte Sitzungsinformation' hinaus. Umfang und Inhalt dieser erweiterten Sitzungsinformation werden im Abschnitt 5.4 genauer herausgearbeitet.

Inhalte, Status

Ereignisse und Historie beziehen sich auf Änderungen im Dokument oder an den Sitzungsdaten. Als dritte Klasse von Information kann man den aktuellen Zustand der Daten selbst betrachten. Dabei handelt es sich um:

- Dokumenteninhalt

- Anmerkungen zum Dokument

- Sitzungsinformation (z.B. Liste aktuell arbeitender Autoren)

Solche Information bezeichnet man allgemein auch als 'Status'.

Bezüglich Informationsqualität gilt bei diesen absoluten Inhalts- und Statuswerten das schon bei der Historie gesagte. Bei den Daten handelt es sich um eine Anwendung der Ereignisse in der Historie auf einen Ausgangszustand, also eine andere Sichtweise der Historie.

Es wird also auch hier eine um technische und soziale Attribute erweiterte Sitzungsinformation benötigt.

Zusammenfassung

In diesem Abschnitt habe ich motiviert, daß zur Ermöglichung einer Bewertung der Qualität von Awarenessinformation die bisher definierte Awarenessinformation um zusätzliche Attribute bei den Ereignissen (Sende- und Empfangsdatum) und um zusätzliche Attribute in der Sitzungsinformation erweitert werden muß (Netzzustand sowie technische und soziale Informationen zur Erreichbarkeit der Autoren).

Zusammengefaßt sollte der Datenhaltungs- und Ereignisdienst also folgende Typen von Awarenessinformation bereitstellen:

- Ereignisse zu aktuellen Dokumentenänderungen und zu Änderungen an der (erweiterten) Sitzungsinformation,
- Historie der Änderungen am Dokument,
- Sitzungsinformation (Status der Autoren eines Dokuments),
- Statusinformation zu den Rechnern mit Replikaten eines Dokuments und
- Historie der Änderungen am Status der Autoren und Rechner.

Die letzten drei Punkte sind in der erweiterten Sitzungsinformation zusammengefaßt.

5.4 Spezifikation der erweiterten Sitzungsinformation

Die Benutzer- und Sitzungsinformation hat zuerst einmal die Aufgabe, ein Bewußtsein über die aktuelle Zusammensetzung der Gruppe zu vermitteln, um einen nahtlosen Übergang zu synchroner Kooperation zu erlauben (spontane Kooperation). Nach den Ausführungen des letzten Abschnitts müssen die Aufgaben der Sitzungsinformation zusätzlich um die Vermittlung eines Bewußtseins zum technischen und sozialen Status des Netzes bzw. der einzelnen Teilnehmer erweitert werden. Diese Information soll vor allem dazu dienen, eine Bewertung der Awarenessinformation zuzulassen.

Es gilt nun zu klären, was die erweiterte Sitzungsinformation genau beinhalten soll. Dabei gehe ich von den in Abschnitt 5.1 zusammengestellten Forderungen für die einfache Sitzungsinformation aus und erweitere diese. Die in Abschnitt 5.1 aufgelisteten Informationsanforderungen sind:

- aktuelle Gruppenzusammensetzung (beteiligte Personen und Information zu diesen Personen (Arbeitsfokus, aktiv/passiv)) und
- Historie der Gruppenzusammensetzung (zumindest neben der Liste der aktuell aktiven Autoren eine Liste aller jemals an der Sitzung beteiligten Autoren).

Zur Befriedigung der Forderung nach der Bewertbarkeit vorhandener Information, benötigen wir zusätzlich genauere Information zum Status der Autoren (sowohl zur technischen Situation, als auch zur sozialen Situation). In Hinblick auf die technische Situation wird auch Information zur Verfügbarkeit der beteiligten Rechner benötigt.

In den folgenden Absätzen wird die anzubietende Information zusammengetragen, motiviert und genau spezifiziert. Nicht eingegangen wird dabei auf die Art und Weise, wie diese Information beschafft und verteilt werden kann. Dies geschieht im nachfolgenden Kapitel 6.

Dokument

Der erste Teilbereich, zu dem Informationen in der Sitzungsinformation enthalten sein sollten, ist das einzelne Dokument selbst. Neben einer Liste aller Autoren, die an der Bearbeitung des Dokuments beteiligt sind oder waren, ist zur Feststellung der Autoren, die ein Dokument geändert haben könnten, interessant, welche Rechner eine lokale Kopie des Dokuments[15] speichern. Falls alle diese Kopien erreichbar sind und auch mitgeteilt haben, daß von ihnen keine neuen Replikate erzeugt worden sind, dann hat man eine vollständige Sicht auf das Dokument.

Weitere dokumentenbezogene Informationen, die in der bisherigen Diskussion als notwendig identifiziert worden sind, waren Information zu Arbeitsbereichen und Reservierungsinformationen ('soziale Sperren', vgl. Kapitel 4). Der erste Informationstyp ist für das Gruppenbewußtsein notwendig, der zweite Informationstyp dient der Koordination und der Abwicklung sozialer Protokolle. Reservierungen haben reinen Informationscharakter und können von den Autoren selbst eingetragen und gelöscht werden. Nachdem das Löschen einer Reservierung nicht sofort an alle Teilnehmer verteilt werden kann, wäre es zusätzlich noch sinnvoll, einen eventuell bekannten Endzeitpunkt der Reservierung anzugeben. Damit hat das System die Möglichkeit, den Reservierungseintrag trotz unterbrochener Kommunikation selbst wieder zu löschen.

Schließlich wurde noch die Notwendigkeit eines Statuswertes zur Information über den aktuellen Zustand angesprochen. Mögliche Anwendungen bestehen z.B. in der Kombination mit Workflow-Anwendungen. Beim Statuswert sollte es möglich sein, einen freien Text einzutragen. Zusätzlich wäre auch noch ein Kommentar zum Status hilfreich.

Zusammenfassend werden zum Dokument neben der Historie der Änderungen noch folgende Informationen benötigt:

- Objektidentifikator des Strukturobjekts (Dokumentenidentifikator),

- Statusstring,

- Kommentar zum Statusstring,

- Liste der Autoren, die an der Bearbeitung des Dokuments beteiligt sind oder waren,

- Liste der Rechner, auf denen Replikate des Dokuments liegen,

- Arbeitsbereiche der Autoren (hier können getrennte Arbeitsbereiche für Lesen und Schreiben geführt werden),

- Liste der Bereiche, die von Autoren reserviert sind (Bereichskennzeichner, Identifikator des Autors und optional die Angabe eines Termins, bis zu dem die Reservierung gelten soll).

---

[15]Da nach dem Dokumentenmodell der Datenhaltung ein Dokument aus einer Menge von Objekten besteht, die auch unabhängig voneinander repliziert werden können, wird hier der Begriff 'Dokument' auf die kleinste Teilmenge aller Replikatmengen bezogen, also auf das Strukturobjekt.

Beteiligte Personen

Auch zu den einzelnen Personen muß noch nähere Information angeboten werden. Diese kann größtenteils unabhängig von den Dokumenten betrachtet werden. Es ist zwischen zwei Bereichen zu unterscheiden. Der erste Bereich beinhaltet Information zu technischen Aspekten des Systems. Dazu gehören die Dokumente, welche die Autoren aktuell bearbeiten, oder der Umstand, ob ein Autor gerade arbeitet oder nicht. Der zweite Bereich beinhaltet Zusatzinformation zum sozialen Umfeld. Zur Zusatzinformation gehören beispielsweise Gründe und Dauer einer Abwesenheit. Die beiden Klassen von Attributen unterscheiden sich unter anderem dadurch, daß die technischen Attribute meist vom System selbst ermittelt werden können, für die Ermittlung der sozialen Attribute aber eine Mithilfe der Benutzer notwendig ist.

Technische Attribute

Die technischen Attribute zu Personen kann man sich sehr gut an der Analogie "elektronische Gruppe – lokale Gruppe" in einem gemeinsamen Raum klarmachen. Arbeitet man in einem gemeinsamen Raum zusammen oder auch in einem gemeinsamen Stockwerk, dann sieht man neben einem Organisationsplan, der beinhaltet, welche Personen an der Arbeit beteiligt sind, auch, wer gerade anwesend ist, was die Einzelnen machen und eventuell auch, woran sie arbeiten. Diese Möglichkeiten sollten auch im Gruppeneditor vorhanden sein. Es sollte also Information verfügbar sein, die ermöglicht festzustellen, wer gerade anwesend ist und was eine einzelne Person gerade macht.

Beim Status einer Person ist als erstes zu unterscheiden, ob die Person gerade aktiv oder passiv ist. Aktiv kann bedeuten, daß der Autor gerade einen Editor zur Bearbeitung eines bestimmten oder eines unbestimmten Dokuments gestartet hat, bei einem Rechner angemeldet ist und mit irgendeiner Anwendung arbeitet oder er einfach nur bei einem Rechner angemeldet ist.

Im Hinblick auf die Aufgabe der Sitzungsinformation (Ermöglichung eines Gruppenbewußtseins) ist es sinnvoll, diese Information zum Status einer Person bereitzustellen. Die Analogie des gemeinsamen Arbeitsraums zeigt, daß auch dort das volle Spektrum an Information zur Verfügung steht.

Die bisher vorgestellten Statuswerte betreffen die aktuelle Situation bei den Benutzern. Wie weiter vorne in diesem Kapitel dargestellt, soll die erweiterte Sitzungsinformation aber auch genutzt werden, um die Qualität solcher Information darzustellen. Gerade bei längeren Verbindungsausfällen macht es nun keinen Sinn mehr, solch detaillierte Statusinformation zu liefern, die vielleicht gar nicht mehr gültig ist. Hier ist es notwendig, die Nichterreichbarkeit in den Status aufzunehmen. Es ergibt sich also noch ein weiterer Statuswert, der zu berücksichtigen ist: "Aktiv, aber nicht mehr erreichbar". Das bedeutet, daß sich der Autor angemeldet und bisher nicht wieder abgemeldet hat. Der Rechner, an dem der Autor arbeitet, ist nicht über das Rechnernetz erreichbar.

Konkret sind folgende Statuswerte vorzusehen:

- `ACTIVEinDOC`: Der Autor sitzt am Rechner und arbeitet in einem Dokumenteneditor der Editorumgebung (durch ein zusätzliches Attribut Dokumentenliste bzw. über die Arbeitsbereiche ist feststellbar, ob der Autor an einem bestimmten Dokument arbeitet).

- `ACTIVEinDOCidle`: Der Autor hat zwar einen Dokumenteneditor gestartet, hat aber schon seit einiger Zeit keine Eingaben mehr am Rechner gemacht.

- `ACTIVE`: Der Autor arbeitet am Rechner, hat aber keinen Dokumenteneditor gestartet.

- `ACTIVEidle`: Der Autor ist angemeldet, hat keinen Dokumenteneditor gestartet und schon seit einiger Zeit keine Eingaben mehr am Rechner gemacht.

- `OFFLINE`: Der Autor war erreichbar und hat sich nicht explizit abgemeldet, sein Rechner ist aber gerade nicht erreichbar.

- `PASSIVE`: Der Autor hat sich abgemeldet.

Neben einem Augenblickswert muß auch Information zur zu erwartenden Erreichbarkeit eines Autors verfügbar sein. Eine Vorhersage der Erreichbarkeit ist durch den Ereignisdienst nicht möglich. Den Autoren kann aber Information zur bisherigen Verfügbarkeit präsentiert werden. Daraus können sie, eventuell mit zusätzlicher Hintergrundinformation, selbst Extrapolationen anstellen. Es sollte also eine Historie der Änderungen am Benutzerstatus gespeichert werden. An dieser Stelle muß nochmal auf die Privatsphäre der Benutzer hingewiesen werden. Die Speicherung der zurückliegenden Erreichbarkeiten wird sicher nicht von jedem Benutzer gewünscht und sollte daher fakultativ sein. Damit die Bereitstellung dieser Information nicht von jedem Benutzer abgelehnt wird, kann man vorsehen, daß die Historie nur für einen beschränkten Zeitraum gespeichert wird. Das sollte die Akzeptanz steigern und bringt beinahe denselben Nutzen.

Soziale Attribute

Das erste, woran man bei 'sozialen Attributen' denkt, sind die in Kapitel 2 und 3 erwähnten Rollen. Zu jedem Benutzer und Dokument sollte gespeichert werden können, welche Rolle der Benutzer bei der Bearbeitung dieses Dokuments einnimmt.

Soziale Attribute können auch zu oben definiertem Statuswert beitragen. Dabei ist zu unterscheiden zwischen Angaben, die technische Attribute erklären (Urlaubs-Schild)[16] und solchen, die technische Attribute einfach nur überlagern ('Nicht-Stören'-Schild). Solche Information wird auch in traditionellen Büroumgebungen durch Zettel an den Türen oder durch Aushänge im Sekretariat verfügbar gemacht.

Neben dem Attributwert selbst sollte als Zusatzinformation erstens einen Erklärungstext und zweitens ein Zeitraum (oder eines Zeitpunkt, bis zu dem der Status gibt) möglich sein. Nachdem die sozialen Attribute einen technischen Status (OFFLINE, PASSIVE) überlagern,

---

[16] Die Information, daß ein Autor in Urlaub ist, 'erklärt' beispielsweise den technischen Statuswert 'PASSIV'.

ist diese Zeit der Beendigung eines Zustands nicht nur zur Information der Koautoren wichtig, sondern auch zur Bestimmung der Gültigkeit der Überlagerung, damit das System nach Ablauf der Zeit wieder auf die technischen Attribute wechseln kann und nicht fälschlicherweise die Zusatzhinweise weiter anzeigt.

Konkret werden also Möglichkeiten benötigt, um anzuzeigen, daß man zwar am Arbeitsplatz erreichbar ist, aber nicht gestört werden will, oder, daß man nicht am Arbeitsplatz erreichbar ist. Bei beiden Möglichkeiten sollte eine genauere Spezifikation durch einen optionalen freien Kommentar möglich sein. Für einen regelmäßig auftretenden Fall der Abwesenheit, den Urlaub, sehen wir gleich einen zusätzlichen Statuswert vor (auch in Büroumgebungen gibt es Türschilder für Dienstreisen und Erholungsurlaub).

Die Liste der möglichen Statuswerte ist also um folgende Werte zu ergänzen:

- VACANCY: Der Autor ist in Urlaub.

- DOnotDISTURB: Der Autor will momentan nicht gestört werden. Information zu seiner An- oder Abwesenheit soll nicht angezeigt werden.

- OUTSIDE: Der Autor ist momentan außerhalb seines Büros unterwegs und kann deshalb nicht erreicht werden.

Änderungen dieser drei Werte sollten auch in die Historie der Änderungen des Benutzerstatus eingehen. Hier ist aber wieder im Hinblick auf verschiedene Wünsche bei der Privatsphäre eine Möglichkeit, diesen Dienst auszuschalten, vorzusehen. Das Abschalten sollte für jeden Wert separat möglich sein. Je nach sozialem Protokoll kann zum Beispiel das Setzen des Wertes DOnotDISTURB, außer für die jeweilige Gültigkeitszeit, keinen Informationsgehalt haben. In diesem Fall sollten solche Änderungen auch nicht in die Historie aufgenommen werden.

Der soziale Status, wie er in diesem Abschnitt besprochen worden ist, und die anderen am Anfang des Abschnitts angesprochenen, fest definierten Attribute, gehören zum persönlichen Profil des Autors. Dort sollten neben den festen Attributen beliebige andere Attribute eingebracht werden können. Diese werden mit einem Zeitstempel der letzten Änderung versehen und einfach verbreitet. Beispiele für solche Attribute sind die Telefonnummer und die E-Mail-Adresse des Autors. Neben freiem Text sollten diese Daten aber auch von Anwendungen benutzt werden können (z.B. E-Mail-Adresse an ein Mail-Programm weitergeben).

Auch zu den sozialen Attributen zählt die schon weiter vorne erwähnte Information über den Grund der Beschäftigung der Koautoren mit anderen Dingen. Diese Information ist beispielsweise dann nützlich, wenn ein Autor merkt, daß ein anderer Koautor schon lange nicht mehr am gemeinsamen Dokument gearbeitet hat. Hier kann das Vorurteil entstehen, daß die Arbeit abgeschoben werden soll. Falls aber erkennbar ist (ohne direkte Nachfrage), daß der andere Autor momentan voll mit einem anderen dringenden Projekt beschäftigt ist, ist die Situation damit sofort geklärt. In traditionellen Büroumgebungen taucht solche Information bei formellen und informellen Gruppenmeetings auf oder kann durch indirekte Beobachtung erlangt werden. Im Gruppeneditor wären hier Information über Projekte, an denen eine

Person beteiligt ist, und Zeitpläne hilfreich. Diese Information kann nun nicht mehr alleine durch die Anwendungen der Editorumgebung ermittelt werden oder explizit vom Benutzer eingegeben werden. Hier ist eine Anbindung an andere Anwendungen der Gruppenumgebung notwendig. Die Personendaten der Datenhaltung des Editors sollten aber auf jeden Fall frei definierbare Attribute vorsehen, um solche Daten aufnehmen zu können.

Insgesamt sollte der Datenhaltungs- und Ereignisdienst also folgende Informationen zu einem Autor bereitstellen:

- Identifikator des Benutzers,

- Name des Benutzers,

- Status den Benutzers,

- Kommentar zum Status,

- Zeitpunkt, bis zu dem der Status gültig ist,

- Historie der Änderungen des Benutzerstatus,

- Liste der Rechner, auf denen der Benutzer arbeitet oder gearbeitet hat,

- Liste der Dokumente, an deren Bearbeitung der Benutzer beteiligt ist oder war,

- Liste der Rollen, die der Benutzer in verschiedenen Dokumenten einnimmt,

- Zeitpunkt, zu dem der Benutzer zuletzt angemeldet war,

- Rechner, an dem der Benutzer zuletzt angemeldet war und

- Dokument, das der Benutzer zuletzt bearbeitet hat.

Zu den sozialen Attributen an sich kann man noch bemerken, daß damit zur Zuordnung von Qualitätsinformation wieder Teile der am Anfang dieses Kapitels ausgeklammerten Awarenessinformation zur Aufgabe und zur Gruppe herangezogen werden. Die in Abschnitt 5.1 getroffene Entscheidung, die Sammlung und Bereitstellung dieser Informationen rein dem Benutzer zu überlassen, muß also insoweit abgeändert werden, als der Benutzer besonders ermuntert und unterstützt werden muß, diese Information bereitzustellen. Bei der Beschaffung sozialer Attribute können Schnittstellen zu anderen Informationssystemen (z.B. Organisationsdatenbanken) sehr hilfreich sein. Im Datenhaltungs- und Ereignisdienst müssen aber auf jeden Fall Standardattribute für die sozialen Attribute vorgesehen werden, damit die Benutzerschnittstellen automatisch darauf zurückgreifen können.

Beteiligte Rechner

Nun müssen wir noch die Forderung nach Hilfe bei der Gewinnung eines Bewußtseins zum aktuellen Status des Kommunikationsnetzes bzw. genauer zum Status der Kommunikationsverbindungen zwischen den beteiligten Rechnern betrachten. Ziel dieses Informationsbereichs soll es sein, ein Bild der für die Arbeit am Dokument relevanten Rechner und ihrer Erreichbarkeit vom lokalen Rechner aus darstellen zu können.

Diese Information wird benötigt, um Fehler wie Netzpartitionierungen und Ausfälle von Kommunikationsverbindungen sowie transiente Fehler wie Paketverluste anzuzeigen, aber auch um Situationen wie z.B. die bewußte Trennung der Netzverbindung bei mobilen Rechnern bekanntzumachen. Wie bei den Benutzerattributen gibt es auch hier wieder technische Attribute und benutzerbestimmte Attribute.

Als erstes wird auch für Rechner einen Statuswert definiert. Neben dem Erreichbarkeitsstatus des gesamten physikalischen Rechners wird in diesen Wert auch den Status der Dämonprozesse der Datenverwaltung des Editors aufgenommen:

- `REACHABLE`: Der Rechner und die notwendigen Dämonprozesse sind erreichbar.

- `DAEMONSdown`: Der Rechner ist erreichbar, die Dämonprozesse laufen aber nicht.

- `notREACHABLE`: Der Rechner ist nicht erreichbar (zusätzliche Information darüber, wie lange der Rechner schon nicht mehr erreichbar ist und wann die Nichterreichbarkeit festgestellt worden ist)

- `DISCONNECTED`: Der Rechner ist nicht erreichbar, diese Situation ist aber angemeldet (zusätzlich optional Zeitpunkt, bis zu dem der Zustand anhalten wird, und Kommentar)

Wie beim Benutzerstatus ist auch hier wieder eine zeitweise Speicherung der Änderungen am Rechnerstatus sinnvoll. Zusätzlich zum Statuswert selbst, sollte der Datenhaltungs- und Ereignisdienst also noch eine Historie der Änderungen des Erreichbarkeitsstatus eines Rechners innerhalb eines beschränkten Zeitraums zur Verfügung stellen.

Neben dem Erreichbarkeitsstatus interessieren zu einem Rechner noch allgemeine Daten (Rechnertyp, Anschlußtyp, E-Mail des Systemverantwortlichen). Diese können wieder durch semi-formale, benutzerdefinierte Attribute verbreitet werden.

Schließlich sind zur Ermittlung der Auswirkungen einer Nichterreichbarkeit noch Informationen zu den Replikaten wichtig, die auf einem Rechner gespeichert werden. Genauso sollte Information darüber verfügbar sein, welche Benutzer auf einem Rechner arbeiten oder gearbeitet haben.

Zusammengefaßt besteht die Rechnerinformation also aus folgenden Komponenten:

- Identifikator des Rechners,
- Name des Rechners,

- Status des Rechners,
- Kommentar zum Status,
- Zeitpunkt, bis zu dem der Status gültig ist,
- Historie der Änderungen des Rechnerstatus,
- Liste der Benutzer, die auf diesem Rechner arbeiten oder gearbeitet haben und
- Liste der Dokumente, von denen auf diesem Rechner Replikate existieren.

5.5 Informationsanzeige

Wie schon am Anfang des Kapitels erwähnt, soll und kann in dieser Arbeit nicht genauer auf die Aspekte der Filterung und Darstellung der verfügbaren Information eingegangen werden. In diesem Abschnitt sollen deshalb nur ein paar Ideen präsentiert werden, die einen Eindruck davon vermitteln, was man mit der vorhandenen Information anfangen kann und was man bei der Anzeige beachten sollte.

Die eben spezifizierte erweiterte Sitzungsinformation kann zum einen direkt durch Auflistung der Attribute zu einem Dokument, Benutzer oder Rechner abgerufen werden. Diese Funktionalität sollte auf jeden Fall angeboten werden. Beim Auflisten sollte ein Ausblenden von Daten, die nur zur Aktualitätssicherung dienen, möglich sein. Weiterhin sollte eine einfache Navigation möglich sein (Hypertext, Links).

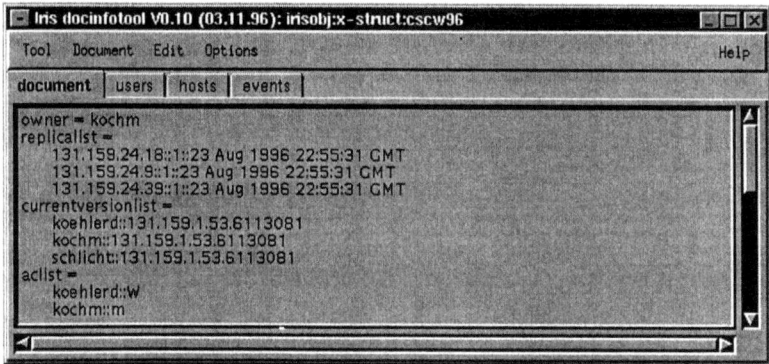

Abbildung 5.1: Anzeige der Daten als Auflistung der Attribute

Abbildung 5.1 zeigt eine solche Anwendung zum Abruf der Dokument-, Benutzer- und Rechnerinformation. Zu jedem Datensatz wird eine Seite mit der Auflistung aller Attribute des Datensatzes bereitgestellt. Durch anwählbare Verweise kann man schnell zu anderen Seiten gelangen. Auf der Benutzerseite wird beispielsweise auf alle Rechner verwiesen, auf denen der Benutzer aktiv war und auf alle Dokumente, an denen er mitarbeitet. Durch Anklicken der Namen werden die entsprechenden Informationsobjekte dargestellt.

Neben der reinen Auflistung der vorhandenen Datengruppen ist auch eine hilfreichere Aufbereitung und Zusammenstellung der Daten möglich. Eine sinnvolle Gruppierung und Integration verschiedener Daten, die miteinander in Verbindung stehen, kann das Ziel der Vermittlung eines Bewußtseins zur Gruppensituation unterstützen.

Aufbereitung der Benutzerliste

Die Informationen zu den Benutzern, die an der Dokumentenbearbeitung beteiligt sind, könnten in Form einer attributierten Benutzerliste zusammengefaßt werden.

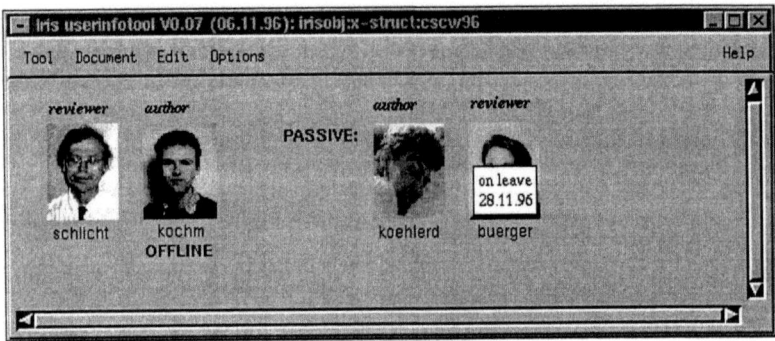

Abbildung 5.2: Zusammengesetzte Informationsdarstellung zu den an einem Dokument beteiligten Autoren

Dabei kann nicht nur die Liste der Autoren selbst visualisiert werden, sondern auch gleich ihr momentaner Status, ihre Rollen und zusätzliche Informationen. Eine Möglichkeit wäre, die Benutzer durch Icons oder Portrait-Bilder darzustellen. Der Status kann durch Aufteilung der Liste in mehrere Bereiche (aktiv - passiv) oder durch farbliche Kennzeichnung der Bilder oder der darunterstehenden Benutzernamen dargestellt werden. Weiterhin kann das Benutzericon zur Darstellung von Information zu Urlaub, Mobilität, Abwesenheit und technisch bedingter Nicht-Erreichbarkeit durch andere Graphiken überlagert werden, die dann auch noch zusätzliche Information darstellen (analog zum Urlaubsschild an der Bürotür). Ebenso kann bei Netzproblemen ein Hinweis durch die Darstellung kleiner Pictogramme bei den Benutzericons erfolgen.

Mit einer solchen Darstellung hat man den großen Vorteil, daß man mit einem Blick die wichtigste Information aufnehmen kann und durch genaueres Hinschauen noch zusätzlich Details erfährt. Um alle Details verfügbar zu machen, könnten noch Möglichkeiten integriert werden, um durch das Anklicken eines Benutzericons zur detaillierten Darstellung der zugehörigen Attribute zu gelangen.

Aufbereitung der Rechnerinformation

Ähnlich wie bei der Benutzerliste kann auch zur Darstellung der Netzsituation eine Übersichtsanwendung realisiert werden. Dazu kann für alle beteiligten Rechner ein Icon dargestellt werden, das den Status des Rechners repräsentiert. Die Abhängigkeiten der Rechner könnten durch Integration von zugrundeliegender Netzinfrastruktur in das Bild visualisiert werden oder einfach nur durch Clusterung der Rechnericons entsprechend ihrer Standorte oder Abhängigkeiten.

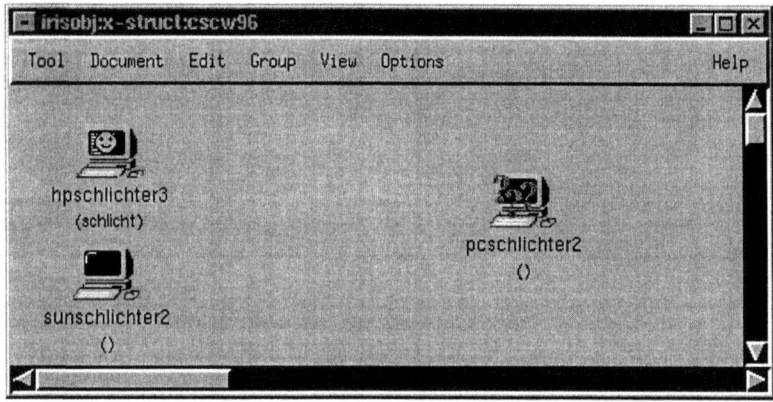

Abbildung 5.3: Informationszusammenstellung zum Netzstatus

Bei den Rechnericons selbst könnte weiterhin Information zu den Benutzern an diesen Rechnern oder zu den Dokumenten auf dem Rechner angezeigt werden. Schließlich wäre auch wieder eine Anwahl einer Detaildarstellung eines Datensatzes durch Anklicken eines Rechnericons denkbar.

Neben den Funktionalitäten zur Informationsdarstellung ist es noch möglich, in solche Sichten Links zu zusätzlichen Aktionen einzubauen. So wäre bei der Benutzersicht denkbar, daß man eine Gruppe der Icons auswählt und per Tastendruck alle zu einer Videokonferenz auffordert bzw. durch Anklicken eines Icons ein E-Mail-Programm zum Versenden einer Nachricht startet, wobei die Felder wie Empfänger der Nachricht oder Betreff schon ausgefüllt sind.

Bei allen Anwendungen zur Informationsdarstellung ist natürlich auch die Konfigurierbarkeit zu beachten. Der Benutzer oder die ganze Arbeitsgruppe soll erstens die Wahl haben, ob er eine bereitgestellte Anwendung oder eine bereitgestellte Sicht überhaupt nutzt, und sollte zweitens bereitgestellte Sichten auch entsprechend der lokalen Anforderungen und Wünsche modifizieren können.

Mit diesen Überlegungen schließe ich die Konzeption des Informationsmodells ab. Die hier spezifizierte 'erweiterte Sitzungsinformation' bietet einer Autorengruppe die Möglichkeit, den Wert normaler Awarenessinformation einschätzen zu können. Wie in Abschnitt 5.2 motiviert, ist dies vor allem dann notwendig, wenn durch unzuverlässige oder schmalbandige Verbindungen die Qualität der Awarenessinformation ungewiß ist. Nachdem bisher bei der Konzeption von Groupware mit Einsatzgebieten, die über lokale Netzwerke hinausgehen, der Aspekt des Gruppenbewußtseins noch nie konsequent untersucht und verfolgt worden ist, bieten die Ergebnisse dieses Kapitels zusammen mit den grundlegenden Betrachtungen aus Abschnitt 2.4 eine neue Grundlage für die Konzeption von Groupware. Die Erarbeitung und Umsetzung der erweiterten Sitzungsinformation stellt damit neben der Analyse der Anforderungen an einen Gruppeneditor eine sehr wichtige Neuerung dieser Arbeit dar. Erst mit der erweiterten Sitzungsinformation ist eine räumlich verteilte Zusammenarbeit in Weitverkehrsnetzen möglich.

Zusammen mit den Ergebnissen aus Kapitel 4 ist damit der Datenhaltungs- und Ereignisdienst spezifiziert. Der nächste Schritt, die Implementierung des Dienstes, wird im folgenden Kapitel behandelt.

Kapitel 6

```
                    | kooperative Dokumentenerstellung            |
                    | Unterstützung kooperativer Dokumentenerstellung |
           | Verteilte Systeme / Datenhaltung |
                    | Gruppenbewußtsein und Information
                      speziell WANs, mobile Rechner |
                    | **Konzeption und Implementierung des Daten/Info-Dienstes** |
                    | Einsatz in der Gruppeneditorumgebung Iris   |
```

Realisierung der Datenhaltungs- und Informationsschicht

Dieses Kapitel faßt die Ergebnisse der letzten beiden Kapitel, d.h. die Konzepte für den Datenhaltungsdienst aus Kapitel 4 und die Zusammenstellung der bereitzustellenden Awarenessinformation aus Kapitel 5 zusammen und präsentiert die Umsetzung und Implementierung des Datenhaltungs- und Ereignisdienstes.

6.1 Aufbau der Datenhaltungsschicht

Aus den Überlegungen zu kooperativer Dokumentenerstellung in Kapitel 2 und den Betrachtungen zu Anforderungen an Gruppeneditoren wurde am Ende von Kapitel 3 ein erstes Gesamtmodell einer Gruppeneditorumgebung motiviert. In Kapitel 4 wurde zuerst näher auf die Besonderheiten einer Einsatzumgebung mit Weitverkehrsnetzen und mobilen Rechnern näher eingegangen und dann ein Konzept für die Datenhaltung in einer solchen Umgebung vorgestellt (siehe dazu Abbildung 4.5 auf Seite 90). Kapitel 5 hat schließlich noch die Anforderungen an die Informationsdienste zusammengetragen und eine Spezifikation der bereitzustellenden Information erarbeitet.

Ziel dieses Kapitels ist es, die bisher vorgestellten Ergebnisse zusammentragen und daraus eine Realisierung des Datenhaltungs- und Ereignisdienstes zu erarbeiten. Dazu wird zuerst noch einmal auf den Aufbau des Dienstes und seiner Software-Komponenten eingegangen. Der Rest des Kapitels befaßt sich dann mit der Funktionalität des Dienstes und der Art und Weise, wie diese Funktionalität in den Software-Komponenten erbracht wird.

Basis des Datenhaltungs- und Ereignisdienstes ist das am Ende von Kapitel 4 vorgestellte Modell der Datenhaltungsschicht: Die Datenhaltungsschicht ist in einzelne Komponenten aufgeteilt, die auf alle beteiligten Rechner verteilt sind. Die lokalen Komponenten verwalten die Replikate der Dokumentenobjekte, wickeln Zugriffe der lokalen Anwendungen auf den Objekten ab und tauschen die Änderungen mit den Komponenten auf den anderen Rechnern aus. Die einzelnen Komponenten der Datenhaltungsschicht sind alle gleichberechtigt, es gibt also keine ausgezeichneten Komponenten. Abbildung 6.1 zeigt diese Grundarchitektur im Überblick.

Nachdem die Datenhaltungsschicht nach den Ausführungen von Kapitel 3 auch für die Implementierung des Ereignisdienstes zuständig ist, kommen zu den eben erwähnten Aufgaben der Komponenten als zusätzliche Aufgaben die Erzeugung und Verteilung von Awarenessinformation (speziell die erweiterte Sitzungsinformation) hinzu.

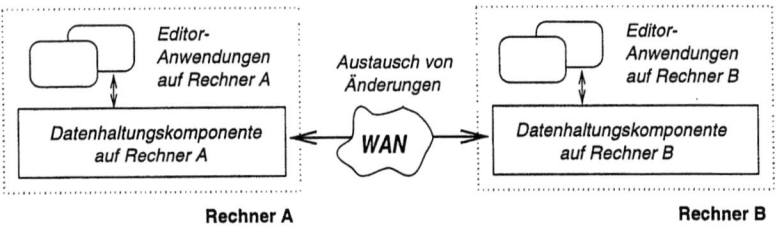

Abbildung 6.1: Aufbau der Datenhaltungsschicht

Kommunikation der Komponenten der Datenhaltungsschicht

Bevor auf den Aufbau der Komponenten oder die genaue Funktionalität der Datenhaltungsschicht eingegangen wird, ist zuerst noch zu klären, wie die Kommunikation zwischen den Komponenten realisiert wird.

Wie in Kapitel 4 angesprochen, benötigen die Komponenten der Datenhaltungsschicht zwei verschiedene Dienste zur Kommunikation untereinander:

- Zum regelmäßigen gegenseitigen Abgleich der Replikate nach dem 'anti-entropy'-Prinzip wird *synchrone und asynchrone 1:1 Kommunikation* benötigt.

- Zur Verteilung von Änderungsmitteilungen an alle erreichbaren Sitzungsteilnehmer wird *asynchrone 1:n Kommunikation* benötigt, wobei nicht sichergestellt sein muß, daß eine Nachricht alle Replikate erreicht. (Falls Replikate von solchen Nachrichten nicht erreicht werden, erhalten sie die Änderungen durch den Abgleichsprozeß.)

Bei der Wahl des Kommunikationsprotokolls für die 1:1-Kommunikation bietet es sich an, das flexible Internet-Socket-Konstrukt (TCP/IP Protokoll) zu verwenden. Damit können erstens asynchrone Nachrichten an einen durch seine IP-Adresse bekannten Kommunikationspartner gesandt werden, und zweitens kann eine zweiseitige synchrone Verbindung mit einem solchen Kommunikationspartner aufgebaut werden.

Neben der Wahl, wie das Versenden von Nachrichten abgewickelt wird, ist noch zu klären, wie die Adressen der möglichen Partner beim Abgleich der Daten ermittelt werden können. Hierfür kann man die bei der Spezifikation der erweiterten Sitzungsinformation geforderte Liste aller Rechner, die ein Replikat eines bestimmten Dokuments speichern, benutzen.

Auch für die 1:n-Verteilung von Änderungsmitteilungen könnten TCP/IP-Sockets verwendet werden. Mit Hilfe der lokal verwalteten Liste aller Replikatbesitzer könnte das Senden einer Nachricht an alle erreichbaren Replikate in eine Folge von 1:1-Nachrichten aufgelöst werden.

Problem bei diesem Vorgehen ist die Konsistenthaltung der Rechnerliste und ganz besonders das Neuanlegen von Replikaten. Will eine Datenhaltungskomponente ein neues Replikat anlegen, dann müßte sie zumindest einen der replikatbesitzenden Rechner kennen und über diesen auf eine Kopie der Rechnerliste zugreifen. Es ist also auf jeden Fall ein zusätzlicher Dienst zu realisieren, der einen Zugang zur Gruppe der Rechner mit Replikaten eines Dokuments erlaubt. Zusammen mit der kritischen Konsistenthaltung der lokal gespeicherten Liste aller Replikate wären hier komplexe Protokolle notwendig, um ein akzeptables Verhalten zu erreichen.[1]

Anstatt diese Zusätze in das Protokoll zwischen den Datenhaltungskomponenten zu integrieren, ist es möglich, auf existierende Dienste zur Gruppenkommunikation aufzusetzen.[2] Die Grundidee bei Gruppenkommunikation ist, daß der Sender seine Nachricht nicht mehr einzeln an jede Teilkomponente schickt, sondern nur noch einmal an eine Gruppenkennung (bei der Datenhaltung des Gruppeneditors beispielsweise an die Gruppe der Komponenten, die Replikate eines bestimmten Dokuments besitzen). Der Gruppenkommunikationsdienst[3] sorgt für die Verteilung der Nachricht auf die einzelnen Rechner. Dazu werden verschiedenste Protokolle oder auch spezielle Fähigkeiten der Hardware bzw. tiefer Netzwerkschichten genutzt (z.B. IP-Multicast). Zur Abwicklung des Versendens ermitteln viele der Gruppenkommunikationsdienste eine Gruppensicht, d.h. eine Aufstellung der momentan erreichbaren Gruppenmitglieder. Diese Sicht kann meist auch abgefragt werden und könnte im Datenhaltungsdienst beispielsweise auch anstatt der lokalen Liste aller Replikate zur Ermittlung eines Partners beim direkten Abgleich genutzt werden.

Für die weiteren Beschreibungen sei folgende Minimalforderung festgelegt: Es existiert ein Dienst, mit dem man sich für die Multicastgruppe eines Dokumentenobjekts registrieren kann und mit dem Nachrichten an alle momentan erreichbaren Mitglieder der Gruppe gesendet werden können. Über diesen Dienst wird die Verteilung von Änderungsmeldungen

---

[1] Nähere Information zu den Problemen, die bei der Realisierung solcher Gruppenkommunikationsdienste gelöst werden müssen, und zu den Protokolle, die zur Lösung benutzt werden können, finden sich beispielsweise in folgenden Arbeiten: [Bauer95, Babao94, Birma84, Renes93b].
[2] Beispiele für Systeme, die Gruppenkommunikation bereitstellen, sind ISIS [Birma84], HORUS [Renes93a], TRANSIS [Dolev94] oder RMP [Whett95].
[3] Anstatt des Begriffs Gruppenkommunikation wird häufig auch der technisch geprägte Begriff *Multicast* benutzt. Die Gruppen, welche empfangsbereite Anwendungen zusammenfassen, heißen deshalb auch *Multicastgruppen*.

an alle erreichbaren Komponenten abgewickelt. Weiterhin wird der Dienst auch zur Initiierung einer Replikatübertragung (also zum Finden eines Replikates) verwendet.[4]

Aufbau einer Datenhaltungskomponente

Die Datenhaltungsschicht besteht aus einer Menge von Datenhaltungskomponenten. Wie bereits ausgeführt, verwalten die Komponenten Replikate aller lokal bearbeiteten Datenobjekte (ein Objekt besteht dabei aus dem Versionsgraphen mit allen lokal bekannten Versionen). Weiterhin wird Information zu lokal replizierten Dokumenten, zu den beteiligten Benutzern und zu den beteiligten Rechnern gespeichert.

Die lokalen Komponenten der Datenhaltungsschicht können anhand ihrer Schnittstellen folgendermaßen beschrieben werden (siehe auch Abbildung 6.2):

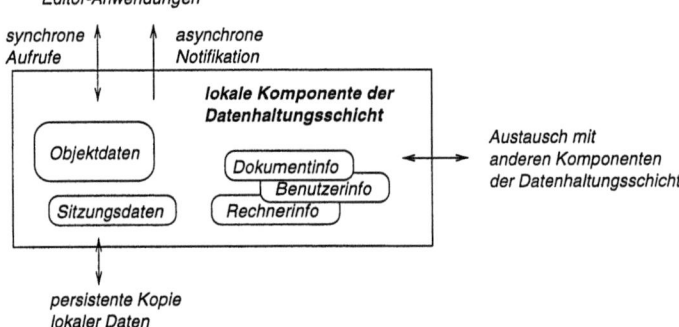

Abbildung 6.2: Schnittstellen einer lokalen Datenhaltungskomponente

- Die Komponenten stellen eine Schnittstelle für Editor-Anwendungen zur Verfügung. Diese Schnittstelle beinhaltet erstens die Möglichkeit des synchronen Aufrufs von Methoden des Datenhaltungsdienstes (z.B. Lesen oder Schreiben von Objektdaten). Zweitens werden über diese Schnittstelle asynchrone Nachrichten von der Datenhaltungsschicht an die Anwendungen übermittelt (Notifikationen).

- Die Komponenten kommunizieren untereinander, um Mitteilungen zu Änderungen an Daten und andere Information auszutauschen. Neben einer sofortigen Verteilung

---

[4]In der Prototypimplementierung des Datenhaltungsdienstes wurde als Gruppenkommunikationsdienst eine selbstgeschriebene Einfachlösung benutzt, die von einer festen Rechnermenge ausgeht und Nachrichten zweistufig per UDP-Protokoll verteilt. Eine ausgefeiltere Lösung zur Gruppenkommunikation, die sich auf den Hardware-Multicast in LANs und auf das MBONE-Netz abstützt, ist in Arbeit und kann nach Fertigstellung wegen identischer Schnittstellen übergangslos in das System integriert werden. Beim Multicast Backbone (MBONE) handelt es sich um eine Erweiterung des IP-Multicasts auf Weitverkehrsnetze. Dazu werden einzelne LANs (sogenannte 'Multicast-Inseln') über Multicastrouter zu einem virtuellen Netzwerk zusammengeschlossen. Die Kommunikation zwischen den Multicastroutern wird über normale Weitverkehrsverbindungen (z.B. im Internet) abgewickelt. Für weiteren Informationen zum MBONE siehe [Eriks94, Moy94].

durchgeführter Änderungen an alle erreichbaren Komponenten erfolgt ein regelmäßiger Abgleich der Daten, um verlorengegangene Nachrichten zu kompensieren.

- Die Komponenten nutzen das lokale Dateisystem zur persistenten Speicherung ihrer Daten (Wiederanlauf nach Rechner- oder Prozeßabsturz).

In diesem Abschnitt werden die Schnittstellen einer Datenhaltungskomponente zu Editor-Anwendungen und zu den anderen Datenhaltungskomponenten näher betrachtet. Zuvor muß aber noch geklärt werden, wie die Datenhaltungskomponente und die Anwendungen, welche sie nutzen, verbunden sind.

Zuerst einmal ist zu entscheiden, ob Datenhaltungskomponente und Anwendungen als separate Prozesse realisiert werden sollen, oder ob die Datenhaltungskomponente Teil des Anwendungsprozesses sein soll. Gegen die zweite Alternative sprechen mehrere Gründe: Erstens soll pro Rechner nur eine Datenhaltungskomponente vorhanden sein, es können aber beliebig viele Anwendungen gestartet werden. Zweitens soll die Datenhaltungskomponente auch dann aktiv sein, wenn kein Benutzer am Gruppeneditor arbeitet. Aus diesen Gründen werden die Datenhaltungskomponente und die Anwendungen der Benutzerschnittstelle in unterschiedlichen Prozessen realisiert. Kommunikation zwischen den Prozessen ist notwendig zum Aufruf von Diensten der Datenhaltungskomponente durch die Anwendungen und zur Mitteilung von Ereignissen durch die Datenhaltungskomponente.

Bei der Beziehung zwischen Benutzeranwendungen und Datenhaltungsschicht handelt es sich um eine Client/Server-Beziehung. Zur Realisierung der Kommunikation kann daher auch auf das in Client/Server-Systemen bewährte RPC-Basismechanismus[5] zurückgegriffen werden. Für den Prototypen wurde eine einfache Implementierung des RPC-Konzepts auf Basis der IPC-Dienste der Betriebssysteme verwendet. Als technische Grundlage der Kommunikation zwischen den Prozessen wurden Internet-Sockets gewählt. Gründe für diese Entscheidung sind die Verfügbarkeit des Socket-Konstrukts in allen zur Realisierung verwendeten Programmiersprachen (v.a. Java und C++) und die Flexibilität von Sockets. Unter anderem ist es mit der jetzigen Implementierung problemlos möglich, vom völlig replizierten Ansatz auf einen Replikatverwalter je Rechnercluster umzustellen, da die Kommunikation zwischen Anwendungen und Datenhaltungskomponente auch über Rechnergrenzen hinweg funktioniert.

Weiterhin ist es mit der Socket-Kommunikation möglich, Anwendungen der Benutzerschnittstelle in Form von Java-Applets[6] zu realisieren, welche ihre Zugriffe über die Datenhaltungskomponente auf dem Rechner des HTTP-Servers abwickeln, der die Applets zur Verfügung stellt. Applets können nämlich in den momentan verfügbaren Web-Browsern

---

[5]Remote Procedure Call (RPC) stellt eine Verallgemeinerung eines Proeduraufrufs höherer Programmiersprachen auf verteilte Programmkomponenten dar und ist nach Nelson [Nelso81] als 'synchrone Kontrollfluß- und Datenübergabe durch Prozeduraufrufe zwischen Programmen in unterschiedlichen Adreßräumen über einen schmalen Kommunikationskanal' definiert (vgl. auch [Borgh95, S.26f]).

[6]Bei Java-Applets handelt es sich um Java-Programme, die in HTML-Seiten eingebunden, über das Netz verschickt und in einem javafähigen Web-Browser ausgeführt werden. Durch diese Technik ist es möglich, ein solches Applet auf jedem Rechner mit Netzanschluß ohne vorherige Installation, nur durch Zugriff auf eine Web-Seite ablaufen zu lassen.

aufgrund sicherheitsbedingter Beschränkungen als einzige Möglichkeit der Interprozeßkommunikation Socket-Verbindungen zu Prozessen aufbauen, die auf dem Rechner laufen, vom dem die Applets stammen. Läuft auf diesem Rechner neben dem HTTP-Server auch eine Datenhaltungskomponente, dann können Applets von entfernten Rechner aus die Dienste der Datenhaltungskomponente nutzen.

Abbildung 6.3 ergänzt die in Abbildung 6.1 abgebildete Darstellung des Grundaufbaus der Datenhaltungsschicht um diese beiden Möglichkeiten.

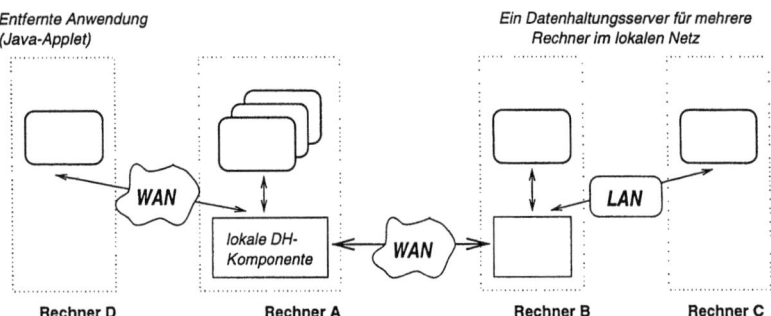

Abbildung 6.3: Besondere Architekturvarianten beim Aufbau der Datenhaltungsschicht

Im Prototypen stellt die lokale Datenhaltungskomponente ein TCP-Stream-Socket unter einer bekannten Adresse (feste Portnummer) zur Verfügung. Beliebige Client-Prozesse können über dieses Socket Dienstanfragen an den Server absetzen. Anfragen werden wie synchrone RPC-Aufrufe abgewickelt. Der Client schickt also ein Anfragepaket mit den Aufrufparametern und der Dienstkennung an den Server und wartet dann auf die Antwort. Der Server nimmt Anfragepakete entgegen, bearbeitet diese und sendet nach Ausführung die Antwort mit den Resultatparametern auf demselben Kanal an den Client zurück.

Für die Übertragung der asynchronen Notifikationen kann, wie bei der Abwicklung synchroner Dienstaufrufe, auch auf Socket-Konstrukte zurückgegriffen werden. Für Notifikationen erzeugt deshalb jede Anwendung ein eigenes UDP-Datagramm-Socket und übergibt dem Server die Socket-Adresse. Diese Bekanntgabe wird in einer speziellen Methode zum Anmelden eines Clients beim Server abgewickelt. Hier wird auch gleich eine Authentifizierung durchgeführt und der Client erhält vom Server einen Sitzungstoken, mit dem er sich bei weiteren Anfragen ausweisen kann.[7]

Die Funktionalität der Schnittstelle steht in Form der Stub-Klasse IAccStub für die Programmiersprachen Java und C++ zur Verfügung. Zusätzlich zur Klasse IAccStub gibt

---

[7]Im realisierten Prototypen wurde noch keine spezielle Authentifizierungsmethode implementiert. Momentan vergibt der Server bei jeder Client-Anfrage ohne Überprüfung der Identität des Clients einen Sitzungstoken, mit dem dann weitere Anfragen möglich sind. Die Implementierung eines passenden Authentifizierungsverfahrens wird aber gerade in [Brand97] durchgeführt. Um über die Authentifizierung hinaus auch Sicherheit hinsichtlich des Abhörens und des Wiedereinspielens von Paketen zu gewährleisten, müßte weiterhin neben einer Authentifizierung noch eine Verschlüsselung der Nachrichten eingebaut werden. Auch dies ist im Prototypen bisher noch nicht realisiert und wird gerade untersucht.

es noch Klassen für die einfache Handhabung von allgemeinen Dokumentenobjekten und Strukturobjekten (`IObj` und `IStructObj`).[8]

Wahl der Implementierungsumgebung

Bevor ich auf die Implementierung der zwei Teile des Datenhaltungs- und Ereignisdienstes in den Datenhaltungskomponenten genauer eingehe, möchte ich noch die Wahl der Implementierungsumgebung ansprechen. Darunter fällt unter anderem die Wahl der zu benutzenden Programmiersprache.

Aufgrund der heterogenen Rechnerumgebungen speziell in Weitverkehrsnetzen, muß der Datenhaltungs- und Ereignisdienst auf allen Standardplattformen (z.B. Windows 95, Windows NT, MacOS, verschiedene UNIX-Implementierungen) zur Verfügung stehen. Um den Aufwand dafür so gering wie möglich zu halten, sollte die Implementierungsumgebung zumindest eine Übersetzbarkeit desselben Programmcodes auf den unterschiedlichen Plattformen ermöglichen und Bibliotheken mit Funktionen zum plattformunabhängigen Zugriff auf das Dateisystem, zum Starten von externen Anwendungen usw., anbieten. Neben der Verfügbarkeit auf allen Standardplattformen muß der Datenhaltungsdienst in starkem Ausmaß konfigurierbar sein. Diese Konfigurierbarkeit kann nicht immer mit variablen Parametern erreicht werden. Es sollte zusätzlich möglich sein, Programmfragmente dynamisch in die Datenhaltungskomponente einzubringen und auszutauschen.

Eine Möglichkeit für die Implementierungsumgebung wäre die Wahl von C++ als Programmiersprache und die Benutzung kommerziell verfügbarer Klassenbibliotheken für die plattformunabhängige Programmierung. Ein Problem bei dieser Lösung ist, daß dynamische Bibliotheken zwar auf den meisten Plattformen unterstützt werden, diese Unterstützung aber sehr plattformspezifisch ist.

Aus diesem Grund habe ich mich für die andere Alternative entschieden. Dabei handelt es sich um die Programmierumgebung Java. Bei Java handelt es sich erstens um eine C++-ähnliche Programmiersprache. Weiterhin gehören zu Java eine Reihe von Klassenbibliotheken, die auf den unterschiedlichsten Plattformen in gleicher Weise zur Verfügung stehen. Schließlich ist noch die Ausführungsumgebung als eine entscheidende Komponente der Java Programmierumgebung zu sehen. In der Ausführungsumgebung (Java Virtual Machine) wird ein plattformunabhängiger vorcompilierter Zwischencode interpretiert. Dabei werden Referenzen erst zur Ausführungszeit aufgelöst und ein dynamisches Nachladen von neuen Klassen, auch über das Netzwerk, wird ermöglicht.

Mit Java steht zur Implementierung der Datenhaltungskomponente eine frei verfügbare Implementierungsumgebung zur Verfügung, die es auf einfache Weise erlaubt, mit demselben Programmcode ausführbare Programme für die unterschiedlichen Plattformen bereitzu-

---

[8]Eine komplette, aktuelle Beschreibung der Klassen des Stubs ist online auf dem Web-Server des IRIS-Projektes zu finden: http://www11.informatik.tu-muenchen.de/proj/iris

stellen und die eine auf allen Plattformen identische, einfach handzuhabende Möglichkeit bereitstellt, während der Laufzeit dynamisch neuen Code einzubringen.[9]

6.2 Datenzugriff

In diesem Abschnitt wird zuerst die Realisierung der in Kapitel 4 besprochenen Funktionalität zur Durchführung von Zugriffen auf die Dokumentenobjekte ausgeführt. Auf die Bereitstellung der in Kapitel 5 motivierten Informationsklassen wird getrennt im folgenden Abschnitt 6.3 eingegangen.

Zunächst seien hier nochmal die wichtigsten Eigenschaften der Verwaltungseinheiten, also der Datenobjekte (d.h. Inhaltsobjekte und Strukturobjekte), zusammengefaßt:

- Ein Datenobjekt besteht aus einem Inhalt und einer Reihe von Attributen. Attribute haben unabhängig vom Typ des Inhalts immer einen Namen und speichern eine Zeichenkette als Wert. Beispiele für Attribute sind die Liste der Autoren eines Dokuments, der Erzeuger eines Dokuments, der Typ des Objekts oder auch der Name der Anwendung, die ein bestimmtes Objekt erzeugt hat und mit der das Objekt bevorzugt wieder bearbeitet werden soll.

- Es gibt unterschiedliche Typen von Datenobjekten. Der Unterschied zwischen verschiedenen Typen besteht hauptsächlich im Aufbau des Inhaltsteils und in den Methoden, die zur Änderung des Inhaltsteils verwendet werden können. In Kapitel 4 wurde definiert, daß ein Dokument aus einem Datenobjekt für die Dokumentenstruktur (sogenanntes Strukturobjekt) und beliebig vielen Datenobjekten für den Dokumenteninhalt (sogenannte Inhaltsobjekte, z.B. vom Typ Text) besteht. Der Inhalt eines Textobjekts ist beispielsweise ein Feld von ASCII-Zeichen und als Operationen sind nur die schon erwähnten Grundoperationen `get` und `put` möglich. Der Inhalt eines Strukturobjekts besteht aus einer Menge von Knoten und einer Menge von Kanten. Zum Lesen und Ändern der Daten werden Methoden wie z.B. `createNode` und `getChildren` angeboten.

Zur Datenhaltung faßt Kapitel 4 folgende Anforderungen zusammen:

- Es wird eine Menge von Objekten (Objektdaten und Attribute) in verschiedenen Versionen verwaltet.

- Zugriffe auf die Objekte werden immer sofort lokal durchgeführt.

- Ändernde Objektzugriffe werden an alle Replikate des Objekts verteilt. Diese Verteilung der Änderungen ist hinsichtlich des Verteilungszeitpunkts konfigurierbar. Zusätzlich findet ein regelmäßiger Abgleich der Objekte zur Sicherstellung der Datenkonsistenz statt.

---

[9] Aus denselben Gründen wurde auch für die neuen Benutzerschnittstellen Java als Implementierungsumgebung gewählt. Hier kommen die Möglichkeiten der Konfigurierbarkeit durch das Einbringen zusätzlichen Codes sogar noch stärker zur Geltung (z.B. bei der Realisierung von Editoren, die beliebige Medien editieren können, oder beim Erstellen von programmierbaren Filtern und sonstigen Agenten).

Auf den folgenden Seiten wird auf die für eine Implementierung noch zu klärenden Fragen zur Datenhaltung eingegangen und die Funktionalität der Datenhaltung sowie deren Implementierung hergeleitet. Um den Umfang des Kapitels nicht zu sprengen, kann hier nicht auf alle Details der Implementierung eingegangen werden. Weiterführende Informationen zur Implementierung sind auf dem Web-Server des IRIS-Projektes[10] zu finden.

Sitzungskontrolle

Zur Bestimmung der Empfänger von Notifikationen muß die Datenhaltungskomponente wissen, welche ihrer Anwendungen an welchen Objekten arbeiten. Die Zugehörigkeitsinformation könnte nun automatisch von der Datenhaltungskomponente ermittelt werden. Eine Möglichkeit wäre, eine Anwendung in die Sitzung aufzunehmen, sobald sie einen Zugriff auf das Objekt durchführt, und den Eintrag wieder zu löschen, wenn die Anwendung für eine bestimmte Zeit keinen Zugriff mehr durchgeführt hat. Neben der Unsicherheit, ob ein Benutzer wirklich die Sitzung verlassen hat, ist ein großer Nachteil dieses Vorgehens, daß kein zentraler Anlaufpunkt zur Authentifizierung der Benutzerschnittstellen vorhanden ist. Es müßte bei allen Funktionen eine aufwendige Authentifizierung vorgesehen werden. Weiterhin ist mit diesem Vorgehen die Sitzungszugehörigkeit an die Durchführung von Operationen auf den Daten gebunden. Damit wäre es nicht möglich, einfach nur Notifikationen zu Änderungen an einem Dokument zu empfangen, ohne direkt auf das Dokument zuzugreifen.

Aus diesen Gründen wurde für die Sitzungsverwaltung ein explizites An- und Abmelden gewählt: Editor-Anwendungen melden sich zuerst einmal bei der Datenhaltungskomponente an, authentifizieren sich und erhalten für weitere Zugriffe einen Sitzungstoken. Bevor auf ein Dokument (d.h. auf das Strukturobjekt des Dokuments) zugegriffen werden soll oder wenn die Anwendung an Notifikationen zu einem Dokument interessiert ist, meldet sich die Anwendung mit dem Dienst `joinSession()` an und mit `leaveSession()` wieder ab, sobald das Dokument nicht mehr benötigt wird.[11] (Um die Implementierung von Anwendungen zu vereinfachen, wurde das Anmelden und Abmelden in die Konstruktoren und Destruktoren der Klassen für Dokumentenobjekte aufgenommen. Der Programmierer einer Anwendung muß sich also nicht selbst darum kümmern.)

Notifikation werden dann immer an alle für das zugehörige Dokument angemeldete Anwendungen verteilt.

Wenn eine Anwendung sich für ein Dokument anmeldet, von dem noch kein lokales Replikat vorliegt, dann wird ein solches erzeugt. In diesem Fall versucht die lokale Datenhaltungskomponente, das Dokument von einem anderen Replikatverwalter zu laden. Dazu wird per Gruppenkommunikation eine Anfrage an die Multicastgruppe dieses Dokuments[12] ge-

---

[10] URL: http://www11.informatik.tu-muenchen.de/proj/iris/
[11] Die Datenhaltungskomponente der Prototypimplementierung prüft zusätzlich noch regelmäßig, ob sich eine Anwendung beendet hat, ohne ihre Objekte freizugeben. In einem solchen Fall wird die Abmeldung der Anwendung automatisch durchgeführt.
[12] Multicastgruppen werden für alle Dokumente eingerichtet (d.h. unter dem Namen der Identifikatoren ihrer Strukturobjekte). Nachrichten über Änderungen an Inhaltsobjekten werden über die zugehörige Dokumentengruppe verteilt.

schickt. Die Objektidentifikatoren und damit auch die Gruppennamen sind global eindeutige Zeichenketten, die beim Erzeugen eines Strukturobjekts vergeben werden.

Alle Gruppenmitglieder, die eine solche Anfrage empfangen, senden eine Bereitschaftsmeldung an den Anfrager. Dieser wählt ein Replikat aus und fordert dessen Daten an.[13]

Nachdem nicht immer gewünscht wird, daß mit dem Strukturobjekt eines Dokuments alle Inhaltsobjekte geladen werden, sollte wählbar sein, ob sofort alle Inhaltsobjekte geladen werden, oder ob Objekte erst bei einem Zugriff darauf geladen werden. Für diese Wahl kann in der Prototypimplementierung im Attribut `loadallobjects` des Strukturobjekts ein Defaultwert vorgegeben werden. Ein explizites Laden aller Objekte eines Dokuments kann später mit der Methode `updateDocumentObjects()` erreicht werden. Das Erzeugen eines Replikats für ein bestimmtes Inhaltsobjekt kann durch Aufruf der Methode `joinSession()` für das Inhaltsobjekt erreicht werden.[14]

Lesender Zugriff

Als erste Operation auf Objekten soll das Lesen des Objektinhalts betrachtet werden. Dabei ist zu berücksichtigen, daß ein Objekt aus einem Geflecht von verschiedenen Versionen der Inhaltsdaten besteht. Die Versionen müssen global eindeutig identifizierbar sein. Aus diesem Grund muß jede Version einen, innerhalb des Objekts global eindeutigen, Versionsidentifikator besitzen.

Neben dem Lesen einer beliebigen Version, sollte auch das Lesen der 'aktuellen' Version möglich sein. Problematisch beim Standardkommando 'Lesen der aktuellen Version' ist zu bestimmen, welche Version die 'aktuelle' ist. Falls ein Konflikt aufgetreten ist, kann es ja passieren, daß zwei oder mehrere Äste mit Blättern im Versionsbaum existieren. Es muß also geklärt werden, was der Benutzer sehen möchte, wenn die aktuelle Version angefordert wird.

Falls der Benutzer ein Objekt schon einmal beschrieben hat, dann möchte er sicherlich diese Version oder eventuelle Fortschreibungen dieser Version (Blatt des entsprechenden Astes) sehen. Eine globale Auswahl der jeweils neuesten Version im Baum erscheint nicht sinnvoll, da in diesem Fall der Entstehungsweg einer Version für den Benutzer nicht nachvollziehbar ist.

Zu klären bleibt noch, ob zwischen verschiedenen Anwendungen eines Benutzers unterschieden werden muß, oder ob für alle Anwendungen eines Benutzers eine aktuelle Version gelten soll. Mein Standpunkt bei dieser Frage ist, daß es eine aktuelle Version pro Benutzer für alle seine Anwendungen geben sollte. Bei verschiedenen aktuellen Versionen wird die

---

[13] Auch bei der Erzeugung neuer Replikate sind Sicherheitsaspekte zu beachten. Ein Weitergeben darf erst erfolgen, wenn sich der Anforderer ausgewiesen hat. Eine umfassende Behandlung dieser Fragestellungen würde den Umfang dieser Arbeit aber bei weitem sprengen. Aus diesem Grund wurde für die Implementierung des Prototypen zuerst auf ein Ausweisen der Replikatverwalter untereinander verzichtet. Die entsprechenden Fragestellungen werden in [Brand97] untersucht und behandelt.

[14] Die Methode hat bei Inhaltsobjekten nur die Funktionalität, sicherzustellen, daß ein Replikat des Objekts vorliegt. Damit ein Replikat geladen werden kann, ist neben dem Objektidentifikator der Identifikator des zugehörigen Dokumentes anzugeben.

Situation für den Benutzer unüberschaubar. Die Anwendungen können in diesem Fall auch keine Hilfestellung geben, da sie sich der verschiedenen aktuellen Versionen nicht bewußt sind. Funktionalitätseinbußen entstehen durch den Verzicht auf anwendungsspezifische aktuelle Versionen nicht. Es ist weiterhin möglich, daß eine Anwendung eine bestimmte Version anzeigt und bearbeiten läßt.

Falls der Benutzer das Objekt noch nicht beschrieben hat, oder falls der Ast, auf dem der letzte Schreibzugriff des Benutzers liegt, wieder aufgeteilt worden ist, muß ein Blatt zur Anzeige bestimmt werden. Hier hat man die Möglichkeit das zuletzt geschriebene Blatt im Teilbaum zu wählen.

Zusätzlich zu dem Automatismus bei der Ermittlung der aktuellen Version eines Benutzers sollte es noch eine Möglichkeit geben, explizit eine andere Version als aktuelle Version zu setzen (d.h. den aktuellen Versionsast zu wechseln). Weiterhin sollte eine Abfrage der Zusammenhänge zwischen den Versionen möglich sein, um den Versionsbaum auf der Benutzerseite darstellen zu können.

Bei der Realisierung der Zuordnung zwischen Benutzern und aktuellen Versionen ist zu beachten, daß diese Zuordnung mit den Objekten gespeichert und verteilt werden muß. Die Daten sollten nämlich auf allen Rechnern für alle Benutzer erreichbar sein. Eine Verfügbarkeit auf allen Rechnern ist notwendig, da Benutzer zu anderen Rechnern migrieren können. Eine Verfügbarkeit für alle Benutzer ist notwendig, da diese Information einen wichtigen Aspekt der aktuellen Situation darstellt und somit einen Beitrag zum Gruppenbewußtsein liefern kann. Neben der Verfügbarkeit sollten bei Änderung der Zuordnung einer aktuellen Version eines Benutzers also auch alle Anwendungen in der Sitzung des entsprechenden Objekts per Notifikation benachrichtigt werden. Aus diesem Grund bietet es sich an, die Daten als einfache Objektattribute abzulegen. Damit sind die Probleme der Verteilung und der Notifikation automatisch gelöst. Konkret sieht die Realisierung dann folgendermaßen aus: Jedes Objekt besitzt ein Attribut namens `currentversionlist`, welches Tupel aus Benutzeridentifikator und Versionsidentifikator der aktuellen Version speichert.

An der Schnittstelle zwischen Kernkomponente und Anwendungen der Benutzerschnittstelle sind also folgende Methoden anzubieten:

```
get(objectid)
get(objectid, versionid)
getCurrentVersion(objectid, versionid)
getParentVersions(objectid, versionid)
getChildrenVersions(objectid, versionid)
```

Der Rückgabewert der `get`-Methoden ist der Inhalt des Objekts. Handelt es sich um ein Objekt mit strukturiertem Inhaltstyp, dann wird entweder eine Referenz auf ein Programmiersprachenobjekt geliefert, über das Zugriffe abgewickelt werden können, oder es werden anstatt der Basis-`get`-Methode mehrere spezialisierte Methoden angeboten. Zusätzlich zum Objektinhalt liefert die Datenhaltungsschicht den Versionsidentifikator der gelesenen Objektversion an die Stub-Funktion zurück. Dieser wird beispielsweise benötigt, um bei Schreibzugriffen angeben zu können, auf welche Version sich der Schreibzugriff bezieht, also welche Version fortgeschrieben werden soll. Beim Lesen der 'aktuellen Version' ist dieser Identifikator dem Initiator ja nicht bekannt.

Schreibender Zugriff

In Kapitel 4 und auch in Kapitel 5 wurde motiviert, daß zwei verschiedene Typen von Schreibzugriffen auf die Inhalte möglich sein sollten. Einerseits kann mit einem Schreibzugriff der (temporäre) Abschluß der Arbeiten an einem Dokumententeil verbunden sein. Die dabei entstehende Version sollte von anderen Koautoren weiterentwickelt werden können. Andererseits kann ein Schreibzugriff auch nur das Abspeichern einer (inkonsistenten) Zwischenversion bedeuten. In diesem Fall sollten andere Autoren die neuen Daten noch nicht weiterentwickeln dürfen. Grundsätzlich sollten aber auch diese Daten an alle Replikate des Dokuments verteilt werden. Gründe dafür sind erstens die Möglichkeit, daß ein Benutzer auf andere Rechner migrieren kann, und zweitens der Informationswert, den das Vorhandensein privater Versionen eines Objekts hat. Um die Privatsphäre zu schützen, sollten Zugriffsrechte bei Bedarf dafür sorgen, daß bestimmte (Zwischen-)Versionen nicht von jedem beliebigen Autoren gelesen werden können.

Zum Beschreiben eines Objekts müssen die neuen Daten und der Identifikator der zuletzt gelesenen Version (d.h. die Version, die durch den Schreibzugriff fortgeschrieben werden soll) angegeben werden. Alternativ können auch die Version, von der man ausgeht, und die auszuführenden Operationen angegeben werden. Welche Alternative gewählt wird, hängt vom Typ des Objekts und damit von den möglichen Operationen ab, die auf dem Objekt durchgeführt werden können. Bei Textobjekten ist ein komplettes Überschreiben sinnvoll, bei Objekten, die eine hierarchische Struktur verwalten, ist eine Angabe der ändernden Operationen günstiger.

Sobald eine Änderung als neue Version verbreitet wird und so von anderen Autoren als Grundlage weiterer Änderungen benutzt werden kann, kann sie nicht mehr überschrieben werden. Sollte dies dennoch erlaubt werden, können Probleme mit der Einordnung von im Netz verbreiteten Operationen auftreten und die Erkennung von Konflikten kann nicht mehr garantiert werden.[15]

Nachdem private Versionen von anderen Autoren nicht als Basis für neue Versionen benutzt werden können, kann hier ein Überschreiben der Version erlaubt werden. Ein Überschreiben kann aber nur durch den Erzeuger der privaten Version erfolgen.[16]

Folgende zwei Methoden werden zum schreibenden Zugriff angeboten:

```
put(objectid, parentvid, data)
putPriv(objectid, parentvid, data, accessrights)
```

---

[15]Die Änderung einer öffentlichen Version ist genauso wie das Komprimieren des Versionsbaumes nur möglich, wenn alle Replikate an dieser Änderung beteiligt werden.

[16]Ganz exakt ist, daß private Versionen nur auf dem Rechner überschrieben werden dürfen, auf dem sie erzeugt worden sind. Ein Austausch dieses Schreibrechts zwischen zwei Rechnern ist möglich (z.B. mit Schreibtokens), wurde in der Prototypimplementierung aber noch nicht realisiert.

put () erzeugt eine neue öffentliche Version, putPriv () überschreibt eine private Version oder erzeugt eine neue private Version, falls als Ausgangsversion eine öffentliche Version angegeben war. Beim Schreiben privater Versionen kann zusätzlich noch angegeben werden, ob die Version von anderen Gruppenmitgliedern gelesen werden darf. Die Umwandlung einer privaten in eine öffentliche Version wird durch das Schreiben einer neuen öffentlichen Version erreicht. Als Rückgabewert liefern die Methoden den Identifikator der neu erzeugten oder der überschriebenen Version. Dieser Wert wird für spätere Schreibzugriffe benötigt.

Zur Veranschaulichung des Zusammenspiels Datenverwaltung, Zugriffe und 'aktuelle Versionen' hier ein kurzes Beispiel. Die Abbildungen 6.4 und 6.5 zeigen eine Situation mit drei Benutzern während und nach einer Netzwerkpartitionierung: Zu Beginn hat das Objekt auf allen drei Rechnern den Inhalt 'x'. Dann trennt ein Netzwerkfehler Rechner 3 von den Rechnern 1 und 2. In jeder der beiden Partitionen wird ein Schreibzugriff durchgeführt ('y' in einer Partition und 'z' in der anderen). Nach dem Schreibzugriff ändert Benutzer 2 noch 'y' in 'p' in Form eines privaten Schreibzugriffs (Abbildung 6.4). Dann wird der Fehler, der die Netzwerkpartitionierung hervorgerufen hatte, behoben und die Rechner können wieder Informationen austauschen. Der Konflikt wird erkannt (Erzeugung eines Asts im Versionsbaum), die Anzeigen ändern sich aber nicht (Abbildung 6.5). Die Autoren müssen den Konflikt später selbst beheben, indem sie die verschiedenen Versionen wieder zusammenfügen.

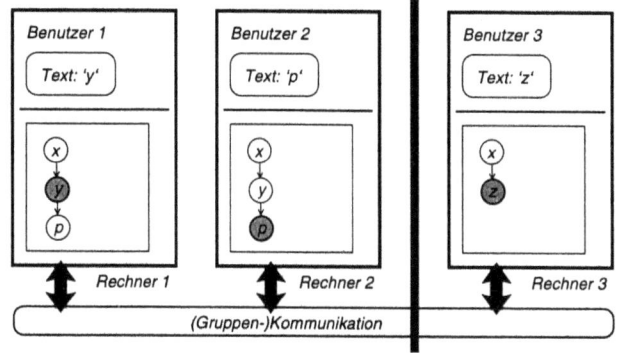

Abbildung 6.4: Versions-Management - während einer Partitionierung

Zugriffsrechte

Zum Thema der Zugriffsrechte wurde in Abschnitt 3.3 auf Seite 56 motiviert, daß zu einem Dokument eine Menge zugriffsberechtigter Benutzer existiert. Entweder haben diese Benutzer alle dieselben Rechte oder jedem Benutzer sind explizit Rechte zugeordnet.

Um dieses Konzept umzusetzen, muß einem Objekt als Objektattribut eine Liste mit der Zusammenstellung aus Namen des Autors und den jeweiligen Rechten zugeordnet werden.

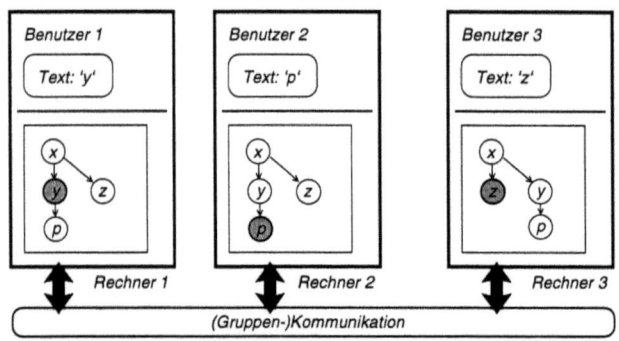

Abbildung 6.5: Versions-Management - nach einer Partitionierung

Die Datenhaltungskomponente prüft dann bei Zugriffswünschen, ob der anfragende Autor in dieser Liste aufgeführt ist und somit das Recht zur Ausführung der gewünschten Operation hat.

Die Liste der berechtigten Benutzer muß bei der Erzeugung eines Objekts angegeben werden (falls keine Liste angegeben wird, dann wird der erzeugende Benutzer als einzig zugriffsberechtigter Benutzer eingetragen). Weiterhin ist eine Änderung der Liste jederzeit durch entsprechend berechtigte Benutzer möglich. In der Prototypimplementierung ist die Liste als Objektattribut namens `aclist` realisiert. Setzen und Abfragen des Attributs ist über die Funktionen zum Attributzugriff möglich, die später in diesem Abschnitt besprochen werden.

Für die zu differenzierenden Rechte werden ausgehend vom Objektaufbau die folgenden Möglichkeiten vorgeschlagen:

r   Lesen der aktuellen Objektversion

R   Lesen der aktuellen Objektversion und der Objektattribute

v   Lesen aller öffentlichen Objektversionen sowie der privaten Version, bei denen dies erlaubt ist

V   Lesen aller öffentlichen Objektversionen und der Objektattribute

w   Lesen und Schreiben der Objektdaten (d.h. Erzeugen von neuen Objektversionen und Überschreiben der selbst erzeugten privaten Objektversionen)

W   Lesen und Schreiben der Objektdaten und der Objektattribute

Um bestimmte Attribute wie z.B. das Attribut `aclist` noch besonders zu schützen, sollte noch eine Unterteilung der Schreibrechte für Attribute vorgesehen werden ('W' zum Beschreiben aller Attribute mit Ausnahme der speziellen Attribute, 'm' zum Lesen und Beschreiben aller Attribute). Als Spezialattribute sind in der Implementierung der Komponenten der Datenhaltungsschicht die Attribute `aclist` und `restrictedattrlist` definiert. In `restrictedattrlist` können zusätzliche Attributnamen eingetragen werden, die dann als Spezialattribute behandelt werden.

Neben der Möglichkeit, einzelnen Benutzern Rechte zuzuordnen, wird häufig auch die Vergabe von Rechten für Benutzergruppen gefordert. Diese Forderung wird in der Prototypimplementierung über die Rollen der Benutzer, die in der erweiterten Sitzungsinformation gespeichert sind, realisiert[17]. Neben der Zugriffskontrollliste `aclist` kann noch das Attribut `roleaclist` definiert werden. Falls bei einem Zugriffswunsch unter dem Namen des zugreifenden Benutzers keine Zugriffsrechte gefunden werden, dann wird unter der Rolle, die der Benutzer in dem zugehörigen Dokument einnimmt, nach Zugriffsrechten gesucht.

Schließlich ist es noch möglich, allen Benutzern ('world') gewisse Rechte einzuräumen. Dazu dient der ausgezeichnete Benutzername '*'.

Erzeugung und Löschen von Objekten

Das Erzeugen neuer Objekte ist ein Spezialfall des Schreibens. Die Datenhaltungskomponente erzeugt einen global eindeutigen Objektidentifikator und speichert ein Objekt mit leerem Inhalt unter diesem Identifikator ab. Neben dem Typ des Objekts ist zum Erzeugen eines neuen Objekts noch eine Liste zugriffsberechtigter Autoren anzugeben. Falls es sich nicht um ein neues Strukturobjekt handelt, muß weiterhin noch der Identifikator eines Strukturobjekts angegeben werden, dem das neue Objekt zugeordnet werden soll. Dieser Identifikator wird im Standard-Attribut `document` gespeichert.

Genauso wie das Überschreiben bereits verbreiteter öffentlicher Versionen kann das Löschen von Objekten nicht erlaubt werden. Zum Löschen eines Objekts müßte sichergestellt werden, daß wirklich alle Replikate des Objekts gelöscht werden. Dies wäre aber nur bei Erreichbarkeit aller Rechner mit dem bereits zuvor erwähnten Zwei-Phasen-Commit-Protokoll möglich. Aus diesem Grund ist das Löschen von Objekten momentan durch das Überschreiben mit einem leeren Inhalt realisiert.

Verteilung von Operationen

Lokal ausgeführte Operationen werden sofort nach der lokalen Durchführung als Nachricht über den Gruppenkommunikationsdienst an alle erreichbaren Datenhaltungskomponenten verteilt, die Replikate des geänderten Dokuments speichern. Dort werden die entfernten Änderungen auf den Daten durchgeführt. Der Aufbau einer Änderungsnachricht entspricht den in Kapitel 5 vorgestellten Ereignissen, beinhaltet also neben Daten zum Bezugsobjekt und zur durchgeführten Änderung (Ausgangsversion, Zielversion, neue Daten) auch Daten zum Initiator der Änderung, zum Änderungszeitpunkt und zum Rechner, auf dem die Änderung vorgenommen worden ist.

---

[17] Die Liste der Rollen in der erweiterten Sitzungsinformation ist ein Attribut, das einem Benutzer zugeordnet ist. Das Attribut stellt eine Zuordnung von Dokumentenidentifikatoren zu Rollenbezeichnungen her.

Neben dem sofortigen Verteilen von Änderungen sollte noch ein regelmäßiger Abgleich mit anderen Replikaten durchgeführt werden, um verlorengegangene Nachrichten zu identifizieren.

Konkret geht es dabei darum, festzustellen, ob in einem anderen Replikat Versionen gespeichert sind, die lokal nicht verfügbar sind. Dazu müßten prinzipiell die Versionsgraphen der beiden Replikate ausgetauscht und verglichen werden. Nachdem aufgrund der global eindeutigen Versionsidentifikatoren die Struktur des Versionsgraphen zum Vergleich nicht benötigt wird, reicht ein Austausch der Identifikatoren aller verfügbaren Versionen aus.

Zum Abgleich wird also eine Liste der Versionsidentifikatoren erzeugt und diese Liste an den Abgleichpartner gesandt. Der Empfänger vergleicht die Liste mit den lokal vorliegenden Versionen. Falls der Empfänger zusätzliche Versionen besitzt, dann schickt er diese an den Absender, falls ihm Versionen fehlen, dann fordert er diese vom Absender der Abgleichsanfrage an.

In der Schnittstelle zwischen den Datenhaltungskomponenten sind also neben der Nachricht zum Mitteilen einer Objektänderung noch eine Nachricht zur Aufforderung zur Kontrolle der mitgeschickten Versionsliste, und eine Nachricht zum Übersenden einer Menge von Versionen vorzusehen.

Zwei Fragen sind zum Abgleich noch zu beantworten:

- Wann sollen Abgleiche durchgeführt werden?

- Mit wem soll zu einem bestimmten Zeitpunkt ein Abgleich durchgeführt werden?

Beim Durchführungszeitpunkt hat man beispielsweise die Wahl zwischen 'auf Anforderung des Benutzers bzw. der Editor-Anwendung', 'regelmäßig' und 'als Reaktion auf ein bestimmtes Ereignis'. In Hinblick auf mobile Rechner, die nur temporär Verbindung zum Netz haben, ist auf jeden Fall eine Möglichkeit vorzusehen, von der Benutzerschnittstelle aus einen Abgleich auszulösen. Ebenso wäre ein automatischer Abgleich als Reaktion auf ein bestimmtes Ereignis sinnvoll. Ein Beispiel dafür ist, daß ein Abgleich initiiert werden kann, sobald erkannt wird, daß eine bestimmte Komponente nach langer Trennung der Verbindung wieder erreichbar ist. Die Erkennung von Ereignissen, die auf Inkonsistenzen hinweisen, kann beliebig komplex ausfallen. Alle Anstrengungen in diesem Bereich können die Verbreitung von durchgeführten Änderungen im Fehlerfall beschleunigen. Auf der anderen Seite sind verbesserte Erkennungsraten oder kürzere Abgleichszyklen meist auch mit einer höheren Netzbelastung verbunden. Bei der Wahl dieser Parameter ist zwischen der Notwendigkeit von Aktualität und der akzeptablen Netzbelastung abzuwägen. Diese Entscheidung kann aber nicht global getroffen werden, sondern hängt von den Anforderungen und Netzgegebenheiten des Einzelfalls ab. Es ist also auf jeden Fall die Möglichkeit zur individuellen Wahl der Parameter anzustreben. Es sollte sogar möglich sein, für verschiedene Rechnermengen unterschiedliche Abgleichsstrategien anzuwenden.

Bei der Frage nach der Gruppe von Datenverwaltern, mit denen ein Abgleich durchgeführt wird, ist ebenso keine klare Festlegung möglich. Ein Abgleich mit allen erreichbaren Datenhaltungskomponenten führt zwar zu einer schnellen Verbreitung, erhöht aber auch die

Netzlast. Falls das System in großem Umfang eingesetzt wird, kann es hier durchaus kritisch sein, wenn jeder Rechner regelmäßig eine Liste seiner Versionsidentifikatoren an alle anderen Rechner, die an dem entsprechenden Objekt interessiert sind, schickt.[18]

Fazit ist also, daß die Parameter der Abgleichsstrategie für jeden Rechner individuell leicht konfigurierbar sein sollten. In der Prototyprealisierung wurde der Aspekt der Konfigurierbarkeit noch nicht vollständig ausgeführt. Neben dem explizit ausgelösten Abgleich mit allen erreichbaren Rechnern ist in der vorliegenden Realisierung der Datenhaltungskomponente Folgendes implementiert:

- Alle Komponenten schicken mit jeder Nachricht zu einem Objekt die Anzahl der lokal vorliegenden Versionen dieses Objekts. Falls hier eine Differenz festgestellt wird, dann wird ein Abgleich zwischen den beiden betroffenen Komponenten durchgeführt.

- Die Datenhaltungskomponente wählt regelmäßig (konfigurierbares Intervall) aus der Liste der lokal bekannten Rechner mit Replikaten des Dokuments einen aus und versucht mit diesem einen Abgleich durchzuführen.

Folgende Funktionen erlauben das explizite Initiieren eines Abgleichs:

```
updateData(objectid)
updateAllObjects()
```

Die einzelnen Objekte eines Dokuments werden von der Datenhaltungskomponente weitgehend separat behandelt. So ist es möglich, daß auf einem Rechner nur Replikate einer Teilmenge aller Objekte eines Dokuments gespeichert sind. Dies ist auch sinnvoll, da Dokumente sehr groß werden können und an einigen Stellen nur die Dokumentenstruktur und die aktuelle Arbeitsmenge an Objekten vorhanden sein muß. Der Umstand, daß ein Dokument aus mehreren, lose gekoppelten Objekten besteht, bedeutet, bezogen auf die eben besprochenen Update-Methoden, daß eine Methode zur Initiierung des Abgleichs aller lokal vorhandenen Objekte eines bestimmten Dokuments gewünscht wird. Weiterhin wird eine Methode benötigt, um das Laden oder den Abgleich aller Objekte, die zu einem bestimmten Dokument gehören, einzuleiten.

```
updateLocalDocumentObjects(documentObjectid)
updateDocumentObjects(documentObjectid)
```

Wird eine Änderungsmitteilung einer entfernten Zugriffsschicht empfangen (entweder durch eine Änderung oder durch eine Abgleichsanfrage initiiert), dann wird die Version zuerst in die lokalen Daten eingebaut. Dann werden die lokalen Anwendungen, die in der Sitzung des geänderten Objekts registriert sind, informiert. Dazu werden Notifikationen erzeugt und den Anwendungen über die dafür registrierten Sockets zugestellt.

---

[18]Falls das Multicastsystem dies zuläßt, wäre hier eine sinnvolle Lösung das Verschicken auf alle Komponenten im näheren Umkreis zu beschränken. Dies könnte durch Angabe eines Zählers für die maximal zu passierenden Router erreicht werden ('hop counter' oder 'Time-to-live (TTL)').

Konfliktbehebung

Bisher wurde die Möglichkeit zur lokalen Änderung von Daten und das Versenden von lokalen Änderungen an entfernte Partner behandelt. Wie in Kapitel 4 ausgeführt, kann es dabei vorkommen, daß Konflikte in der Form auftreten, daß zwei unterschiedliche neue Versionen der Daten von derselben Version abgeleitet werden.

In den vorhergehenden Kapiteln wurde hergeleitet, daß Konflikte durch die Benutzer bzw. die Editoranwendungen aufgelöst werden sollen. Sobald ein Konflikt erkannt wird, werden die Benutzer darüber informiert und können dann den Konflikt an einem beliebigen Zeitpunkt durch Ableitung einer neuen Version aus den Konfliktversionen auflösen. Der Benutzer bzw. die Editor-Anwendung braucht dazu eine Möglichkeit zum Schreiben neuer Versionen mit mehr als einem Vater. Neben dem Anlegen einer komplett neuen Version sollte auch die Auflösung eines Konfliktes durch Auswahl einer der vorhandenen Versionen als Auflösungsversion vorgesehen werden.

```
putMerge(objectid, vidlist, data)
putMergePriv(objectid, vidlist, data)
putMerge(objectid, vidlist, mergevid)
```

Die merge-Funktionen stellen eine Verallgemeinerung der put-Funktion dar und werden auch genauso implementiert.

Die Mitteilung aufgetretener Konflikte an die Benutzer findet erstens durch Attribute bei den Notifikationen zu Änderungen statt. Bei der Mitteilung einer neuen Änderung wird in Form eines Flags Information dazu mitgeliefert, ob diese Änderung lokal zu einem Konflikt geführt hat. Zweitens kann explizit nachgefragt werden, ob im gesamten Objekt oder in einem Teilbaum ein Konflikt existiert (d.h. ob dieser Teilbaum zu mehr als einem Blatt führt). Wenn ein Konflikt vorliegt, dann können die Versionsidentifikatoren der in Konflikt stehenden Blätter abgefragt werden.

```
hasConflictingVersions(objectid)
hasConflictingVersions(objectid, vid)
getConflictingVersions(objectid)
getConflictingVersions(objectid, vid)
```

Objektattribute

Die Verwaltung der Objektattribute wurde bisher nicht näher besprochen. Eine einfache Möglichkeit, nebenläufige Zugriffe auf die Attributwerte zu behandeln, wäre, das eben besprochene Vorgehen bei der Speicherung der Inhaltsdaten auf Inhaltsdaten und Attributdaten zugleich anzuwenden, so daß Änderungen der Attribute genauso behandelt werden wie Änderungen des Inhalts. Dieses Vorgehen würde aber dazu führen, daß Änderungen von Attributen nur im aktuellen Teilast des Versionsbaumes gelten. Damit wären versionsübergreifende Attribute wie das zuvor eingeführte Attribut currentversionlist nicht realisierbar.

Eine Bindung der Attribute an die Inhaltsdaten ist nur akzeptabel, wenn auch tatsächlich eine Beziehung der Attribute zu den Versionen vorhanden ist. Dies gilt aber außer bei den Standardattributen von Versionen wie 'Erzeuger einer Version' und 'Erzeugungsdatum' nur in sehr seltenen Fällen.

Für solche seltenen Fälle könnten auf eben beschriebene Weise (Versionierung auf Inhalt und Attribute anwenden) Versionsattribute eingeführt werden, auf die man mit Angabe eines Versionsidentifikators oder unter Verwendung der beim Lesen von Inhalten besprochenen aktuellen Version eines Benutzers zugreift.

Für den Zugriff auf Versionsattribute werden folgende Methoden bereitgestellt (Methoden eins, drei und fünf verwenden die aktuelle Version des zugreifenden Benutzers):[19]

```
getVersAttr(objectid, attrname)
getVersAttr(objectid, versionid, attrname)
setVersAttr(objectid, attrname, attrvalue)
setVersAttr(objectid, versionid, attrname, attrvalue)
setVersAttrPriv(objectid, attrname, attrvalue)
setVersAttrPriv(objectid, versionid, attrname, attrvalue)
```

Die set-Methoden wirken wie Schreibzugriffe auf den Inhalt und erzeugen neue Versionen der Objekte. Aus diesem Grund gibt es auch hier Varianten zur Erzeugung einer öffentlichen und zur Erzeugung einer privaten Nachfolgeversion. Genauso wie bei den put- und merge-Methoden wird auch hier der Identifikator der Erzeugten Version zurückgeliefert.

Neben den Versionsattributen werden aber hauptsächlich Objektattribute benötigt, die versionsübergreifend gültig sind (z.B. letzter Schreibzugriff auf das Objekt, Liste der Autoren, die am Objekt arbeiten). Nachdem sie nicht an die Objektversionen gebunden sind, muß für diese Attribute die Handhabung nebenläufiger Zugriffe separat realisiert werden.

Bei der Nebenläufigkeitskontrolle für Zugriffe auf die Attributwerte gelten grundsätzlich wieder dieselben Randbedingungen wie bei der Kontrolle nebenläufiger Zugriffe auf den Inhalt eines Objekts. Es muß sich um ein optimistisches Verfahren handeln. Prinzipiell wäre deshalb die einfachste Lösung, alle Attribute genauso wie die Inhalte zu versionieren, also für jedes Attribut einen Versionsgraphen zu führen. Die bei Inhalten praktikable Forderung nach der Konfliktauflösung durch den Benutzer ist aber bei Attributen nicht mehr haltbar. Hier fehlt den Benutzern die Motivation, einen konsistenten Zustand zu erreichen. Ziel der Benutzer ist es, ein konsistentes Dokument zu erzeugen, und nicht, eine konsistente Belegung der Objektattribute zu erreichen.

Aus diesem Grund muß für Objektattribute eine automatische Konfliktauflösung eingeführt werden. Zu diesem Zweck habe ich untersucht, welche Zugriffe auf typische Objektattribute stattfinden. Dabei erhält man folgende zwei Klassen von Attributen:

1. Bei der ersten Klasse handelt es sich um Attribute, die einfach nur mit neuen Werten überschrieben werden.

---

[19] Einige Standardattribute werden von den Inhaltsdaten-Schreiboperationen automatisch auf den neuesten Stand gebracht und müssen so nicht explizit gesetzt werden. Dabei handelt es sich um die Versionsattribute creator, creationdate, creationhost.

2. Neben den einfachen Attributen gibt es noch solche, die als Liste interpretiert werden, und auf die folglich Listenoperationen angewandt werden: Einfügen, Löschen und Ändern eines Listenelements. Ein Beispiel für ein solches Attribut ist die Liste der Autoren eines Dokuments.

Nachdem Zugriffskonflikte auf einfachen Attributen selten sind und bei Listenattributen Konflikte automatisch aufgelöst werden können, habe ich für die Implementierung folgendes Vorgehen bei der Attributverwaltung gewählt:

- Einfache Attribute werden mit dem Zeitstempel des letzten Schreibzugriffs gespeichert. Trifft eine Änderungsnachricht zu einem Attribut ein, die einen neueren Zeitstempel trägt, dann wird der Attributwert überschrieben. Beim regelmäßigen Abgleich werden die Zeitstempel verglichen. Löschen von Attributen geschieht durch das Beschreiben mit einer leeren Zeichenkette.

- Bei Listenattributen werden die Listeneinträge beim Erzeugen mit einem eindeutigen Identifikator und einem Zeitstempel versehen. Das Löschen eines Listeneintrags führt zum Beschreiben des Wertes mit einem Leerstring, der Eintrag bleibt in der Liste enthalten. Damit ist aus der Liste eine Menge von einfachen Attributen geworden, deren Abgleich wie im vorherigen Punkt beschrieben funktioniert.

Für die Handhabung von Objektattributen werden an der Schnittstelle zwischen Kernkomponente und Anwendungen folgende Methoden angeboten:

```
getAttr(objectid, attrname)
getListAttr(objectid, attrname)
setAttr(objectid, attrname, attrvalue)
setListAttrAdd(objectid, attrname, plusitem)
setListAttrDel(objectid, attrname, minusitem)
setListAttrChange(objectid, attrname, olditem, newitem)
```

Eine Liste aller Attribute, die zu einem Objekt definiert sind, kann mit der zusätzlichen Methode `getAttrKeys(objectid)` abgefragt werden.

Verringerung des Replikationsgrades

Bisher wurde nur vom Anlegen neuer Replikate gesprochen. Aber auch der umgekehrte Fall, das Löschen eines Replikats, also die Verringerung des Replikationsgrades sollte möglich sein.

Zur technischen Durchführung des Löschens muß sichergestellt sein, daß mindestens ein anderer Replikatverwalter ein Replikat des Objekts speichert und mindestens die Versionen besitzt, die lokal vorliegen. Beim Löschen von Replikaten muß also zuerst ein anderer Replikatverwalter gefunden werden, der das Replikat speichert. Dann muß mit einem pessimistischen Protokoll sichergestellt werden, daß der andere Replikatverwalter alle Daten besitzt, die lokal vorhanden sind. Unterläßt man diese Überprüfung, dann kann es vorkommen, daß bestätigte Versionen verloren gehen.[20]

Das Protokoll zum Abgeben von Replikaten besteht also aus einer Anfrage nach fehlenden Versionen und dem Zusenden dieser. Erst wenn der Empfänger den Empfang bestätigt hat, wird das lokale Replikat gelöscht. Dieses Sicherstellen, daß alle Daten anderweitig verfügbar sind, und das Löschen des lokalen Replikats wird im weiteren auch als 'Abgeben' des lokalen Replikats bezeichnet.

Bei der Wahl der Partner zum Weitergeben der Objekte ist zwischen zwei Situationen zu unterscheiden:

1. Solange ein Benutzer noch an einem Dokument arbeitet, sollten die Replikate der Dokumentendaten immer gut erreichbar sein. Das bedeutet, daß Replikate der Daten lokal vorliegen oder auf Rechnern, die vom lokalen Rechner aus mit einer hohen Wahrscheinlichkeit erreichbar sind.

2. Falls ein Benutzer nicht mehr an einem Dokument arbeitet, fällt die Forderung nach hoher Verfügbarkeit weg und es reicht aus, sicherzustellen, daß ein beliebiger Rechner alle lokal verfügbaren Versionen des Objekts speichert.[21]

Zum ersten Fall: Die Forderung, daß beim Start eines Editors Dokumentenobjekte möglichst schnell geladen werden können, ist von den Anforderungen aus Kapitel 3 abgeleitet. Konkret bedeutet das, daß sobald ein Benutzer auf einem Rechner einmal mit einem Dokument gearbeitet hat, er dieses Dokument für weitere Sitzungen verfügbar haben sollte. Falls der lokale Rechner die Objektreplikate also abgibt, muß er sicherstellen, daß sie auf gut erreichbaren Rechnern landen, von denen er sie schnell wieder zurückholen kann.

Eine ausführliche Diskussion dieser Fragestellung ist in [Blume95] zu finden. Hier nur eine kurze Schilderung der Vorgehensweise, wie sie im Prototypen realisiert ist: Zu jedem Rechner wird eine Liste der von seiner Warte aus sicher erreichbaren Rechner erstellt. Beim Abgeben eines Replikats stellt die Datenhaltungsschicht dann sicher, daß das Replikat nur an einen Rechner weitergegeben wird, der in dieser Liste enthalten ist. Wenn die Listen sicher erreichbarer Rechner zwischen Absender und Empfänger unterschiedlich sind, dann wird die Schnittmenge der Listen gewählt und mit dem Replikat gespeichert, um ein 'Wegwandern' des Replikats zu verhindern.

Das Löschen eines Replikats wird automatisch versucht, wenn mindestens eine konfigurierbare Zeitspanne lang keine lokale Anwendung mehr auf das Replikat zugegriffen hat.

Gerade für vorhersehbare Trennungen eines Rechners vom Netz sollte es zusätzlich möglich sein, die lokale Kopie von Replikaten für die Weitergabe zu sperren.[22] Zu diesem Zweck

---

[20] Ähnliche Vorgehensweisen beschreibt unter anderem Borghoff bei Protokollen für die Verringerung des Replikationsgrades bei verteilten Dateisystemen [Borgh90].

[21] In der Realität wird bei verteilten Systemen mit Rechnern aus unterschiedlichen Organisationen (z.B. im Internet) gewünscht, daß ein Dokument nicht zu einem völlig beliebigen Rechner wegwandert, sondern auf einem Rechner der eigenen Organisation bleibt. Darüber hinaus kann man sich auch vertrauenswürdige Dienstleister vorstellen, die einen Archivdienst bereitstellen.

[22] Dieses Vorgehen findet sich auch schon beim verteilten Dateisystem CODA [Satya93b]. Dort kann auf den Clients explizit angegeben werden, von welchen Dateien Kopien im lokalen Cache gehalten werden sollen.

sollte die Datenhaltungskomponente folgende Dienste anbieten:

```
cementReplica(objectid)
isReplicaCemented(objectid)
```

Nun zu dem Fall, daß ein Dokument nicht mehr benötigt wird. Für diesen Fall reicht es aus, alle Einschränkungen für die Weitergabe von Replikaten aufzuheben. Wird ein Dokument nicht mehr bearbeitet, dann bleibt genau eine Kopie des Dokuments im Netz. Hier bietet es sich an, einen besonders konfigurierten Rechner als Archivrechner bereitzustellen. Unter einem Archivrechner verstehe ich einen Rechner mit einer Komponente der Datenhaltungsschicht, die so konfiguriert ist, daß nicht versucht wird, lokal vorhandene Replikate abzugeben, und daß neue Replikate bereitwillig aufgenommen werden.

Realisierung der lokalen Datenspeicherung

In Kapitel 4 habe ich dargestellt, daß die Funktionalität der Datenhaltung mit Hilfe lokaler Objektrepositories und replizierter Verteilungs- und Steuerungskomponenten realisiert werden soll. Für das lokale Objektrepository sollte ein beliebiges existierendes Repository oder eine Datenbank verwendet werden, die folgende Anforderungen erfüllt:

- Verwaltung eines Geflechts von Versionen zu jedem Objekt
- Zugriff auf die Historie und auf beliebige Versionen
- Vergabe eines (global) eindeutigen Identifikators für einzelne Objektversionen

Um verschiedene Implementierungen der lokalen Datenspeicherung zu ermöglichen, wurde für die Datenhaltungskomponenten ein Java-Interface definiert, das eine Schnittstelle zu der von einem solchen Repository benötigten Funktionalität bereitstellt. Weiterhin wurde eine erste Implementierung dieses Interfaces unter Verwendung der GNU-RCS-Programme [Tichy82] zur Speicherung der öffentlichen Versionen von Objekten realisiert.[23]

6.3 Informationsmanagement

Neben der Verwaltung der Objektdaten ist zweitens die Beschaffung und Bereitstellung der in Kapitel 5 spezifizierten Awarenessinformation und besonders der erweiterten Sitzungsinformation zu behandeln.

Kapitel 5 faßt folgende Typen von Information unter dem Begriff Awarenessinformation zusammen:

---

[23] Bei Java-Interfaces handelt es sich um sogenannte 'abstrakte Klassen', also Klassen, die nur die Schnittstelle einer Klasse, also die Namen und Parameter der Klassenmethoden definieren. Die Prototypimplementierung definiert das Interface `VersionStorage`. Die Klasse `VersionStorageRCS` implementiert die Methoden des Interfaces auf Basis der RCS-Programme.

- Ereignisse,

- Historie der Änderungen am Dokument und

- erweiterte Sitzungsinformation (Status der Autoren, Status der Rechner mit Replikaten sowie Historie der Statusänderungen).

Bei einem Ereignis handelt es sich um eine Mitteilung der Datenhaltungskomponente an die Anwendungen über Änderungen an den lokalen Daten. Mit einem Ereignis werden den Anwendungen die in Kapitel 5 spezifizierten Attribute übermittelt: Typ der Aktion, Identifikator des Dokuments, ausführender Benutzer, Ausführungsort, zusätzliche Information, Zeitpunkte der Durchführung und des Empfangs. Diese Daten werden in der Klasse IEvent zusammengefaßt.

Die Anwendungen der Autoren stellen, wie bereits in 6.1 beschrieben, zum Empfang von Ereignismeldungen ein UDP-Socket bereit und registrieren dessen Adresse mit der Anmeldung bei der Datenhaltungskomponente. Die Datenhaltungskomponente sorgt dafür, daß bei jeder Änderung der lokalen Daten (initiiert durch Aktionen der lokalen Benutzer durch Aktionen entfernter Benutzer oder durch Aktionen der Datenhaltungskomponenten selbst) eine Nachricht vom Typ IEvent generiert und an alle Anwendungen geschickt wird, die sich für das der Änderung zugeordnete Dokument angemeldet haben.[24]

Auf Seiten der Anwendungen bieten die Stub-Klassen zwei Möglichkeiten zum Empfang von Ereignissen an. Entweder kann eine Klasse registriert werden, aus der beim Eintreffen einer Nachricht automatisch ein neuer Thread zur Behandlung der Meldung erzeugt wird, oder es kann aktiv nachgefragt werden, ob am Notifikationssocket neue Ereignismeldungen anliegen.

Beim zweiten Typ der bereitzustellenden Awarenessinformation handelt es sich um die Historie der Dokumentenänderungen. Diese soll, wie in Kapitel 5 motiviert, aus den Versionsgraphen der Objekte gewonnen werden. Von den Autoren wird an Information konkret eine Aufstellung der Änderungen in einem Teilbaum eines Dokuments gewünscht. Weiterhin sollte es dabei möglich sein, die Durchführungs- oder Eintreffzeitpunkte der Ereignisse auf einen Zeitraum zu beschränken (vergleiche zu diesen Anforderungen die Ausführungen in Kapitel 5). Nachdem ein Dokument immer aus mehreren Objekten besteht, müssen die Ereignisse in den Versionsgraphen des Strukturobjekts mit den Ereignissen in den Versionsgraphen aller Inhaltsobjekte des Teilbaums kombiniert werden.[25] In der Protoypimplementierung wird als Ergebnis der Kombination eine Liste mit Elementen des Typs IHistoryEntry geliefert. Diese Objekte beinhalten die Daten der ändernden Ereignisse: Ereignistyp, Verursacher (Autor und Rechner), Durchführungszeitpunkt, Empfangszeitpunkt sowie Identifikator des

---

[24]Bei Änderungen an Daten zu Autoren und Rechnern werden die Ereignisse an alle Anwendungen geschickt, die sich für ein Dokument angemeldet haben, bei dem der entsprechende Autor oder Rechner eingetragen ist. Siehe hierzu auch die Diskussion bei den benutzerdefinierten Attributen weiter unten in diesem Abschnitt.

[25]Ein Problem hierbei ist, daß nur die Daten der lokal replizierten Inhaltsobjekte geliefert werden können. Werden die Daten aller Inhaltsobjekte gewünscht, dann muß vorher mit der Methode updateDocumentObjects dafür gesorgt werden, daß von allen Objekten Replikate angelegt werden.

betroffenen Strukturknotens oder des betroffenen Inhaltsobjekts. Zur Bestimmung der Historieneinträge werden die im vorhergehenden Abschnitt definierten Standard-Versionsattribute `creator`, `creationdate` und `creationhost` benutzt.

Zum Zugriff auf die Information stellt die Datenhaltungsschicht zwei Methoden bereit. Die erste erlaubt die Abfrage der Änderungen in einem Teilbaum eines bestimmten Dokuments, die zweite Methode erlaubt den Zugriff auf alle Änderungen, die ein bestimmter Benutzer an den lokal verfügbaren Dokumenten durchgeführt hat:

```
getHistory(objectid)
getHistory(objectid, nodeid)
getHistory(objectid, nodeid, abZeitpunkt)
getHistoryByUser(userid)
getHistoryByUser(userid, objectid)
getHistoryByUser(userid, objectid, abZeitpunkt)
getHistoryByUser(userid, objectid, nodeid)
getHistoryByUser(userid, objectid, nodeid, abZeit)
```

Neben den Ereignissen und der Dokumentenhistorie muß noch die erweiterte Sitzungsinformation bereitgestellt werden. Dabei handelt es sich um eine Menge von Attributen zu Dokument, Autoren oder Rechnern. Wie bei den Attributen der Inhaltsobjekte sind auch bei den Attributen der erweiterten Sitzungsinformation zwei verschiedene Typen unterscheidbar: Attribute mit Zeichenketten, und Attribute mit Listen von Zeichenketten als Wert. Folglich wird für jede Informationsklasse nachfolgend aufgelistete Funktionalität zum Lesen der Attribute benötigt:

```
getAttrKeys(id)
getAttr(id, attrname)
getListAttr(id, attrname)
```

Wie die Dokumentendaten sollten auch die Zusatzinformationen immer verfügbar sein. Aus diesem Grund müssen sie in der lokalen Datenbasis gespeichert werden. Neben den Objektdaten sind also noch Informationsobjekte der folgenden drei Typen lokal gespeichert:

- Dokument bzw. Sitzung

- Benutzer

- Rechner

Bei den Dokumentendaten ist klar, von welchen Datensätzen lokale Replikate vorhanden sein müssen, nämlich zumindest von allen gerade bearbeiteten Dokumenten. Dieselbe Frage ist bei den Benutzer- und Rechnerdaten schwieriger zu beantworten. Es könnte beispielsweise wünschenswert sein, Informationen zu allen möglichen Benutzern zu haben, um unabhängig von Dokumenten Informationen einholen zu können. Wenn man allerdings zugrunde legt, daß es Ziel der Informationen ist, die Bearbeitung von Dokumenten zu unterstützen, und nicht ein allgemeines Informationssystem zu realisieren, kann gefolgert werden, daß nur die Benutzer und die Rechner interessieren, die mit den lokal replizierten Dokumenten zu tun haben.

Nun ist noch zu klären, wie die Werte der Attribute gesetzt werden können bzw. wie sie ermittelt werden.

Benutzerdefinierte Attribute

Zuerst betrachte ich nur die rein benutzerdefinierten Attribute. Dabei handelt es sich um Attribute, deren Name und Wert explizit von den Autoren oder deren Anwendungen gesetzt werden. Diese Attribute stehen also für sich alleine und sich nicht mit Aktionen oder dem Status von Benutzern oder Rechnern verknüpft.

Für die benutzerdefinierten Attribute müssen dieselben Methoden zum Setzen oder Ändern des Attributwertes bereitgestellt werden, wie bei den versionsunabhängigen Objektattributen:

```
setAttr(objectid, attrname, attrvalue)
setListAttrAdd(objectid, attrname, attrvalue)
setListAttrDel(objectid, attrname, attrvalue)
setListAttrChange(objectid, attrname, oldv, newv)
```

Die Funktionen zur Änderung von Informationsattributen sorgen, analog zur Änderung von Objektdaten, neben dem Eintragen in die lokale Datenbasis auch gleich für das Verschicken einer Änderungsmitteilung an alle interessierten Datenhaltungskomponenten. Als 'interessiert' gelten dabei alle Komponenten, die Replikate der Dokumente (Strukturobjekte) speichern, bei denen der Benutzer oder der Rechner eingetragen ist, dessen Datensatz geändert worden ist. Die Änderungsmitteilung wird also an alle Objektgruppen der entsprechenden Strukturobjekte geschickt. Alternativ wäre es auch möglich gewesen, eigene Multicastgruppen für Benutzer und Rechner einzurichten und Änderungsnachrichten nur an diese zu senden. Gegen diese Lösung spricht erstens der Aufwand, der dann beim Datenverwalter zu betreiben wäre, um festzustellen, welchen Gruppen er beitreten und aus welchen er austreten soll. Der zweite Grund, der gegen diese Lösung spricht, ist die schon erwähnte Dokumentenzentriertheit des Systems. Die Hauptsache ist nun einmal das Dokument, folglich liegt es nahe, die Änderungsereignisse zu Benutzer- und Rechnerattributen über die Dokumentenkanäle zu verteilen.

Bei Änderungen von Attributen durch andere Rechner werden, wie bei Objektänderungen, Notifikationen an die Anwendungen der Benutzerschnittstelle generiert. Hier ist noch zu klären, welche Anwendungen Notifikationen zugestellt bekommen. Dem dokumentenzentrierten Ansatz folgend, erhalten Anwendungen Notifikationen zu den Objekten, für die sie eingeschrieben sind, und zu allen Benutzern und Rechnern, die bei solchen Dokumenten eingetragen sind.

Wie bei den Objektdaten sind auch bei der Verwaltung der Informationsattribute verlorengegangene Nachrichten und nebenläufige Zugriffe zu berücksichtigen. Wir brauchen also prinzipiell wieder eine optimistische Nebenläufigkeitskontrolle. Nachdem die Eigenschaften der benutzerdefinierten Attribute denen der versionsübergreifenden Objektattribute gleichen, bietet es sich an, die Verwaltung der Informationsattribute auf die Verwaltung der Objektattribute aufzusetzen:

- Benutzerdefinierte Dokumentenattribute können direkt in Form von Objektattributen des Strukturobjekts verwaltet werden und so in die Nebenläufigkeitskontrolle der Datenhaltung mit einbezogen werden.

- Für Benutzer- und Rechnerattribute könnten neue Objekttypen eingeführt werden, die keinen Inhaltsteil haben, sondern nur Attribute verwalten. Die Informationsattribute könnten dann als Attribute dieser Objekte gespeichert und so konsistent gehalten und verteilt werden.

Nachteil der Lösung für Benutzer- und Rechnerattribute ist, daß bei der Konsistenthaltung und der Verteilung der Daten nicht auf die Besonderheiten der Daten eingegangen werden kann. So ist es bei Rechnerdaten beispielsweise sinnvoll, bei Abgleichen zuerst den Rechner selbst anzusprechen. Auch treten Änderungen bei benutzerdefinierten Attributwerten voraussichtlich nicht sehr häufig auf, so daß eine geringere Abgleichsfrequenz als bei den Inhaltsdaten gewählt werden kann.

Aus diesen Gründen werden die Informationsattribute nicht in Form von Inhaltsobjekten gespeichert. Stattdessen wird für die Benutzer- und Rechnerattribute die Speicherung speziell realisiert. Dabei wird aber auf das Verfahren zur Konsistenthaltung der Inhaltsattribute zurückgegriffen und dieses nur leicht abgewandelt.

Neben dem Versenden von Attributänderungen ist auch hier wieder ein regelmäßiger oder zumindest explizit durchführbarer Abgleich zwischen den Replikaten notwendig. Zur Initiierung eines expliziten Abgleichs durch die Anwendung werden, analog zum Abgleich bei den Dokumentendaten, folgende Funktionen zur Verfügung gestellt:

```
updateUserInfo(userid)
updateHostInfo(hostid)
```

Neben der Initiierung des Abgleichs der Daten einzelner Autoren oder Rechner sollte auch hier wieder eine Initiierung des Abgleichs aller Autoren oder Rechner eines Dokuments möglich sein:

```
updateUserInfoOfDoc(documentObjectid)
updateHostInfoOfDoc(documentObjectid)
```

Nachdem Änderungen der benutzerdefinierten Attribute eher selten vorkommen, ist ein regelmäßiger Abgleich nicht unbedingt notwendig. In der Prototypimplementierung wurde deshalb darauf verzichtet. Stattdessen wird ein Abgleich automatisch ausgelöst, wenn sich ein Benutzer auf einem entfernten Rechner anmeldet (Abgleich der Benutzerdaten), und wenn ein Rechner den Status von 'nicht-erreichbar' in 'erreichbar' umwandelt (Abgleich der Rechnerdaten). Weiterhin wird bei den durch diese Ereignisse initiierten Abgleichsprozessen nicht, wie beim Abgleich der Objektattribute, ein beliebiger Rechner ausgewählt, sondern der Rechner auf dem die Änderungsmeldung erzeugt worden ist, bzw. der Rechner, dessen Status in 'erreichbar' umgewandelt worden ist.

Systemattribute

In Kapitel 5 wurden im Rahmen der erweiterten Sitzungsinformation eine Reihe von Standardattributen definiert, die möglichst automatisch vom Datenhaltungs- und Ereignisdienst ermittelt werden sollen:

- Dokument:

`status`	Status
`statuscomment`	Kommentar zum Statusstring
`userlist`	Liste der Autoren
`replicalist`	Liste der Rechner mit Replikaten
`workareawritelist`	Arbeitsbereiche (schreibender Zugriff)
`workareareadlist`	Arbeitsbereiche (lesender Zugriff)
`reservationlist`	'reservierte' Dokumentenabschnitte

- Benutzer:

`name`	Name des Benutzers
`status`	Erreichbarkeitsstatus
`statuscomment`	Kommentar zum Status
`statusvaliduntil`	Gültigkeitszeit des Statusstrings
`hostlist`	Liste der Rechner, an denen Benutzer arbeitet
`doclist`	Liste der Dokumente, mit denen Benutzer arbeitet
`rolelist`	Liste der Rollen des Benutzers
`lastlogintime`	Zeitpunkt des letzten Logins
`lastseenhost`	Rechner, auf dem zuletzt gearbeitet worden ist
`lastseendoc`	Dokument, mit dem zuletzt gearbeitet worden ist

- Rechner:

`name`	Lesbarer Name des Rechners
`status`	Erreichbarkeitsstatus
`statuscomment`	Kommentar zum Status
`statusvaliduntil`	Gültigkeitszeit des Statusstrings
`userlist`	Liste der Benutzer auf diesem Rechner
`doclist`	Liste der Dokumente mit lokalen Replikaten

Bei einigen der Systemattribute handelt es sich um sogenannte 'soziale Attribute'. Das bedeutet, daß der Wert dieser Attribute nicht von der Datenhaltungsschicht bestimmt werden kann, sondern vom Benutzer explizit eingegeben werden muß. Aus diesem Grund können diese Attribute wie die zuvor behandelten benutzerdefinierten Attribute behandelt werden. Im einzelnen betrifft dies die Dokumentenattribute `status`, `statuscomment`, `reservationlist`, die Benutzerattribute `rolelist`, `statuscomment`, `statusvaliduntil` sowie die Rechnerattribute `statuscomment`, `statusvaliduntil`.

Weiterhin ist bei den Statuswerten für Benutzer und Rechner zwischen einer sozialen Komponente und einer technischen Komponente zu unterscheiden. Wie in Kapitel 5 dargestellt, überlagert die soziale Komponente die vom System bestimmten solange, bis ihre Gültigkeitsdauer abgelaufen ist. Nachdem die soziale Statuskomponente auch wie ein benutzerdefiniertes Attribut gespeichert werden sollte, werden in der Datenhaltungskomponente zwei getrennte Statusvariablen geführt: ein benutzerdefinierter Status `status` und ein von der Datenhaltungsschicht ermittelter Status `statussys`. Bei Lesezugriffen auf das Attribut `status` werden die beiden Variablen kombiniert.

Die Variable für den benutzerdefinierten Status wird hinsichtlich Änderung und Verteilung wie alle anderen benutzerdefinierten Attribute behandelt.

Für die benutzerdefinierten Statuswerte wird zusätzlich folgende Schnittstelle angeboten, die ein Setzen aller in Kapitel 5 motivierten Teilattribute eines Statuswertes in einem Schritt erlaubt:

```
setDocStatus(objectid, status, comment)
setUserStatus(userid, status, comment, timeToLive)
setHostStatus(hostid, status, comment, timeToLive)
```

Nun sind nur noch die Attribute zu behandeln, die von der Datenhaltungskomponente automatisch bestimmt werden können.

Zur Ermittlung und Verbreitung der Attributwerte gibt es dabei prinzipiell folgende Möglichkeiten:

1. lokale Ermittlung der Daten anhand der Nachrichten, die von der Datenhaltung verschickt werden: Wenn beispielsweise eine Update-Mitteilung von einem bestimmten Rechner und einem bestimmten Benutzer eintrifft, dann können dieser Rechner und der Benutzer als aktiv markiert werden.

2. lokale Ermittlung anhand spezieller Anfragen und anhand von Antworten oder Nicht-Antworten auf Poll-Anfragen.

3. Ermittlung der Daten an verschiedenen Stellen (z.B. Ermittlung der Daten zum Status eines Benutzers auf dem Rechner, an dem der Benutzer arbeitet) und Verbreitung an alle anderen Komponenten über den Mechanismus zur Verwaltung der benutzerdefinierten Informationsattribute.

4. Ermittlung der Daten an einer zentralen Stelle und Verteilung über ein beliebiges Verfahren: z.B. globaler Netzmonitor und Versand der Statusmeldungen an alle Rechner. (Ein mögliches Verfahren wäre hier wieder der unter 3. genannte Mechanismus.)

Das dritte Verfahren wäre sinnvoll für Attribute, die nur an einer Stelle ermittelt werden können und ihren Wert solange behalten sollen, bis diese Stelle eine Änderung vornimmt. Bei Statuswerten, die auch und gerade beim Ausfall von Komponenten auf den neuesten Stand gebracht werden sollen, scheiden die letzten beiden Verfahren aber aus. Es darf nicht irgendwo ein Attributwert ermittelt und dann verteilt werden. Stattdessen muß jeder Rechner lokal einen eigenen Wert für das Attribut bestimmen. Die erweiterten Sitzungsdaten sollen eine *lokale Sicht* der Situation darstellen.[26] Zur Ermittlung beitragen können:

- Änderungsnachrichten der Datenhaltung

- Änderungsnachrichten zu Sitzungen und andere Ereignisse, die von der Datenhaltung verbreitet werden

- Spezielle Mitteilungen anderer Rechner (bei Änderungen, die lokal feststellbar sind, kann eine Nachricht an alle interessierten Rechner[27] abgeschickt werden; der Unterschied zum letzten Punkt ist, daß diese Nachrichten nichts mehr direkt mit der Datenhaltung zusammenhängen, sondern speziell für das Informationsmanagement verschickt werden)

- Antworten/Nicht-Antworten auf spezielle Polling-Anfragen

Im Folgenden wird für die einzelnen Attribute diskutiert, wie deren lokale Ermittlung stattfinden kann bzw. durch welche Ereignisse sich ihr Wert ändert und was aktiv gemacht wird, um den Wert aktuell zu halten. Dabei wird angenommen, daß lokal gespeicherte Daten persistent gespeichert werden, also auch nach einem Neustart des Rechners wieder verfügbar sind.

Dokumentendaten

- *Liste der Autoren*:

  Bei der Liste der Autoren soll eine Auflistung aller Autoren geliefert werden, die am Dokument mitarbeiten oder mitgearbeitet haben. Neben den Identifikatoren der Autoren soll der Zeitpunkt gespeichert werden, zu dem der Autor das erste Mal auf das Dokument zugegriffen hat, sowie der Zeitpunkt, an dem der letzte registrierte Zugriff erfolgt ist.

  Es gibt zwei Möglichkeiten, dieses Attribut zu führen. Erstens könnte die Information dezentral ermittelt werden. Dazu müßten die Datenhaltungskomponenten die Autoren-Kennzeichnung in Änderungsnachrichten mit ihrer Liste vergleichen und der Liste unbekannte Autoren hinzufügen. Eine andere Möglichkeit wäre, die Information als benutzerdefiniertes Attribut in einem Dokumentenattribut zu speichern. Dabei wird jeder Autor von seinem lokalen Spezialisten selbst in die Liste eingetragen. Für die Verbreitung sorgen dann die Mechanismen der Datenverwaltung.

---

[26] Natürlich ist auch eine Zusammenarbeit der Komponenten bei der Ermittlung der Attribute denkbar. Darauf soll hier aber nicht näher eingegangen werden.

[27] Bei der Feststellung der interessierten Rechner wird ähnlich zur Feststellung der interessierten Anwendungen beim Ausliefern von Notifikationen vorgegangen, Änderungsmitteilungen zum Dokument werden an die Multicastgruppe des Dokuments geschickt. Änderungen, die einen Benutzer betreffen, an alle Dokument-Gruppen, bei deren Dokumenten dieser Benutzer als Autor eingetragen ist, Änderungen zu einem Rechner an alle Dokument-Gruppen, bei denen der Rechner im Attribut hostlist eingetragen ist.

Für die Liste der Autoren sind beide Realisierungsvarianten einsetzbar. Die dezentrale Ermittlung ist vorteilhaft bei häufigen Änderungen, die Speicherung in den Dokumentenattributen ist einfacher umzusetzen und liefert global konsistente Daten. Aus letztgenannten Gründen habe ich den zweiten Weg gewählt. Konkret wird die Information als Listen-Attribut `userlist` des Strukturobjekts geführt. Eintragungen werden, falls notwendig, beim Öffnen einer Sitzung vorgenommen und haben die Form 'userid:first-seen-time:last-login-time'. Explizite Angaben darüber, ob ein Autor gerade im Dokument aktiv ist, oder seit wann er schon nicht mehr aktiv ist, sind in dieser Liste nicht zwingend notwendig. Diese Daten können über die Benutzerinformationen abgefragt werden.

- *Liste der Replikate*:

    Die Liste der Replikate soll liefern, auf welchen Rechnern Replikate des Dokuments gespeichert sind. Auch hier gibt es wieder die Möglichkeit, die Liste dezentral zu erstellen oder sie wie benutzerdefinierte Attribute in den Dokumentenattributen zu führen. Nachdem auch hier Änderungen der Liste selten sind, wurde auch bei der Replikatliste die Dokumentenattribut-Lösung gewählt.

    Dazu wird auch dieses Attribut als Listen-Attribut `replicalist` des Strukturobjekts geführt. Ein Rechner, der ein Replikat lädt, trägt sich mit aktuellem Zeitstempel ein. Wird ein Replikat als löschbar markiert (also zum Weitergeben vorgesehen), dann kann der entsprechende Listeneintrag wieder gelöscht werden. Nachdem Listeneinträge aufgrund der Konzeption der Datenhaltung nie physikalisch gelöscht werden können, sondern nur mit einer leeren Zeichenkette überschrieben werden, kann hier ohne zusätzlichen Aufwand Zusatzinformation gewonnen werden. Dazu wird das Attribut nicht gelöscht, sondern mit einer Löschkennung und dem aktuellen Zeitstempel überschrieben. Damit ist Information darüber vorhanden, auf welchen Rechnern Replikate des Dokuments liegen oder irgendwann einmal lagen.

- *Arbeitsbereiche*:

    In diesem Attribut werden die Indentifikatoren der Strukturknoten gespeichert, an denen ein Autor arbeitet (z.B. wenn das zugehörige Inhaltsobjekt eines Blatt-Knotens bearbeitet wird). Die Liste der Arbeitsbereiche besteht aus Tripeln der Form: (Benutzer-Identifikator, Strukturknoten-Identifikator, Zugriffszeitpunkt).

    Im Gegensatz zu den letzten beiden Listen handelt es sich bei der Aufstellung der Arbeitsbereiche von Autoren in einem Dokument um ein sehr dynamisches Attribut. Die Information kann sich häufig ändern. Deshalb wird die Liste der Arbeitsbereiche nicht als Dokumentenattribut gespeichert und verteilt, sondern in jeder Datenhaltungskomponente dynamisch ermittelt.

    Bei den Arbeitsbereichsattributen werden nicht die Dokumentenbereiche gespeichert, in denen ein Benutzer bisher gearbeitet hat (dies kann beispielsweise über die Historie ermittelt werden), sondern nur die Bereiche, in denen der momentan arbeitet.

    Es müssen also die Dokumentenzugriffs-Ereignisse eines bestimmten Zeitraums vor dem aktuellen Zeitpunkt zusammengefaßt werden. Um nicht die Information zu den

Arbeitsbereichen inaktiver oder vom Kommunikationsnetz abgeschnittener Autoren zu verlieren, werden nicht die Ereignisse einer festen Zeitspanne gespeichert, sondern mindestens zwei Ereignisse und zusätzlich alle, die maximal zehn Minuten zurückliegen (die Zeiten sind natürlich konfigurierbar). Das heißt, daß es zu einem Benutzer mehrere Arbeitsbereiche geben kann (ein Benutzer kann ja auch an mehreren Anwendungen gleichzeitig arbeiten). Als Ereignis gelten das Eintreffen von Änderungsnachrichten im Zusammenhang mit dem Dokument. Solche Nachrichten werden auch generiert, wenn beim Abgleich Unterschiede festgestellt werden.

Unter Arbeitsbereichen versteht man aber nicht nur Bereiche, in denen ein Benutzer Änderungen vornimmt. Auch Bereiche, auf die ein Benutzer nur lesend zugreift, können als Arbeitsbereiche bezeichnet werden. Dazu müssen also auch Meldungen verschickt und gespeichert werden, sobald ein Benutzer auf ein Objekt lesend zugreift. Im Prototypen wurde dies implementiert. Weiterhin werden Lese- und Schreib-Arbeitsbereiche unterscheidbar gespeichert.[28]

Ist ein Eintrag älter als zehn Minuten, dann wird der Eintrag aus der Liste gelöscht (Ausnahme: die letzten beiden Einträge bleiben solange erhalten, bis eine Abmeldenachricht eintrifft). Ebenfalls gelöscht wird ein Eintrag, falls eine Abmeldenachricht eintrifft, die jünger als der Eintrag datiert ist.

Benutzerdaten

- *Benutzerstatus*:

  Mögliche Werte: ACTIVEinDOC, ACTIVEinDOCidle, ACTIVE, ACTIVEidle, OFFLINE und PASSIVE.

  Beim systembestimmten Benutzerstatus handelt es sich um ein Attribut, das teilweise die lokale Sicht der Erreichbarkeit des Benutzers angibt (Attributwert OFFLINE). Aus diesem Grund kann die Bestimmung des Wertes nur lokal erfolgen. Dabei kann auf Nachrichten zu Änderungen der Dokumentenobjekte und der Sitzungsinformation zurückgegriffen werden. Weiterhin kann man noch vorsehen, daß eine Komponente regelmäßig den Status der lokal registrierten Benutzer ermittelt und verbreitet.

  Um die Werte, die eventuell aus verschiedenen Quellen stammen, koordinieren zu können, muß neben dem aktuellen Wert auch die Zeitangabe der letzten Änderung und der Rechner, von dem der zuletzt gesetzte Wert stammt, gespeichert werden. Damit ist es möglich, bei einem Abgleich zu überprüfen, ob die lokalen oder die entfernten Daten aktueller sind.

  In der Prototypimplementierung wird folgendermaßen vorgegangen:

---

[28]Ein Versenden von Mitteilungen an alle Replikate bei jedem Lesezugriff kann gerade bei größeren Installationen zu Problemen bei der Netzbelastung führen. Lesezugriffe finden nämlich erfahrungsgemäß viel häufiger statt als Schreibzugriffe (vgl. [Borgh90, Borgh93a]). Die Bestimmung des Lese-Arbeitsbereichs sollte also langfristig nicht durch die automatische Mitteilung aller Lesezugriffe erfolgen. Eine Möglichkeit zur Lösung des Problems wäre, daß jede Datenhaltungskomponente die Lesezugriffe ihrer Benutzer zusammenfaßt und regelmäßig explizit verteilt oder diese Information anderen Nachrichten hinzufügt.

- Der Statuswert wird beim Start der Datenhaltungskomponente mit 'PASSIVE' initialisiert. Dann erfolgt eine Anfrage an alle Dokumente, bei denen der Benutzer eingetragen ist, nach dem Statuswert dieses Benutzers.

- Wenn eine Nachricht über das Anmelden eines Benutzers oder zu irgendeinem Lese- oder Schreibzugriff, der von einem Benutzer durchgeführt worden ist, eintrifft, dann wird der Statuswert auf 'ACTIVEinDOC' gesetzt.

- Zu den lokal angemeldeten Benutzern wird regelmäßig der Status ermittelt (ACTIVEinDOC, ACTIVEinDOCidle, ACTIVE, ACTIVEidle). Falls sich dabei eine Statusänderung ergibt, dann wird eine Nachricht an die Multicastgruppen aller Dokumente verschickt, bei denen der Benutzer eingetragen ist.

- Wenn eine Nachricht zu einer Statusänderung eintrifft, und lokal keine neuere Information vorliegt, dann wird der neue Wert übernommen.

- Wurde der Status seit fünfzehn Minuten (konfigurierbar) nicht neu gesetzt, dann wird wie bei der Initialisierung regelmäßig eine Anfragenachricht verschickt. Wird auf diese Anfragenachricht nicht geantwortet, dann wird der Status des Benutzers bei der nächsten Überprüfung auf 'OFFLINE' gesetzt.

- *Rechnerliste*:

  Dieses Attribut soll die Identifikatoren aller Rechner liefern, auf denen der Benutzer gerade arbeitet oder gearbeitet hat. Neben dem Rechnernamen soll auch der Zeitpunkt des letzten An- bzw. Abmeldens geliefert werden.

  Für das Attribut bietet sich die lokale Ermittlung an. Dabei kann durch Auswertung der Kommunikation zwischen den Datenhaltungskomponenten einiges an Information ermittelt werden. Sobald eine Nachricht eintrifft, die besagt, daß ein Benutzer auf einem Rechner tätig ist, wird dies als Login eingetragen. Wenn eine Nachricht eintrifft, die besagt, daß der Benutzer nicht mehr auf dem Rechner ist, dann wird dies als Logout eingetragen (letzteres kann sein: DISCONNECT-Meldung, Benutzer nicht mehr in aktueller Benutzerliste des Hosts).

  Auf die Auswertung der Änderungsmeldungen alleine kann man sich aber nicht beschränken. Da Änderungsnachrichten dokumentenbezogen verschickt werden, würden in diesem Fall nur Informationen zu Rechnern gespeichert, auf denen der Benutzer mit einem Dokument arbeitet, von dem auch lokal ein Replikat vorliegt. Man erhält deshalb keine vollständige Liste aller Rechner, auf denen ein Benutzer arbeitet. Zusätzlich sollte also beim regelmäßigen Abgleich auch dieses Attribut abgeglichen werden. Ein Abgleich mit allen Rechnern, die Replikate desselben Dokuments speichern, ist ausreichend, da der Rechner, auf dem der Benutzer arbeitet, auch an diesem Abgleichsprozeß beteiligt ist, und so die vollständige Information verfügbar ist.

- *Dokumentenliste*:

  In dieser Liste sind die Identifikatoren aller Strukturobjekte (Dokumente) aufgeführt, an denen ein bestimmter Benutzer arbeitet oder gearbeitet hat. Zusätzlich zum Dokumentenidentifikator wird wieder der Zeitpunkt des letzten An- bzw. Abmeldens gespeichert. Die Liste wird genauso wie die Rechnerliste geführt.

- `lastlogintime, lastseenhost, lastseendoc`
  Diese Werte werden direkt aus der Rechnerliste und der Dokumentenliste ermittelt.

Rechnerdaten

- *Rechnerstatus*:
  Mögliche Werte: REACHABLE, DAEMONSdown und notREACHABLE.
  Auch hier ist wieder eine lokale Ermittlung notwendig.

  Für das systembestimmte Attribut muß versucht werden, den Status des Rechners aus der lokalen Sicht heraus möglichst exakt zu ermitteln. In Kapitel 4 ist schon angesprochen worden, daß es in verteilten Systemen nur sehr schwer möglich ist, zwischen verschiedenen Fehlern wie Nachrichtenverlusten, Nicht-Erreichbarkeit und Ausfall eines Rechners zu unterscheiden.

  Die Literatur beschreibt hierzu eine Reihe von Protokollen, die versuchen, die Menge der erreichbaren Rechner möglichst genau zu ermitteln. Dabei wird meist versucht, Partitionierungen und die erreichbare Rechnermenge mittels spezieller Gruppenmitgliedschaftsprotokolle festzustellen (siehe z.B. [Rajag95]).

  Für unsere Anwendung ist eine genaue Unterscheidung der verschiedenen Fehler gar nicht notwendig. Es reicht aus zu wissen, wie sich die Fehler aus der lokalen Sichtweise heraus bemerkbar machen. Deshalb können wir folgende vereinfachende Annahme treffen:

  – Falls ein Rechner innerhalb eines Timeouts nicht auf eine Nachricht antwortet, seit einer gewissen Zeit keine Nachrichten mehr von ihm eingetroffen sind, dann gilt er solange als unerreichbar, bis wieder eine Nachricht von ihm eintrifft.

  Damit ergibt sich folgende Möglichkeit für die Ermittlung des Rechnerstatus:

  – Der Rechner gilt per Default als erreichbar.

  – Mit den Rechnerattributen wird der Zeitpunkt der letzten von diesem Rechner empfangenen Nachricht gespeichert.

  – Regelmäßig wird nachgeprüft, ob schon seit mehr als fünf Minuten (konfigurierbar) keine Nachricht mehr von einem Rechner empfangen worden ist. Ist dies der Fall, dann wird mit einer speziellen Anfragenachricht von diesem Rechner eine Statusmeldung angefordert. Trifft keine Antwortnachricht ein, dann wird der Rechnerstatus auf 'DAEMONSdown' gesetzt.

  – Zusätzlich wird ein PING-Request an den Rechner geschickt. Wird auch darauf nicht innerhalb eines bestimmten konfigurierbaren Zeitraums geantwortet, dann wird der Status auf 'notREACHABLE' gesetzt.

Die Methode zur Ermittlung des Rechnerstatus setzt sich also aus einer Mischung aus aktivem Polling und passivem Warten zusammen.

- `userlist, replicalist, applist`:
  Diese Attribute werden lokal auf dem entsprechenden Rechner ermittelt und ansonsten wie benutzerdefinierte Attribute verwaltet und verteilt.

Historie der Statuswerte

Letztendlich gehören zur erweiterten Sitzungsinformation auch die Historien der Änderungen an Benutzer- und Rechnerstatus. In der Prototypimplementierung werden dazu die lokal ermittelten Änderungen eines konfigurierbaren Zeitintervalls protokolliert und können mit folgenden Funktionen abgerufen werden:

```
getUserHistory(userid)
getUserHistory(userid, abZeitpunkt)
getHostHistory(hostid)
getHostHistory(hostid, abZeitpunkt)
```

6.4 Zusammenfassung

Mit diesem Kapitel habe ich die Realisierung des Datenhaltungs- und Ereignisdienstes abgeschlossen. Neben dem Zugriff auf die eigentlichen Objektdaten wird von dem Dienst auch die in Kapitel 5 spezifizierte erweiterte Sitzungsinformation ermittelt und bereitgestellt. Die in Kapitel 3 angeregte zentrale Komponente zur Datenverwaltung und Sammlung und Bereitstellung von Information ist damit fertiggestellt.

Im nächsten Kapitel stelle ich eine Gruppeneditorumgebung vor, die auf diese Kernkomponente aufsetzt. Hauptsächlich wird dabei auf die Umsetzung des Dokumentenmodells, auf die Benutzerschnittstellen und auf die Integration vorhandener Anwendungen eingegangen.

Kapitel 7

Anwendung der Datenhaltungskomponente im Gruppeneditor Iris

> kooperative Dokumentenerstellung
> Unterstützung kooperativer Dokumentenerstellung
> Verteilte Systeme / Datenhaltung
> Gruppenbewußtsein und Information speziell WANs, mobile Rechner
> Konzeption und Implementierung des Daten/Info-Dienstes
> **Einsatz in der Gruppeneditorumgebung Iris**

Nachdem mit Kapitel 6 die Konzeption des Datenhaltungs- und Ereignisdienstes abgeschlossen ist, stelle ich in diesem Kapitel eine Gruppeneditorumgebung vor, welche die in Kapitel 3 motivierte Architektur umsetzt und die dort erarbeiteten Anforderungen erfüllt, also auch auf den Datenhaltungs- und Ereignisdienst aufsetzt. Dabei handelt es sich um die parallel zur Implementierung des Datenhaltungs- und Ereignisdienstes entwickelte Gruppeneditorumgebung IRIS.[1]

7.1 Dokumente

Bevor ich auf Details der IRIS-Umgebung eingehe, ist zuerst einmal wichtig, zu klären, was überhaupt verwaltet und bearbeitet werden soll. Die in Kapitel 4 ausgeführte Datenverwaltung bietet bei der Wahl der Datenobjekte und bei der Dokumentenstruktur große Freiheiten. Einzige Einschränkung ist, daß ein Dokument aus einer Menge von Objekten bestehen muß, die in einer Struktur organisiert sind.

Dokumentenstruktur

Bei der Entwicklung von IRIS war das erste Ziel, eine Bearbeitung hierarchisch strukturierter Multimedia-Dokumente zu erlauben. Aus diesem Grund wurde eine hierarchische Dokumentenstruktur zur Organisation der Inhaltsobjekte gewählt. Die Inhaltsobjekte werden durch Verweise in den Blättern des Strukturbaumes eingebunden. Auszeichnungen und

---

[1] Eine Motivation und vollständige Entwicklung eines solchen Systems, insbesondere der verschiedenen Benutzerschnittstellen, würde den Umfang dieser Arbeit bei weitem sprengen. Aus diesem Grund wird in diesem Kapitel das parallel zur Arbeit entwickelte System IRIS nur vorgestellt. Ziel der Vorstellung ist die Demonstration der Einsetzbarkeit der grundlegenden Architekturkonzepte und des zentralen Datenhaltungs- und Ereignisdienstes.

Attributierungen von Teilbäumen der Struktur können über Attribute bei den Strukturknoten realisiert werden.

Wie schon in Kapitel 4 angesprochen, muß dieser Strukturbaum nicht ausschließlich für ein Dokument im klassischen Sinne verwendet werden. Die oberen Ebenen des Baumes können benutzt werden, um mehrere Dokumente eines Projektes wie in Ordnerstrukturen in Dateisystemen zu sortieren. In diesen Projektstrukturen können dann auch Informationen zu Kommunikationsprotokollen oder Objekte mit Information zu Aufgabe und Gruppe untergebracht werden. Die Verzeichnisstruktur der Projektdokumente und die interne Struktur der Dokumente wird also in einer hierarchischen Struktur zusammengefaßt.[2]

Ein Dokument besteht aus einem Strukturobjekt, welches sich aus einer Liste von Strukturknoten und einer Liste von Baumkanten zusammensetzt, und aus mehreren Inhaltsobjekten unterschiedlicher Medien. Das Strukturobjekt als Ganzes kann mit seinem global eindeutigen Identifikator angesprochen werden. Weiterhin haben die Knoten des Strukturobjekts eine innerhalb des Objekts global eindeutige Numerierung. Einen Teilbaum der Dokumentenstruktur kann man also mit einem Identifikator ansprechen, der sich aus dem Objektidentifikator des Strukturobjekts und der Knotennummer der Wurzel des Teilbaums zusammensetzt. Ein konkretes Beispiel für einen solchen Identifikator ist `irisobj:x-struct:demo:12` (vgl. Abbildung 7.1).

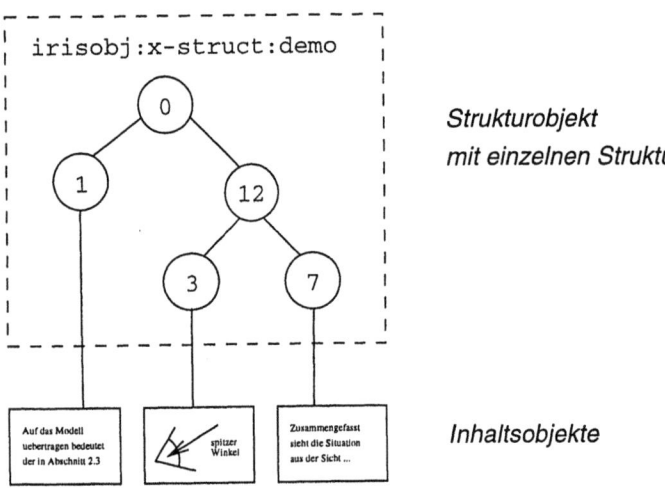

Abbildung 7.1: Hierarchische Dokumentenstruktur in Iris

Zur Demonstration der Flexibilität der Umgebung hinsichtlich der Verwendung verschiedener Dokumentenstrukturen wird momentan zusätzlich an einer Reihe von Editoren gearbeitet, die Hypermedia-Strukturen bearbeiten können. Erstes Einsatzgebiet dieser Editor-Anwendungen soll die kooperative Bearbeitung von Sammlungen von Web-Seiten sein.

---

[2] Auch für solche Dokumentensammlungen wird im weiteren der Begriff 'Dokument' verwendet.

Wichtig ist zu bemerken, daß es sich hierbei nur um neue Anwendungen der Benutzerschnittstelle handelt, sowie um einen neuen Struktur-Datentypen. Der Datenhaltungs- und Ereignisdienst selbst bleibt unverändert.

Inhaltsobjekte

Von den Knoten der Dokumentenstrukturen wird auf Inhaltsobjekte verwiesen. Diese werden durch einen global eindeutigen Identifikator angesprochen und bestehen aus dem eigentlichen Inhalt sowie einer Menge von Attributen. Ein zentrales Attribut aller Objekte ist das Attribut `mimetype`, welches den Typ des Objekts, also die Art seines Inhalts, identifiziert.

Bei der Spezifikation von Objekttypen wurde in IRIS auf die im MIME-Standard[3] festgelegten Medientypbezeichnungen zurückgegriffen. Dieser Standard wird unter anderem auch im Protokoll HTTP (Hypertext Transport Protokoll) beim Austausch von Multimedia-Objekten zwischen Web-Servern und Web-Browsern benutzt. Ein MIME-Medientyp besteht aus zwei Bezeichnungen, dem Haupttyp und dem Subtyp. Für den Haupttyp sind in RFC 1521[4] folgende möglichen Werte definiert: application, audio, image, message, multipart, text, video. Neue Typen können über die IANA (Internet Assigned Numbers Authority)[5] eingeführt werden. Weiterhin können für eigene Typen Typnamen verwendet werden, die mit 'x-'beginnen. Für den Subtyp legt RFC 1521 je Haupttyp einige erste Möglichkeiten fest, Erweiterungen sind in nachfolgenden RFCs vorgeschlagen (z.B. RFC 1896 [Resni96]). Für den Haupttyp 'text' existieren beispielsweise die Subtypen plain, richtext und html.

Im ersten IRIS-Prototypen werden folgende Medientypen verwendet:

- text/plain: ASCII-Text

- text/html: HTML-Seiten

- x-graphic/x-xfig: Mit dem UNIX Vektor-Graphik-Editor XFIG erstellte Vektorgraphiken im proprietären XFIG-Format

- x-struct/x-tree: Strukturobjekt mit hierarchischer Dokumentenstruktur

- x-struct/x-hyper: Strukturobjekt mit Hypermedia-Dokumentenstruktur

- application/*: Beliebige Binärobjekte, die von Einbenutzer-Anwendungen geschriebene Dateien speichern

---

[3]Das Akronym MIME steht für 'Multipurpose Internet Mail Extensions' und standardisiert die Zusammenstellung und den Austausch von Multimedia-E-Mails. Die Grundlagen des Standards sind in den RFCs 1521 und 1522 beschrieben [Boren93, Moore93]. Bei RFCs handelt es sich um Dokumente, die beim Internet Architecture Board (IAB) der Internet Society (ISOC) als Standards vorgeschlagen worden sind, allgemein zugänglich sind und nach Prüfung verschiedene Stati durchlaufen (von 'proposed standard' über 'draft standard' bis zu 'standard').
[4]Zur Erklärung des Akronyms RFC siehe vorhergehende Fußnote.
[5]Die IANA ist eine Organisation, die im Internet allgemein verwendete Protokollparameter registriert. Dabei handelt es sich um die IP-Adressen, um Protokollkennungen aber auch um die Medien-Kennungen des MIME-Standards. Bei der Vergabe von IP-Adressen arbeitet die IANA mit den verschiedenen Network Information Centers (NICs) zusammen.

7.2 Aufbau der Editorumgebung

Komponenten

Wie in Kapitel 3 motiviert, ist die Editorumgebung in einen Datenhaltungs- und Ereignisdienst und in eine Schicht mit Anwendungen der Benutzerschnittstelle aufgeteilt. Als Datenhaltungs- und Ereignisdienst wird bei IRIS der in den vorhergehenden Kapiteln spezifizierte und realisierte Dienst benutzt.

Abbildung 7.2 zeigt alle Teile von IRIS im Zusammenhang. Auf den Rechnern A und B befinden sich Komponenten der Datenhaltungsschicht, die lokale Replikate und Informationen verwalten (Rechtecke in der unteren Hälfte der gepunkteten Rechnerbereiche). Neben den Datenhaltungskomponenten gibt es auf diesen beiden Rechnern noch Editor- oder Awarenessanwendungen, die direkt mit der lokalen Datenhaltungskomponente kommunizieren (abgerundete Rechtecke mit durchgezogenen Linien). Schließlich existieren auf den Rechnern noch externe Anwendungen, die keinen direkten Kontakt zur Datenhaltung haben, aber von den Editoranwendungen gestartet worden sind, und eventuell noch mit diesen kommunizieren (abgerundete Rechtecke mit gestrichelten Linien). Unter den Rechnern findet Kommunikation zwischen den Komponenten der Datenhaltung und eventuell zwischen den externen Anwendungen statt (z.B. bei Videokonferenzsystemen). Rechner C und D replizieren keine Komponente der Zugriffsschicht. Die Editoranwendungen auf diesen Rechner kommunizieren über TCP-Sockets mit den Datenhaltungskomponenten auf den Rechnern A bzw. B.

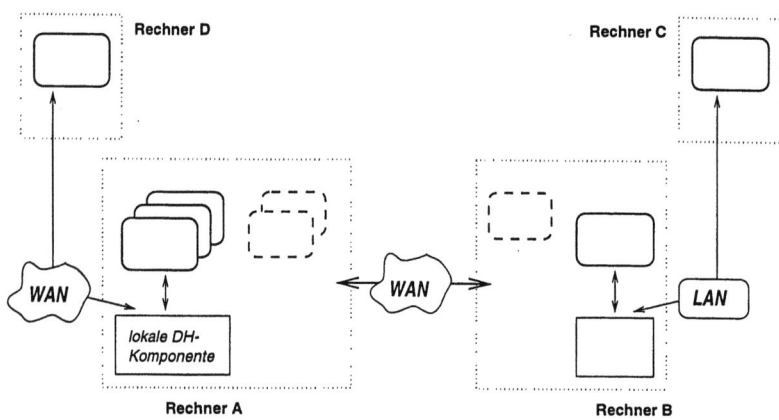

Abbildung 7.2: Komponenten in der Editorumgebung Iris

Neben einem allgemeinen Vorschlag für den Aufbau der Editorumgebung, der dieser Grundarchitektur zugrundeliegt, wird in Kapitel 3 ab Seite 65 eine Reihe von Anforderungen vorgestellt, die eine Editorumgebung und speziell die Benutzerschnittstelle einer solchen Editorumgebung berücksichtigen muß.

Zusätzlich zu den schon bei der Konzeption des Datenhaltungs- und Informationsdienstes berücksichtigten Anforderungen werden für die Benutzerschnittstelle konkret folgende besonderen Anforderungen aufgelistet:

- Modularität, Erweiterbarkeit (verschiedene Oberflächen und auch Standardprogramme zur Bearbeitung von Dokumenten),

- Konfigurierbarkeit und

- Integration von externen Anwendungen zur Kommunikation und zur Koordination.

In den folgenden Unterabschnitten wird zu den einzelnen Anforderungen besprochen, wie diese in IRIS gelöst sind, der nachfolgende Abschnitt beschreibt dann die konkreten Anwendungen der Benutzerschnittstelle.

Erweiterbarkeit, Einsatz von Standardeditoren

Als wichtigste Forderung bei der Erweiterbarkeit und Flexibilität eines Gruppeneditors wurde in Kapitel 3 die Verwendbarkeit verschiedenster Benutzeroberflächen genannt. Dies wird grundsätzlich durch die Trennung von Datenhaltungsdienst und Benutzerschnittstellen ermöglicht. Jeder Benutzer kann eine beliebige Anzahl von Anwendungen starten, die dann über die festgelegte Schnittstelle auf die Dokumentendaten zugreifen können und von den Datenhaltungskomponenten über Änderungen informiert werden, die andere lokale oder entfernte Anwendungen am Dokument oder an den Sitzungsdaten vornehmen.

Eine besondere Stellung bei der Frage der Erweiterbarkeit nimmt die Möglichkeit der Benutzung von Standard-Einbenutzer-Editoren ein. Nachdem Standard-Editoren nicht den IRIS-Datenhaltungsdienst zum Laden und Speichern von Daten benutzen, mußte hier eine andere Lösung gefunden werden.

In diesem Zusammenhang möchte ich noch einmal auf die schon in Kapitel 3 angesprochenen Rahmensystemkonzepte im CAD-Bereich zurückkommen. Grundsätzlich handelt es sich dabei meist um eine Objektdatenbank, eine Reihe von Basisdiensten (z.B. zur Inter-Tool-Kommunikation) und eine Benutzerschnittstelle zur Navigation in Projektdaten und zum Start von einzelnen Werkzeugen. Die entsprechenden Systeme wie SIFRAME [Sifra94] und PORTABLE COMMON TOOL ENVIRONMENT (PCTE) [ECMA93] haben also eine große Ähnlichkeit mit IRIS. Eine Gemeinsamkeit ist auch das Problem der Integration von Anwendungen in das Rahmensystem (siehe z.B. [Bende96, Rammi92]). Bei der Integration der Entwurfswerkzeuge in die Datenhaltung werden drei Klassen von Integrationsmethoden unterschieden:

black box: Bei der 'black-box'-Lösung wird die Anwendung als Ganzes gekapselt. Die Daten aus dem Repository werden so aufbereitet, daß die Anwendung über ihre üblichen Mechanismen darauf zugreifen kann (z.B. Schreiben der Daten in eine Datei).

grey box: Wenn die Dateizugriffe der Anwendung direkt durch Inanspruchnahme von Diensten des Objektrepositories ersetzt werden, dann spricht man von 'grey-box'-Integration. Für eine solche Integration benötigt man in der Regel den Quelltext der zu integrierenden Anwendung.

white box: Bei der 'white-box'-Integration laden Anwendungen die benötigten Daten nicht mehr als Ganzes. Die Daten sind in feiner Granularität gespeichert und es wird nur der Teil gelesen oder geschrieben, der gerade benötigt wird. Zusammen mit zusätzlich angebotenen Notifikationsmechanismen ist damit eine simultane Arbeit mehrerer Anwendungen auf gemeinsamen Datenbeständen möglich. Als Erweiterung der 'grey-box'-Integration ist es auch hier notwendig, in den Quellcode von anzupassenden Anwendungen einzugreifen oder noch besser, spezielle neue Anwendungen zu schreiben.

Die bei IRIS angestrebte Lösung entspricht der 'white-box'-Lösung. Dafür müssen allerdings neue Anwendungen geschrieben werden, deren Datenspeicherung komplett auf dem Datenhaltungsdienst basiert, und die weiterhin möglichst viel von der Information des Ereignisdienstes verwerten und darstellen können. Für die Integration von Anwendungen, bei denen der Quellcode nicht vorliegt oder nicht geändert werden soll, ist aber die 'black-box'-Integration zu wählen:

- Soll ein Teilbaum eines Dokuments mit einem Standardeditor bearbeitet werden, dann wird eine spezielle Shell-Anwendung aufgerufen, welche die Dokumentendaten aus der IRIS-Datenhaltungsschicht ausliest, für das Programm in Form einer Datei bereitstellt und eine eventuell neu beschriebene Datei wieder an die IRIS-Datenhaltung zurückschreibt.

- Für einzelne Objekte ist dieses Vorgehen einfach realisierbar. Es können sogar beliebige Datenformate als Inhaltsobjekte verwendet werden (z.B. das proprietäre XFIG-Graphikformat). Bei Teilbäumen muß aber aus den Einzelobjekten und der Strukturinformation eine Datei zusammengebaut werden und die geänderte Datei später wieder in die Einzelteile zerlegt werden.

- Die Shell-Programme bieten zusätzlich noch ein Fenster an, in dem Ereignisse zum (Teil-)Dokument dargestellt werden. Über diese Schnittstelle ist auch ein Zugriff auf Dokumenten- oder Knotenattribute möglich, und es können externe Kommunikationsanwendungen aufgerufen werden.

- Sind die einzubindenden Anwendungen über Programmierschnittstellen erweiterbar oder bieten sie eine entsprechende Schnittstelle an, dann kann die Shell-Funktionalität in die Programme selbst eingebaut werden. Damit ist u.a. eine Darstellung von Awarenessinformation in den Standard-Benutzerschnittstellen möglich. Eine solche Integration wurde probehalber mit dem Editor GNU-EMACS durchgeführt [Brand95].

Konfigurierbarkeit

Zur Konfigurierung der Anwendungen können für einzelne Anwendungen oder auch für alle Anwendungen zusammen Attribute, sogenannte Properties, definiert werden. Bei den Properties handelt es sich um Tupel aus Zeichenketten, einem Schlüssel oder Namen und einem Attributwert. Einzige Einschränkung bei der Wahl der Zeichenketten ist, daß weder Schlüssel noch Attributwert ein Zeilenwechselzeichen enthalten dürfen und der Schlüssel zusätzlich kein Gleichheitszeichen enthalten darf.

Solche Tupel können in der Form 'attributname=attributwert' im Unterverzeichnis '.iris/properties' des Wurzelverzeichnises des Benutzers[6] eingetragen werden. Anwendungsspezifische Attribute werden in der Datei mit dem Namen der Anwendung eingetragen, Attribute, die für mehrere Anwendungen gelten sollen, in der Datei 'alltools'.

Attributwerte, die für alle Benutzer auf einem Rechner gelten sollen, können auf dieselbe Art und Weise in einem Unterverzeichnis des lokalen IRIS-Homeverzeichnisses[7] abgelegt werden.

Beim Start einer Anwendung oder beim Neuladen der Properties werden diese Dateien in folgender Reihenfolge geladen. Dabei werden jeweils eventuell schon zu einem Schlüssel definierte Werte mit den neuen Werten überschrieben:

1. Datei 'alltools' im IRIS-Homeverzeichnis,

2. anwendungsspezifische Datei im IRIS-Homeverzeichnis,

3. Datei 'alltools' im Benutzerverzeichnis und

4. anwendungsspezifische Datei des Benutzers.

Eingesetzt werden die Möglichkeiten zur Konfigurierung beispielsweise zur Anpassung der Präsentation, aber auch zur Festlegung, welche Anwendungen gestartet werden sollen, wenn bestimmte Dienste aufgerufen werden (z.B. Auswahl des bevorzugten Editors oder E-Mail-Readers).

Eine weitergehende Konfigurierbarkeit ist noch durch den modularen Aufbau der neu erstellten Komponenten gegeben. So sind alle Komponenten zur Anzeige von Awarenessinformation in eigenständigen Modulen realisiert. Konkret existieren bisher folgende Module:

- Anzeige von Ereignissen,

- Anzeige der Historie von Dokumentenzugriffen,

- Anzeige der Historie von Statusänderungen (Benutzer und Rechner),

---

[6]Das Wurzelverzeichnis des Benutzers wird plattformunabhängig über das Java-System-Property 'user.home' bestimmt.

[7]Der Name des IRIS-Homeverzeichnis wird über das Java-System-Property 'iris.rootdir' ermittelt. Dieser Wert kann beim Start des Java-Interpreters in Form eines Aufrufparameters explizit gesetzt werden oder er wird bei der ersten Verwendung abhängig vom Betriebssystem, unter dem IRIS eingesetzt wird, gesetzt.

- Anzeige einer attributierten Benutzerliste,

- Anzeige, ob E-Mail zu einem Dokument vorliegt (Dokumenten-Mail-Biffer), und

- Anzeige und Modifikation von Dokumenten-, Benutzer- oder Rechnerattributen.

Diese Module können mit sehr geringem Aufwand, den Anforderungen der Benutzer entsprechend, mit Editor- oder Navigationsmodulen zu neuen Anwendungen kombiniert werden. Genauso ist natürlich der Einsatz der Komponenten als eigenständige Anwendungen denkbar.

Externe Anwendungen

Die IRIS-Umgebung soll kein geschlossenes System sein, sondern sie soll mit anderen Anwendungen kommunizieren können. Bei dieser Forderung war speziell an die Nutzung externer Kommunikationsanwendungen und an die Integration von Programmen zur Koordinationsunterstützung, wie z.B. Workflow-Management-Systeme, gedacht.

In IRIS ist bisher nur der erste Anforderung erfüllt: Alle IRIS-spezifischen Anwendungen bieten die Möglichkeit, direkt Kommunikationsanwendungen zu starten. Folgende einfachen Klassen von Anwendungen sind definiert und werden über die Programmproperties konkreten Programmen zugeordnet: `email`, `videoconf`, `audioconf`, `textconf`, `texttalk` und `news`. Weiterhin ist es beim Aufruf der Anwendungen möglich, Parameter wie Zieladresse und Subject oder Multicastadresse aus den verfügbaren Benutzer-, Dokumenten- oder Rechnerattributen zu erzeugen und mitzugeben.

Die Übergabe von Parametern findet momentan durch Speicherung der Aufrufsyntax mit Platzhaltern als Programmproperties statt, z.B. `email=tin {user.email}`. Neben der Übergabe von Werten an aufgerufene Programme sollten aber auch Ausgaben der externen Anwendungen entgegengenommen und IRIS-Attributwerte gesetzt oder geändert werden können. Erst damit ist dann auch die Integration von Workflow-Management-Systemen oder anderen Anwendungen möglich, die Informationen zurückliefern. Mittelfristig ist deshalb für den Aufruf externer Anwendungen der Einsatz von Skriptsprachen geplant, so daß auch eine Steuerung des externen Programms und eine Reaktion auf eventuelle Ausgaben oder Rückgabeparameter stattfinden kann.

7.3 Benutzerschnittstelle

Die Benutzerschnittstelle von IRIS umfaßt erstens verschiedene Editoren, mit denen Dokumente oder Teile von Dokumenten bearbeitet werden können. Als zweite Komponente werden Anwendungen bereitgestellt, die eine Navigation in den Dokumentenstrukturen erlauben und auch die Darstellung von Awarenessinformation unterstützen. In diese Gruppe gehören auch die Anwendungen, welche die erweiterte Sitzungsinformation darstellen.[8] Schließlich gibt es noch die externen Anwendungen, die von den Anwendungen in den zuvor genannten Klassen aufgerufen werden können, bzw. mit denen diese Anwendungen zusammenarbeiten können.

Folgende Liste stellt die verschiedenen Anwendungsklassen nochmal dar:

- Navigationsanwendungen

- Awarenessanwendungen

- Editoranwendungen (spezielle IRIS-Editoren, angepaßte Editoren und Standardeditoren mit Shell-Anwendung)

- externe Kommunikationsanwendungen

Diese Klassen von Anwendungen werden nun zusammen mit den bisher realisierten Anwendungen detaillierter vorgestellt.

Als Einführung in die IRIS-Benutzerschnittstelle folgt nun noch eine kurze Beschreibung einer möglichen Beispielsitzung mit dem System:

Benutzer U besetzt nach einem Urlaub seinen Arbeitsplatz wieder und möchte die Bearbeitung eines Zeitschriftenartikels fortsetzen, den er zusammen mit seinen Kollegen K und M erstellt.

Zu diesem Zweck startet er als erstes den IRIS-Struktureditor für das Strukturobjekt des Artikel-Projektes.[9] Nach dem Starten der Anwendung erhält U zuerst die Meldung, daß einige neue E-Mails in Zusammenhang mit diesem Projekt vorliegen. U kann direkt aus dem Struktureditor heraus seinen bevorzugten Mail-Reader starten (Einstellung in den Programmproperties) und diese Mails durchsehen und beantworten.

Nach der Erledigung seiner elektronischen Post zum Projekt läßt sich U vom Struktureditor die momentanen Arbeitsbereiche seiner Koautoren anzeigen, und geht, um sich über den aktuellen Stand der Arbeit zu informieren, die Historie der Änderungen durch, die in seiner Abwesenheit durchgeführt worden sind.

Parallel zum Struktureditor ist automatisch die Anwendung zur Anzeige der aktuellen Gruppensituation (erweiterte Sitzungsinformation) gestartet worden. Hier sieht U, daß seine Kollegin M für den Rest der Woche nicht erreichbar ist,

---

[8] Wie im vorhergehenden Abschnitt kurz vorgestellt, ist diese strenge Trennung zwischen Anwendungen zum Editieren und zur Anzeige der erweiterten Sitzungsinformation und anderer Awarenessinformation nicht immer vorhanden. Die als eigenständige Anwendungen verfügbaren Module zur Informationsanzeige können genauso in die Navigations- und Editoranwendungen integriert werden. Der Übersichtlichkeit halber werden die wichtigsten Awarenessmodule hier aber getrennt als eigenständige Anwendungen beschrieben.

[9] In der Dokumentenstruktur sind nicht nur der Text des Artikels enthalten, sondern auch Konzeptpapiere und die gesamte Korrespondenz im Zusammenhang mit dem zu erstellenden Zeitschriftenartikel.

daß aber K gerade an seinem Arbeitsplatz anzutreffen ist und mit einer IRIS-*Anwendung arbeitet. U könnte direkt durch Anwählen des Bildes von K eine Videokonferenz mit K initiieren oder durch Anwählen des Bildes von M eine E-Mail an M erstellen und abschicken.*

Schließlich möchte U die Arbeit an seinen Dokumententeilen fortsetzen. Dazu wählt er im Struktureditor einen Teilbaum des Dokuments aus und startet dafür durch Anklicken seinen bevorzugten Dokumenteneditor vi.

Neben dem Editorfenster mit dem Text erhält U daraufhin ein Fenster, in dem aktuelle Ereignisse, die den Text betreffen, dargestellt werden. Weiterhin steht noch das zuvor gestartete Sitzungsinformationsanwendung zur Verfügung, um die aktuelle Sitzungszusammensetzung anzuzeigen.

Alternativ zu einem Standardeditor könnte U auch einen speziellen IRIS-*Editor benutzen, um den Text zu editieren. Neben einer besseren Darstellung der Ereignisse zu den Inhaltsobjekten und zum Dokument bietet ein solcher Editor den Vorteil, daß damit direkt kleine Änderungen an der Dokumentenstruktur vorgenommen werden können.*

Navigations- und Awarenessanwendungen

Struktureditor

Der Struktureditor wird benutzt zur Navigation in Dokumentenstrukturen, zur Modifikation derselben und zur Erlangung eines Überblicks über die aktuelle Situation.

Dazu kann die hierarchische Struktur eines Teildokuments oder eines ganzen Projektdokuments dargestellt werden (Aufrufparameter des Struktureditors ist entweder der Identifikator eines Strukturobjekts oder der Identifikator eines Teildokumentes in der Form docid: nodeid[10]). Die Darstellung der Struktur ist entweder als Baum oder in Form geschachtelter Boxen möglich (siehe Abbildung 7.3). Weiterhin ist es möglich, für Teilsichten (Teilbäume) separate Fenster zu öffnen.

Die Arbeitsbereiche der anderen Benutzer (Attribute workareadlist und workareawritelist) können in den Knoten des Baums eingeblendet werden. Damit ist es möglich, einen schnellen Überblick über die Situation zu bekommen oder möglich, bei direkter Kommunikation mit einem Benutzer schnell abzuklären, in welchen Bereichen er oder sie gerade arbeitet.

Aus dem Struktureditor heraus kann Information zum Dokument und zu den einzelnen Knoten abgefragt werden (z.B. Änderungshistorie). Weiterhin ist es möglich, Attribute des Strukturobjekts, Attribute von Strukturknoten und Attribute der Inhaltsobjekte zu ändern und komplexe Strukturoperationen vorzunehmen.

---

[10]Beim Struktureditor und auch bei allen anderen IRIS-Anwendung ist es weiterhin möglich, zur Identifikation von Dokumenten selbstdefinierte Namen zu verwenden. Diese können von jedem Benutzer getrennt in Form von Aliasen für die Dokumentenidentifikatoren festgelegt werden.

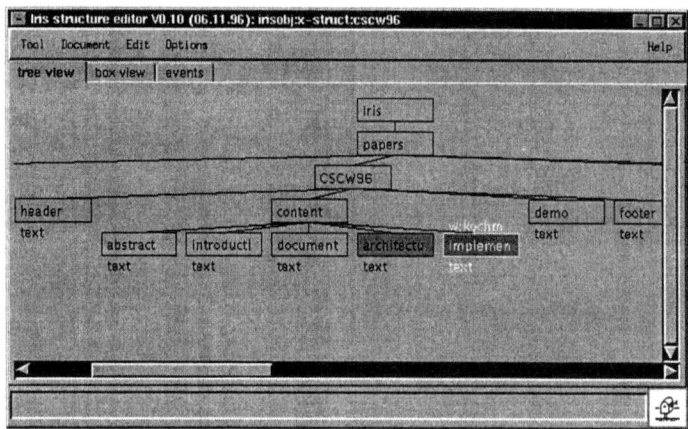

Abbildung 7.3: Editor zur Bearbeitung von hierarchischen Dokumentenstrukturen und zum Navigieren in solchen Dokumentenstrukturen

Schließlich ist es noch möglich, durch Auswahl von Strukturknoten einen Editor für den zugehörigen Teilbaum des Dokuments zu starten. Dabei wird anhand der Knotenattribute, der Typen der Blätter im Teilbaum und der Einstellungen in den Programmproperties bestimmt, welche Anwendung konkret aufzurufen ist.

Sitzungsinformation

Der Struktureditor und die nachfolgend besprochenen Editoranwendungen stellen Awarenessinformation nur insoweit dar, als sie direkt zu den editierten Daten gehören. So kann im Struktureditor dargestellt werden, welche Benutzer in welchen Bereichen arbeiten. In einem Texteditor wird Information dazu geliefert, welche Benutzer sonst noch an den Inhaltsobjekten arbeiten. Zur Darstellung der erweiterten Sitzungsinformation bieten die Editoranwendungen und der Struktureditor die Möglichkeit an, direkt zwei spezialisierte Anwendungen zu starten, welche die Sitzungsinformation präsentieren. Diese Anwendungen realisieren die in Abschnitt 5.5 vorgestellten Ideen.

Die erste dieser Anwendungen kann eine attributierte Benutzerliste anzeigen. Hier werden in einem Fenster alle Benutzer, die mit einer Dokumentenstruktur zu tun haben, als Icons dargestellt.

Die Icons sind in zwei unterschiedliche Bereiche eingeteilt, je nachdem ob ein Benutzer gerade aktiv ist oder nicht. Weiterhin stellen die Icons zusätzliche Information zum Status der Person dar (z.B. 'in Urlaub bis x'). Mit den Icons verbunden sind Pop-Up-Menüs, über die der Benutzer genauere Information erhalten, oder externe Anwendungen und beliebiger Editoren aufrufen kann. Auf diese Weise können beispielsweise E-Mail-Reader oder Konferenzsysteme gestartet werden, bei denen Parameter wie die Zieladresse automatisch ausgefüllt werden.

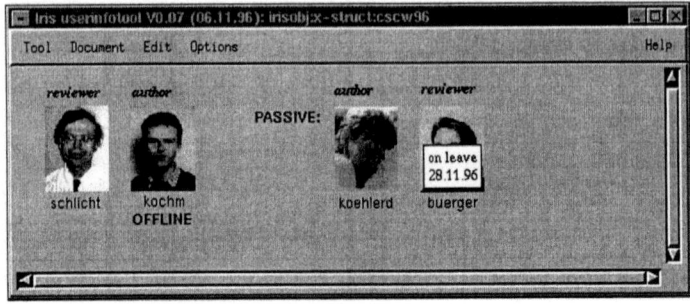

Abbildung 7.4: Sitzungsinformationsanwendung

Rechnerinformation

Die zweite Awarenessanwendung realisiert die Darstellung der Netzsituation. Dabei werden alle Rechner, die an der Bearbeitung eines oder mehrerer Dokumente beteiligt sind, in Form von Icons dargestellt. Die Icons visualisieren den Status der zugehörigen Rechner. Über Pop-Up-Menüs sind genauere Informationen abfragbar.

Weiterhin können die Rechnericons beliebig im Fenster angeordnet werden. Damit ist eine optische Clusterung der Icons möglich. Die Anordnung der Icons wird gespeichert und bei späteren Sitzungen wieder geladen.

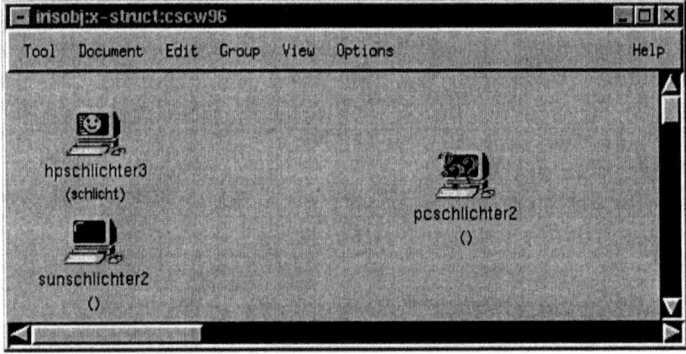

Abbildung 7.5: Rechnerinformationsanwendung

Editoranwendungen

Wie schon erwähnt, ist bei den Editoranwendungen zwischen der Verwendung von Standardanwendungen und dem Einsatz speziell erstellter oder angepaßter Anwendungen zu unterscheiden.

Integration von Standardanwendungen

Zur Integration von Standardeditoren wird ein Programm angeboten, welches das im vorhergehenden Abschnitt beschriebene Vorgehen implementiert: Der angegebene Teilbaum wird in eine Datei geschrieben und eine beliebige Standardanwendung auf dieser Datei gestartet. Zusätzlich wird ein Fenster erzeugt, in dem Ereignisse dargestellt werden und über das ein Zugriff auf die IRIS-Attribute des Dokuments möglich ist (siehe Abbildung 7.6). Überschreibt die Standardanwendung die Ursprungsdatei oder wird sie beendet, dann werden die neuen Daten an die Datenhaltungsschicht zurückgeschrieben.

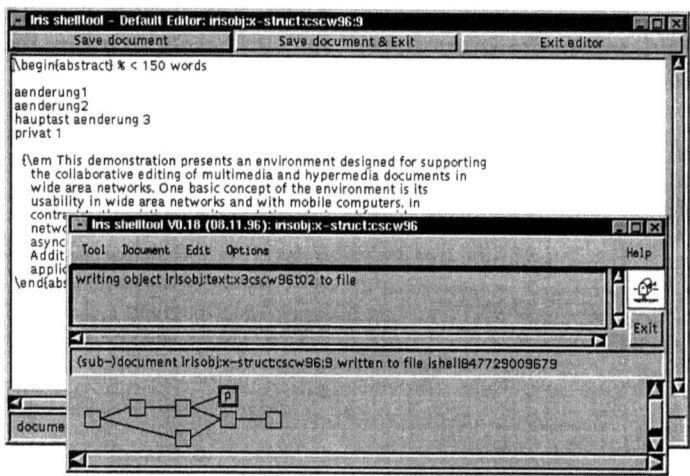

Abbildung 7.6: Oberfläche der Iris-Shell-Anwendung

Das realisierte Programm `ishell` kann entweder Teilbäume von Textobjekten oder einzelne Inhaltsobjekte verarbeiten. Die Anwendung, die zur Bearbeitung der Zieldatei gestartet wird, bestimmt sich folgendermaßen:

- einzelne Inhaltsobjekte: Falls das Inhaltsobjekt ein Attribut namens `application` besitzt, dann wird dessen Wert verwendet. Ansonsten wird aus den Programmproperties der zum Medientyp des Inhaltsobjekts gespeicherte Wert benutzt.

- Teildokumente: Falls der Wurzelknoten des Teilbaums ein Attribut namens `application` besitzt, dann wird dessen Wert verwendet, ansonsten der zum Medientyp des ersten Objekts im Teilbaum gehörende Wert.

165

iemacs

Als Beispiel für die Möglichkeit der Anpassung existierender Anwendungen wurde für den Editor GNU-EMACS ein neuer 'Mode' implementiert, der es erlaubt, Teilbäume mit Textobjekten direkt von der Datenhaltungsschicht zu lesen und Änderungen wieder dorthin zurückzuschreiben. Weiterhin kann mit diesem Mode in zusätzlichen Emacs-Puffern eine Liste aktueller Ereignisse und Information zu den Arbeitsbereichen anderer Autoren angezeigt werden.

Abbildung 7.7: GNU-Emacs mit Iris-Mode

Die Struktur von Teilbäumen eines Dokuments bleibt beim Bearbeiten in diesem Mode erhalten. Die Struktur kann sichtbar gemacht werden, und es ist möglich, geringfügige Änderungen an der Struktur vorzunehmen (Einfügen oder Löschen von Knoten, Aufteilen und Zusammenfügen von Inhaltsobjekten).

ixe

Als Beispiel eines speziell für IRIS realisierten Editors wurde auf der Basis der X11-Athena-Text-Widgets ein einfacher Text-Editor realisiert. Textobjekte eines Teilbaums werden geladen und mit der Struktur dargestellt, für Objekte anderen Typs werden Platzhalter dargestellt. Wie der zuvor besprochene Emacs-Mode kann dieser Editor auch Awarenessinformation direkt darstellen und die Dokumentenstruktur visualisieren. Auch kleine Änderungen an der Dokumentenstruktur sind möglich.

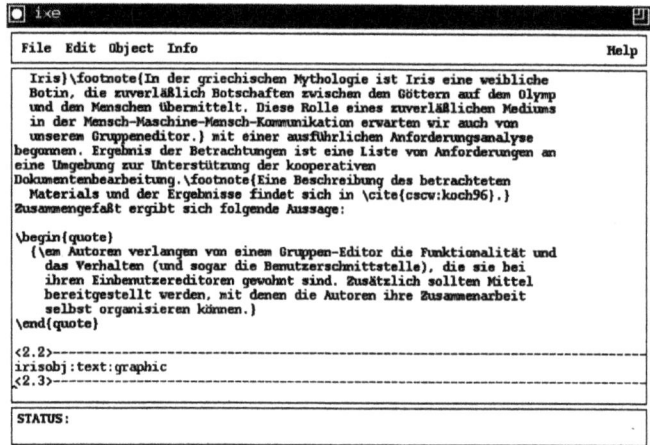

Abbildung 7.8: Iris-Texteditor ixe

Externe Anwendungen

Wie schon im letzten Abschnitt besprochen, beschränkt sich die Integration externer Anwendungen bisher auf die Integration verschiedener Kommunikationsanwendungen.[11]

Dazu beinhalten der Struktureditor, die Awarenessanwendungen und die einzelnen Editoren bzw. die Shell-Anwendung Möglichkeiten, Standarddienste wie E-Mail-Programme oder Videokonferenzsysteme zu starten. Diese Dienstaufrufe werden über die Programmproperties konkreten Anwendungen zugeordnet und diese dann, zusammen mit den angegebenen Parametern, aufgerufen.

Konkret ist folgendes möglich:

- In allen Anwendungen kann ein Videokonferenzdienst gestartet werden. Dazu wird ein Videokonferenzsystem auf einem dokumentenspezifischen Multicastkanal gestartet.[12]

- In der Benutzerliste können ein oder mehrere Benutzer ausgewählt und zu einer Videokonferenz aufgefordert werden. Dazu wird ein Multicastkanal erzeugt und lokal die entsprechenden Anwendungen gestartet. Dann werden die Partner über Ereignisse der Datenhaltungskomponente informiert und zum Beitritt aufgefordert. Der Struktureditor und das Sitzungsinformationsanwendung stellen eine solche Anfrage in einem Informationsfenster dar. Dieses Fenster bietet die Möglichkeit an, durch einfaches

---

[11] Die Arbeiten in diesem Bereich wurden im Rahmen des Teilprojektes 3.1 'Videointegration für den Mehrbenutzer-Editor IRIS' des vom DFN-Verein geförderten 'Regionalen Testbeds Bayern' durchgeführt. Siehe dazu http://www11.informatik.tu-muenchen.de/proj/rtb/.

[12] Als Videokonferenzsystem werden im Prototypen die Mbone-Tools VAT und VIC benutzt (zu den Mbone-Tools siehe z.B. [Braun94, McCan95]).

Anklicken die entsprechenden Anwendungen zu starten und damit der Konferenz beizutreten.

- Ebenso wie bei den Videokonferenzen kann man Textkonferenzen beitreten oder solche initiieren. Dazu wird momentan das Programm IRC verwendet.

- Beim Start des Struktureditors wird geprüft, ob in einem bestimmten Mail-Folder (Einstellung per Programmproperties) neue Mails enthalten sind, die als 'Subject' den Identifikator des Dokuments tragen. Ist das der Fall, dann wird der Benutzer darüber informiert.

- Der Benutzer des Struktureditors hat ferner jederzeit die Möglichkeit, einen Mail-Reader zu starten, der automatisch in den eben erwähnten Folder wechselt.

- Weiterhin ist es durch Anklicken von Personen im Sitzungsinformationsanwendung (Benutzerliste) möglich, ein Mail-Programm zum Erstellen einer Mail an den Benutzer zu starten. Dabei werden die Felder 'Empfänger' und 'Subject' bereits automatisch ausgefüllt.

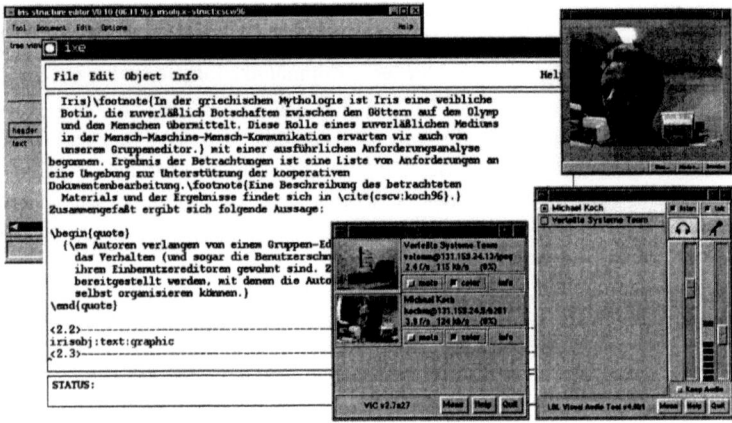

Abbildung 7.9: Iris-Editoren mit Konferenzanwendungen

Import/Export

Um bestehende Dokumente in das System übertragen zu können und um IRIS-Dokumente außerhalb des Systems weiterverwenden zu können, sind schließlich noch folgende Import-/Export-Programme realisiert worden:

- i2txt: Mit i2txt ist es möglich, einzelne oder auch alle Textknoten eines Teilbaumes in eine ASCII-Datei auszugeben. Dazu werden die Knoten einfach nacheinander ausgegeben.

- i2latex, latex2i: Mit diesen Programmen können LaTeX-Dokumente in Teilbäume eines Dokuments eingelesen oder Teildokumente als LaTeX-Datei exportiert werden. Beim Importieren ist die Tiefe wählbar, mit der LaTeX-Elemente in einzelne Inhaltsobjekte aufgelöst werden. Die Typen der Knoten werden als Knotenattribute gespeichert, so daß eine verlustfreie Rückwandlung in LaTeX möglich ist.

- i2sgml, sgml2i: Diese beiden Programme erlauben das Einlesen von und Exportieren nach SGML-Dokumenten. Wie bei den entsprechenden Hilfsprogrammen zum Importieren und Exportieren für LaTeX wird auch hier die Strukturinformation der SGML-Eingabe in IRIS-Strukturknotenattributen gespeichert und zusätzlich die DTD[13] in ein eigenes Inhaltsobjekt übernommen.

7.4 Erste Erfahrungen

IRIS wurde während seiner Entwicklung eingesetzt, um damit gemeinsame Veröffentlichungen zu verfassen. Parallel wurde eine Vorstufe des Systems auch zur Erstellung dieser Arbeit benutzt. Diese Erfahrungen können natürlich weder als repräsentativ angesehen werden, noch ersetzen sie eine noch durchzuführende empirische Untersuchung über den Grad der Akzeptanz des neuen Systems.

Die Testbenutzer schätzten vor allem die Verwendbarkeit verschiedener Standardeditoren und die individuelle Konfigurierbarkeit der Umgebung. Anfangs wurde das System hauptsächlich wegen seiner Fähigkeit benutzt, die gemeinsamen Dokumente für alle Benutzer verfügbar zu machen und auch, weil es möglich ist, mit Standardeditoren darauf zuzugreifen. Es wurde also hauptsächlich die Funktionalität des gemeinsamen Objektspeichers genutzt. Schon bald gewann aber auch die Awarenessinformationen immer mehr an Bedeutung. Insbesondere wurden die Daten zur Historie der Zugriffe und die Daten zur aktuellen Sitzungszusammensetzung genutzt.

Als Nutzungsmuster hat sich folgendes herausgestellt: Der Struktureditor und das Sitzungsinformationsanwendung werden gestartet, um einen Überblick zu bekommen. Dann wird letzteres in den Hintergrund geklickt oder beendet, der Struktureditor bleibt sichtbar. Aus dem Struktureditor heraus werden die Editoren für Teilbäume oder einzelne Objekte aufgerufen; die Sicht des Struktureditors wird benutzt, um einen Überblick über die Dokumentenstruktur zu behalten und um zu sehen, wo andere Benutzer gerade arbeiten. Falls in der Struktursicht andere Benutzer auftauchen, wird eventuell das Fenster mit den Sitzungsinformationen wieder aufgeklappt.

---

[13]Das Akronym 'DTD' steht für 'Document Type Definition'. Dahinter verbirgt sich die Aufschreibung der Dokumentengrammatik eines SGML-Dokuments. Eine DTD steht am Anfang jedes SGML-Dokuments. (vgl. [Minte95])

IRIS zeigt die Anwendbarkeit der erarbeiteten Konzepte. Die Editorumgebung stellt zwar noch kein perfektes System dar, es hat sich aber im Laufe des Einsatzes gezeigt, daß alle Wünsche durch Änderungen der Benutzerschnittstellen realisierbar waren oder gewesen wären. Das Grundkonzept ist also flexibel genug.

Weiterhin hat sich beim Testeinsatz gezeigt, daß, wie erwartet, verschiedene Benutzerschnittstellen wichtig für die Akzeptanz eines Gruppeneditors sind, und daß die Unterstützung von Kommunikation und Awareness dann von den Benutzern gerne angenommen wird.

Kapitel 8
Schlußfolgerung und Ausblick

In diesem abschließenden Kapitel werden noch einmal die Ergebnisse der Arbeit zusammengefaßt. Diese Zusammenfassung zeigt auf, welche Ziele mit der Arbeit erreicht wurden, und welchen Beitrag die Arbeit zur wissenschaftlichen Forschung geben kann. Abschließend wird dann noch ein Ausblick auf mögliche weiterführende Arbeiten gegeben, die im Zusammenhang mit der Unterstützung kooperativer Dokumentenerstellung allgemein und im Zusammenhang mit den in dieser Arbeit realisierten Komponenten im besonderen noch durchgeführt werden sollten.

8.1 Zusammenfassung

Ausgangspunkt dieser Arbeit war die bisher noch nicht zufriedenstellend gelöste Unterstützung kooperativer Dokumentenerstellung in verteilten Systemen.

Es wurde zuerst eine genaue Untersuchung der Anforderungen durchgeführt und eine allgemeine Lösung in Form einer Architektur für eine Umgebung zur Unterstützung der kooperativen Dokumentenerstellung herausgearbeitet. Als Kernkomponente dieser Umgebung wurde dabei ein verteilter Datenhaltungs- und Ereignisdienst identifiziert.

Diese Kernkomponente wurde weiter konkretisiert. Dabei bin ich insbesondere auf die Bedeutung von Awarenessinformation eingegangen. Dabei wurde festgestellt, daß in der Einsatzumgebung Weitverkehrsnetze zusätzliche Information zur 'Qualität' der Awarenessinformation notwendig ist, und eine Lösung dazu erarbeitet.

Schließlich habe ich noch die verschiedenen Teile des Datenhaltung- und Ereignisdienstes zusammengefaßt und eine Implementierung dafür motiviert. Zur Demonstration der Einsatzfähigkeit des Dienstes und um die am Anfang motivierten Anforderungen an die Gesamtarchitektur beispielhaft auszuführen, wurde schließlich noch eine den identifizierten Anforderungen entsprechende Gruppeneditorumgebung vorgestellt, die auf diesem Datenhaltungs- und Ereignisdienst aufsetzt.

Bei der Behandlung der Aufgabenstellung, der Konzeption eines Gruppeneditors zur Unterstützung der kooperativen Dokumentenbearbeitung, waren folgende Punkte besonders wichtig:

- benutzerbezogene Betrachtung der Anforderungen (hinsichtlich Funktionalität und möglicher Einschränkungen),

- gleichzeitige Berücksichtigung von Weitverkehrsnetzen und lose gekoppelter synchroner Zusammenarbeit,

- ganzheitliche Systemarchitektur, Integrationsgedanke (Einbindung existierender Anwendungen und Konfigurierbarkeit),

- Kommunikation und Notifikationen zur Unterstützung der Zusammenarbeit (Medium zur Abwicklung der Zusammenarbeit).

Ergebnis der Arbeit ist ein ausgereiftes, implementiertes Konzept eines Dienstes zur Datenhaltung und zum Informationsmanagement für Gruppeneditorumgebungen sowie ein Konzept für die Architektur einer solchen Editorumgebung.

Neu an dieser Arbeit ist zuerst die ganzheitliche, benutzerbezogene Betrachtung der Aufgabenstellung und die daraus erarbeitete Lösung für den Gesamtaufbau eines Systems zur Unterstützung kooperativer Dokumentenerstellung. Dabei handelt es sich um den grundlegenden Ansatz, einen Gruppeneditor hauptsächlich als Unterstützungsplattform zu konzipieren, die den einzelnen Benutzer in *beliebigen Netzumgebungen* optimal unterstützt und trotzdem den wichtigsten Aspekt bei der Unterstützung von Zusammenarbeit, die *Vermittlung eines Gruppenbewußtseins*, durch möglichst synchronen Informationsaustausch berücksichtigt. In anderen Arbeiten, welche die Entwicklung von Systemen zur Unterstützung kooperativer Dokumentenerstellung zum Ziel hatten, wurden bisher meist nur (technische) Teilaspekte der Aufgabenstellung abgehandelt. Insbesondere wurden die Aspekte der Einsetzbarkeit in Weitverkehrsnetzen noch nicht zusammen mit der Möglichkeit der lose gekoppelten Zusammenarbeit betrachtet.

Einen weiteren neuen Beitrag stellt die besondere Berücksichtigung der Awarenessinformation, besonders im Kontext von Weitverkehrsnetzen dar. Der Qualitätsaspekt von Awarenessinformation wurde in bisherigen Arbeiten selten näher behandelt, erscheint mir aber grundlegend für die Konzeption eines verteilten Editors und auch anderer vergleichbarer Groupware.

Durch die Wahl von Java als Implementierungsumgebung wurde erreicht, daß der Datenhaltungs- und Ereignisdienst und die Anwendungen von IRIS ohne Aufwand auf allen Standardplattformen zur Verfügung gestellt werden konnten, und daß die Datenhaltungskomponenten sowie die Benutzerschnittstellen auf einfache Art und Weise dynamisch erweitert oder konfiguriert werden können.

Neben der Verwendung bei der Konzeption eines Systems zur Unterstützung kooperativer Dokumentenerstellung sind die Ergebnisse der Arbeit auch in anderen Bereichen von CSCW einsetzbar. Das betrifft die Unterstützung aller nicht-strukturierten Aufgaben mit Bearbeitung gemeinsamer Daten. Beispiele wären die kooperative Erstellung großer Software-Systeme oder das kooperative Design von Halbleiterelementen oder Maschinen.

Neben den Grundkonzepten ist auch ein Teil der Implementierung selbst in anderen Bereichen einsetzbar: Nachdem die Komponente zur Anzeige der Sitzungsinformation separat von den Anwendungen zur Bearbeitung von Dokumentenobjekten erstellt worden ist, läßt sie sich auch separat als Gruppeninformationssystem einsetzen. Dies kann insbesondere zur Ermöglichung einer peripheren Awareness bei Telekooperation genutzt werden (siehe dazu auch die Bemerkungen am Ende dieses Kapitels).

8.2 Ausblick

Die Betrachtungen dieser Arbeit haben sich auf die Konzeption eines verteilten Datenhaltungs- und Ereignisdienst konzentriert. Nicht oder nur am Rande behandelt worden sind dabei die Aspekte der Benutzerschnittstelle. Aber auch bei dem Datenhaltungsdienst selbst sind ein paar Punkte nicht abschließend behandelt worden. Konkret sind dies die Sicherheitsaspekte und die Konfigurierbarkeit. Schließlich kann auch bei der Gewinnung von Awarenessinformation noch weiterführende Arbeit geleistet werden.

In folgenden Abschnitten wird auf die eben angesprochenen Punkte kurz näher eingegangen und dargestellt, welche Fragestellungen in den einzelnen Bereichen noch bearbeitet werden sollten, und wie mögliche Lösungen dazu aussehen könnten. Dabei beginne ich mit den Aspekten der Datenhaltung, gehe dann über zu den Aspekten der Informationsgewinnung und beende den Ausblick mit Überlegungen zur Benutzerschnittstelle.

Sicherheit, Authentifizierung

Ein sehr wichtiger Punkt in offenen Netzwerkumgebungen ist der Sicherheitsaspekt. Dabei kann zwischen vier wesentlichen Anforderungen unterschieden werden (vgl. [Klute95]): *Authentizität*, *Vertraulichkeit*, *Verbindlichkeit* und *Integrität*. Bei dem in dieser Arbeit vorgestellten Datenhaltungsdienst interessieren vor allem die Vertraulichkeit und die Authentizität.

Die Vertraulichkeit, d.h. die abhörsichere Übertragung der Anfragen und Antworten über das öffentliche Netz, kann mit den bereits vielfach eingesetzten symmetrischen oder asymmetrischen Verschlüsselungsverfahren erreicht werden.

Interessanter als die Vertraulichkeit ist der Sicherstellung der Authentizität. Hier ist zuerst einmal die Authentifizierung der Benutzer bzw. der Benutzerschnittstellen dem Datenhaltungsdienst gegenüber zu erwähnen. Diese ist notwendig, um einer Anwendung einen Benutzer zuordnen zu können und um die Zugriffsrechte des Benutzers zu ermitteln.

Authentizität ist aber auch zwischen den Komponenten des Datenhaltungsdienstes zu beachten. Die Authentifizierung der Benutzer macht nur dann Sinn, wenn sie nicht über die Replikatverwalterebene unterlaufen werden kann. Gerade wenn man annimmt, daß die Datenhaltungskomponente auf sehr vielen Rechnern in unterschiedlichen Organisationen eingesetzt wird, kann man nicht mehr von einer Gruppe von Replikatverwaltern ausgehen, die

173

alle dieselben Objekte verwalten dürfen. Um ein Replikat zu erhalten, müßte sich eine Datenhaltungskomponente bei der Komponente, von der das Replikat geladen werden soll, erst als berechtigt ausweisen. Auch beim Einsatz in einer Organisation muß man im allgemeinen berücksichtigen, daß ein Replikatverwalter auf einem unzuverlässigen Rechner gestartet werden kann und dann nicht beliebige Daten von den anderen Replikatverwaltern lesen können sollte oder gar Änderungen durchführen können sollte.

Ein Lösungsansatz wäre hier, daß die Komponenten der Datenhaltungsschicht von den lokalen Benutzern gewisse Berechtigungen erhalten und sich mit diesen bei den anderen Kernkomponenten ausweisen.

Konfigurierbarkeit der Datenhaltung

Die Konfigurierbarkeit der Datenverteilung ist bei der Realisierung des Datenhaltungsdienstes auch noch nicht abschließend behandelt worden. Die Datenhaltungskomponenten bieten folgende Möglichkeiten zur Konfigurierung:

- Konfiguration der Abgleichsstrategien (Zeitpunkt und Strategie des Abgleichs),
- Konfiguration der Ereignisverteilung,
- Konfiguration der Replikatverteilung.

In der vorliegenden Prototypimplementierung ist zu allen drei Punkten nur eine Basisfunktionalität implementiert. Bei den Abgleichsstrategien wäre beispielsweise noch wünschenswert, daß die Anwendungen diese beeinflussen können. Genauso sollten die Anwendungen Einfluß auf die Ereignisverteilung nehmen können. Im Hinblick auf mobile Rechner in Funknetzen wäre z.B. sinnvoll, nicht für jedes Ereignis eine Verbindung aufzubauen, sondern Ereignisse zu sammeln oder nur noch bestimmte Ereignisse sofort zu verteilen und für die restlichen Ereignisse den nächsten regelmäßigen Abgleich abzuwarten.

Informationsgewinnung

Im Bereich der Gewinnung von Awarenessinformation und von Qualitätsinformation sollte, neben ausgefeilteren Strategien zur Ermittlung der Informationsattribute, vor allem eine mögliche Verbindung mit existierenden Managementumgebungen verteilter Rechensysteme untersucht werden.

Die Beschaffung von Information zum Status des Netzes hat ja eng mit den Aufgaben von Netzwerk-Management-Umgebungen zu tun (siehe dazu z.B. [Abeck94]). Solche Umgebungen haben schon eine Infrastruktur aufgebaut, um Information zum Status eines verteilten Netzes auf mehr oder weniger hohem Abstraktionsniveau zu sammeln. Falls sich hier überall verfügbare Standards herausbilden, könnten solche Systeme in Zukunft genutzt werden, um die Verfügbarkeit von Rechnern zu ermitteln. Dabei könnten auch noch genauere Daten zur Ursache einer Nichtverfügbarkeit ermittelt werden und so die bereitgestellte erweiterte Sitzungsinformation verbessert werden.

Während Netzwerk-Management-Umgebungen reichhaltigere Information zur technischen Situation im Netz beitragen können, kann man auch auf Seiten der Information zum Benutzer über Verbesserungsmöglichkeiten nachdenken. Interessante Ansätze ergeben sich hier aus den Bestrebungen bei der Integration des Arbeitsplatzrechners in den Arbeitsplatz selbst. Entsprechende Projekte, die unter dem Begriff 'Ubiquitous Computing' bekannt sind, versuchen, Rechner möglichst 'unsichtbar' in die Arbeitsumgebung zu integrieren (vgl. z.B. [Buxto96b, Buxto96a, Want95]). Wichtigstes Ziel ist die Aufhebung der Trennung zwischen Arbeit am Rechner und Arbeit ohne Rechner. Dabei werden beispielsweise Bilderkennungssysteme oder andere Sensoren eingesetzt, um die Anwesenheit und die Aktionen von Menschen zu erkennen, auch wenn sie nicht direkt am Rechner sitzen. Mit solchen Systemen wäre neben den generellen Vorteilen, die sie für die Kooperation über Rechnernetze bieten, auch eine genauere Ermittlung des Erreichbarkeitsstatus von Autoren möglich.

Gerade im Zusammenhang mit der Möglichkeit zu noch reichhaltiger Information über die Autoren, sind letztendlich auch die Möglichkeiten und Anforderungen an die Filterung der Information auf Seiten des Bereitstellers und auf Seiten des Konsumenten zu untersuchen und Lösungen dazu bereitzustellen.

Anmerkungen

In Kapitel 5 wurden Anmerkungen zum Dokument als wichtiges Mittel der asynchronen Kommunikation zwischen den Autoren erwähnt. Nachdem Anmerkungen sehr engen Dokumentenbezug haben und auch als Teil des Dokuments betrachtet werden können, wurden in der weiteren Arbeit nicht mehr näher auf diesen Aspekt eingegangen.

Beim ernsthaften Einsatz von Anmerkungen werden aber besondere Möglichkeiten der Benutzerschnittstelle und auch der Datenhaltung benötigt, um Anmerkungen getrennt vom Restdokument zu verarbeiten. Gewünschte Funktionalitäten sind hier das Filtern, das Sortieren und das Ein- und Ausblenden von Anmerkungen (siehe auch [Sedlm95]). Die Funktionalität muß vor allem an der Benutzerschnittstelle vorgesehen werden.

Neben der Integration der Bearbeitung von Anmerkungen in den vorhandenen Benutzerschnittstellen, ist gerade bei der Anmerkungsunterstützung auch noch an andere Systemumgebungen zu denken. So wünschen Reviewer beispielsweise, in beliebiger Umgebung Anmerkungen erstellen zu können. Aus diesem Grund wird heute auch meist ein Papierausdruck des Dokuments erzeugt und Anmerkungen handschriftlich gemacht. Nachdem die Anmerkungen elektronisch verfügbar sein sollen, wären hier entweder ein Einscannen mit Textkonvertierung der handschriftlichen Anmerkungen zu untersuchen, oder ein Einsatz von PDAs[1]

---

[1] PDA = Personal Digital Assistant. Dabei handelt es sich um batteriebetriebene kleine Rechner, die bequem überallhin mitgenommen werden können und die meist mit einem Touchscreen ausgestattet sind und damit handschriftliche Eingaben erlauben. Ein Beispiel für ein solches System ist das Newton MessagePad(TM) von Apple.

Benutzerschnittstellen

Neben der schon angesprochenen Integration der Bearbeitung von Anmerkungen ist ein großer, verbesserungsfähiger Bereich der Benutzerschnittstelle die Filterung und Präsentation der vorhandenen Awarenessinformation. Bei der Präsentation kann man beispielsweise Mittel wie attributierte Scrollbars oder Fish-Eye-Views einsetzen (vgl. [Green96]). Filterung bezieht sich darauf, zu ermitteln, was überhaupt angezeigt werden soll. Hier sind verschiedene Voreinstellungen denkbar. Auch die Möglichkeit, aus den momentanen Aktionen des Benutzers mit Hilfe eines Benutzerprofils automatisch abzuleiten, was an Information benötigt wird, wäre in Betracht zu ziehen.

Auch die Unterstützung der Auflösung von Konflikten an der Benutzerschnittstelle wurde bisher nur in Ansätzen behandelt. Hier wäre erstens zu diskutieren, welche Konflikte (halb-)automatisch aufgelöst werden können. Bei der Auflösung von Konflikten durch Benutzer ist zu untersuchen, welche Information dem Benutzer dazu, und in welcher Form, zur Verfügung gestellt werden sollte. Zur Unterstützung sollte es beispielsweise möglich sein, die Unterschiede zwischen zwei Versionen übersichtlich darzustellen. Ein in der Literatur diskutierter Ansatz zu diesem Thema ist das 'Flexible Diffing' (vgl. [Neuwi92]).

Bei der Konfliktauflösung und auch in anderen Bereichen (z.B. bei der schon diskutierten Verbindung mit externen Anwendungen) könnte weiterhin die Integration einer Skriptsprache in die Anwendungen der Benutzerschnittstelle helfen. Falls diese Skriptsprache Möglichkeiten zum Dokumentenzugriff bietet und von Ereignissen der Datenhaltungsschicht getriggert werden kann, könnte diese Möglichkeit sogar zur Realisierung von automatischen Agenten im IRIS-System erweitert werden.

Schließlich sollten, gerade in Hinblick auf die allgemeinen Anforderungen an Texteditoren, in IRIS auf jeden Fall noch Möglichkeiten zur Festlegung des Dokumentenlayouts integriert werden. Die Speicherung dieser Informationen kann in den Dokumentenattributen oder in separaten Layout-Objekten erfolgen.

Ebenso im Benutzerinteresse ist die Vorgabe generischer Strukturen bei der Strukturierung von Dokumenten. Dies ist auch eine Aufgabe der Benutzerschnittstelle. Die generischen Strukturen können in eigenen Objekten in der Datenhaltungskomponente abgelegt und dann von der Benutzerschnittstelle zur Überprüfung herangezogen werden.

Kombination der Benutzerschnittstellen

Die im vorhergehenden Kapitel angesprochene Möglichkeit der Kombination verschiedener Module zu einer benutzerspezifischen Anwendung sollte auch noch weiter verfolgt werden. Zusammen mit der Konfigurierbarkeit der Benutzerschnittstellen, mit der Möglichkeit, verschiedene Benutzerschnittstellen parallel zu einzusetzen, und mit der Flexibilität der Datenhaltungsschicht stellt diese Möglichkeit eine wichtige Umsetzung der geforderten Flexibilität der Umgebung dar. Diese Flexibilität ist notwendig um den unterschiedlichen und wechselnden Anforderungen der Benutzer gerecht werden zu können.

Neben dem Ausbau der grundlegenden Möglichkeiten und dem Programmieren neuer Module ist hier besonders wichtig, die Erstellung individueller Zusammenstellungen für den Endbenutzer zu erleichtern.

Zusätzliche Dokumentenstrukturen und Inhaltsmedien

Bisher wurden die erarbeiteten Konzepte zur Realisierung einer Umgebung zur kooperativen Bearbeitung von hierarchisch strukturierten Dokumenten, bestehend aus Text und Graphikobjekten, benutzt. Nachdem die Datenhaltung hinsichtlich der Dokumentenstruktur sehr flexibel ist, bietet es sich an, hier auch andere Dokumentenstrukturen vorzusehen (z.b. Hypermedia-Strukturen) und auch andere Inhaltsmedien zu integrieren.

Grundsätzlich stellen beide Wünsche kein Problem dar. Die Datenhaltungsschicht ist schon für beliebige Dokumentenstrukturen ausgelegt und kann auch beliebige Inhaltsobjekte verwalten. Es müßten also einzig neue oder erweiterte Anwendungen zur Navigation in Dokumenten und zur Bearbeitung von Teildokumenten realisiert werden. Wie im vorhergehenden Kapitel bereits erwähnt, ist dies für Hypermedia-Strukturen bereits in ersten Ansätzen durchgeführt worden.

In diesem Zusammenhang muß noch erwähnt werden, daß noch nicht vollständig geklärt ist, ob die vorgeschlagenen Hilfsmittel zur Kooperation (Awarenessinformation) beim Bearbeiten anderer Medien (also weder Text noch Graphik) ausreichen. Mit Ausnahme der allgemeinen Überlegungen zur Kooperation und zum Gruppenbewußtsein bezogen sich alle Grundlagen, auf die aufgebaut wurde, auf die kooperative Erstellung von statischen Dokumenten (Text und Graphik). Zur kooperativen Bearbeitung von Multimedia-Dokumenten sind noch Untersuchungen notwendig. Hier kann aber die realisierte Editorumgebung gute Beiträge liefern.

Weiterhin muß bedacht werden, daß bei anderen Medien wie z.B. Video eine vollkommen replizierte Speicherung eventuell nicht möglich ist. In diesem Fall ist dann eine differenzierte Behandlung unterschiedlicher Medien in der Datenhaltungsschicht notwendig. Ein Lösungskonzept hierzu ist beispielsweise in [Teege94] beschrieben.

Andere Einsatzgebiete

Neben der Erstellung von Dokumenten (hierarchisch strukturierte Dokumente oder auch Hyperdokumente), könnte schließlich, wie bereits am Anfang dieses Kapitels erwähnt, das Konzept und Teile der realisierten Anwendungen in anderen Einsatzbereichen verwendet werden, bei denen mehrere Benutzer an gemeinsamen Daten arbeiten. Ein naheliegender Bereich ist hier die Unterstützung bei der Entwicklung großer Software-Projekte. Einige Autoren sprechen von der engen Verwandschaft des gemeinsamen Erstellens großer Dokumente und der gemeinsamen Entwicklung großer Software-Projekte (z.B. [Farka91]). Unterschiede sind hauptsächlich in der Zielgruppe des erstellten Textes zu sehen. Auf der einen Seite soll der Text von Menschen gelesen werden, auf der anderen Seite soll er von Rechnern interpretiert werden. Dieser Umstand führt aufgrund der Formalisierbarkeit zu zusätzlichen

Möglichkeiten bei der Unterstützung von Autoren, speziell bei der Unterstützung der Konfliktauflösung (vgl. z.B. MJØLNER PROJEKT [Minor93, Magnu93]).

Über den Einsatz der Awarenessanwendungen und des Ereignisdienstes zur Ergänzung eines kooperativen Editors hinaus ist aber auch, wie bereits angesprochen, der isolierte Einsatz zur Vermittlung einer peripheren Awareness in verteilten Arbeitsgruppen denkbar. Die im Rahmen von IRIS erstellten Programme und der Datenhaltungs- und Ereignisdienst müßten dazu gar nicht abgeändert, sondern könnten direkt verwendet werden. Man muß nur stellvertretend für eine Arbeitsgruppe ein leeres Dokument anlegen. Ein entsprechender Einsatz des Systems wird gerade in der Telekooperations-Arbeitsgruppe der Technischen Universität München begonnen. Die Arbeitsgruppe setzt sich aus Mitarbeitern dreier Institute der Technische Universität (Informatik, Betriebswirtschaftslehre und Psychologie) und Angehörigen eines Beratungsunternehmens zusammen. In diesem Anwendungsgebiet ist vor allem die einige Abschnitte zuvor bei der Informationsgewinnung angesprochene Ermittlung der Statusinformationen über Sensoren, die nicht an das Arbeiten an Desktop-Rechnern gebunden sind, interessant, da nicht davon ausgegangen werden kann, daß die Mitarbeiter den größten Teil ihrer Arbeitszeit am Rechner verbringen.

Literaturverzeichnis

[Abeck94] S. Abeck. Integriertes Management am Beispiel einer unternehmensspezifischen kommunikationsnahen Anwendung. *Praxis der Informationsverarbeitung und Kommunikation*, **17**(4): S. 207–213, Oktober 1994.

[Agraw91] D. Agrawal und A. Malpani. Efficient dissemination of information in computer networks. *The Computer Journal*, **34**(6): S. 534–541, Dezember 1991.

[Ahuja88] S. R. Ahuja. The Rapport multimedia conferencing system. *Proceedings of Conference on Office Information Systems*, S. 1–8, März 1988.

[Allen95] L. Allen, G. Fernandez, K. Kane, D. Leblang, D. Minard, und J. Posner. ClearCase Multi-Site: Supporting Geographically-Distributed Software Development. *ICSE SCM-4 and SCM-5 Workshops*, Lecture Notes in Computer Science 1005, S. 194–214, J. Estublier (Hrsg.). Springer Verlag, Berlin, 1995.

[Babao94] Ö. Babaoğlu und A. Schiper. On Group Communication in Large-Scale Distributed Systems. Technischer Bericht TR UBLCS-94-19. Laboratory for Computer Science, University of Bologna, Bologna, Italy, Juli 1994.

[Backe96] A. Backer und U. Busbach. DocMan: A Document Management System for Cooperation Support. *Proceedings of of the 29th Hawaii International Conference on System Sciences* (Maui, Hawaii), S. 82–91, B. D. Shrivener und R. H. Sprague (Hrsg.). IEEE Computer Society Press, Los Alamitos, Januar 1996.

[Baeck93] R. M. Baecker, D. Nastos, I. R. Posner, und K. L. Mawby. The User-Centred Iterative Design of Collaborative Writing Software. *Proceedings of ACM Conference on Human Factors in Computing Systems (INTERCHI'93)* (Amsterdam, The Netherlands), SIGCHI, S. 399–405, S. Ashlund, K. Mullet, A. Henderson, E. Hollnagel, und T. White (Hrsg.). ACM Press, New York, NY, April 1993.

[Bair89] J. H. Bair. Supporting cooperative work with computers: Addressing meeting mania. *Proceedings of 34th IEEE Computer Society International Conference–CompCon Spring* (San Francisco, CA), S. 208–217, Februar 1989.

[Banno89] L. J. Bannon und K. Schmidt. CSCW: Four characters in search of a context. *Proceedings of 1st European Conference on Computer Supported Cooperative Work* (Gatwick, U.K.), S. 358–372. Computer Sciences House, Sloug, UK, September 1989.

[Bauer95] D. Bauer, E. Wilde, und B. Plattner. Design Considerations for a Multicast Communication Framework. *Proceedings of 10th Annual Workshop on Computer Communications* (Eastsound, Washington), September 1995.

[Bayde93] S. Baydere, T. Casey, S. Chuang, M. Handley, N. Ismail, und A. Sasse. Multimedia Conferencing as a Tool for Collaborative Writing: A Case Study. In M. Sharples (Hrsg.), *Computer Supported Collaborative Writing*, S. 113–136. Springer Verlag, London, 1993.

[Beaud90] M. Beaudouin-Lafon. Collaborative Development of Software. *Proceedings of IFIP Conference WG 8.4 Conference on Multi-User Interfaces and Applications* (Heraklion, Greece), S. 103–114, S. Gibbs und A. A. Verrijn-Stuart (Hrsg.). North-Holland, Amsterdam, September 1990.

[Beaud92] M. Beaudouin-Lafon und A. Karsenty. Transparency and Awareness in a Real-Time Groupware System. *Proceedings of 5th ACM Symposium on User Interface Software and Technology* (Monterey, CA), SIGGRAPH/SIGCHI, S. 171–180. ACM Press, New York, NY, November 1992.

[Beck93a] E. E. Beck. A Survey of Experiences of Collaborative Writing. In M. Sharples (Hrsg.), *Computer Supported Collaborative Writing*, S. 87–112. Springer Verlag, London, 1993.

[Beck93b] E. E. Beck und V. M. E. Bellotti. Informed Opportunism as Strategy: Supporting Coordination in Distributed Collaborative Writing. *Proceedings of 3rd European Conference on Computer Supported Cooperative Work* (Milan, Italy), S. 233–248, G. de Michelis, C. Simone, und K. Schmidt (Hrsg.). Kluwer Academic Publishers, Dordrecht, September 1993.

[Bende96] K. Bender, K. Bindbeutel, und M. Glander. Rahmensystem für die Werkzeugintegration in der integrierten Produktentwicklung. *STAK'96: Softwaretechnik in Automation und Kommunikation - Rechnergestützte Teamarbeit*, ITG-Fachbericht Nr. 137, S. 81–94. VDE-Verlag, Berlin, 1996.

[Benfo93] S. Benford. MOCCA: an environment for CSCW applications. *Conference on Organizational Computing Systems*, S. 172–177, November 1993.

[Bentl95a] R. Bentley und P. Dourish. Medium versus Mechanism: Supporting Collaboration through Customisation. *Proceedings of 4th European Conference on Computer Supported Cooperative Work* (Stockholm, Sweden), S. 133–148, H. Marmolin, Y. Sundblad, und K. Schmidt (Hrsg.). Kluwer Academic Publishers, Dordrecht, September 1995.

[Bentl95b] R. Bentley, T. Horstmann, K. Sikkel, und J. Trevor. Supporting collaborative information sharing with the World-Wide Web: The BSCW Shared Workspace system. *4th International World Wide Web Conference* (Boston, MA). Veröffentlicht in *World Wide Web Journal*, Dezember 1995.

[Berli90] B. Berliner. CVS II: Parallelizing Software Development. *Proceedings of USENIX Conference Winter 1990* (Washington, DC), S. 341–352. USENIX Association, Berkeley, Januar 1990.

[Berns81] P. A. Bernstein und N. Goodman. Concurrency Control in Distributed Database Systems. *ACM Computing Surveys*, **13**(2): S. 185–221, Juni 1981.

[Birma84] K. P. Birman, A. El Abbadi, W. Dietrich, T. A. Joseph, und T. Raeuchle. An Overview of the Isis Projekt. Technischer Bericht 84–642. Department of Computer Science, Cornell University, Ithaca, NY, Oktober 1984.

[Birre82] A. D. Birrell, R. Levin, R. M. Needham, und M. D. Schroeder. Grapevine: An Exercise in Distributed Computing. *Communications of the ACM*, **25**(4): S. 260–274, April 1982.

[Blume95] O. Blume. Dynamische, konfigurierbare Datenhaltung in Form von Replikaten. Institut für Informatik, Technische Universität München, München, August 1995. Diplomarbeit.

[Bogen88] M. Bogen und K.-H. Weiss. Group Coordination in a Distributed Environment. *Proceedings of EUTECO'88 Research into Networks and Distributed Applications*, S. 227–241, R. Speth (Hrsg.). North-Holland, Amsterdam, 1988. In T. Kreifelts, H. Santo: Group Support Systems, GMD-Bericht 234, Oldenbourg Verlag.

[Boren93] N. Borenstein und N. Freed. MIME (Multipurpose Internet Mail Extensions) Part One: Mechanisms for Specifying and Describing the Format of Internet Message Bodies. RFC 1521. Internet Architecture Board, September 1993.

[Borgh90] U. M. Borghoff. *Dynamische Dateiallokation innerhalb eines volltransparenten verteilten Dateisystems*. Dissertation, veröffentlicht als Technischer Bericht TUM–I9027. Institut für Informatik, Technische Universität München, München, August 1990.

[Borgh91] U. M. Borghoff. Fehlertoleranz in verteilten Dateisystemen: Eine ¨Ubersicht über den heutigen Entwicklungsstand bei den Votierungsverfahren. *Informatik-Spektrum*, **14**(1): S. 15–27. Springer Verlag, Berlin, Februar 1991.

[Borgh92] U. M. Borghoff. *Catalogue of Distributed File/Operating Systems*. Springer Verlag, Berlin, 1992.

[Borgh93a] U. M. Borghoff. Möglicher Einsatz von Votierungsverfahren zur Nebenläufigkeitskontrolle in synchronen Groupware-Systemen. Technischer Bericht TUM–I 9326. Habilitationsschrift, Institut für Informatik, Technische Universität München, München, Dezember 1993.

[Borgh93b] U. M. Borghoff und G. Teege. Structure Management in the Collaborative Multimedia Editing System IRIS. *Proceedings of 1st International Conference on Multi-Media Modeling (MMM'93)* (Singapore), S. 159–173, T. S. Chua und T. L. Kunii (Hrsg.). World Scientific, Singapore, November 1993.

[Borgh95] U. M. Borghoff und J. H. Schlichter. *Rechnergestützte Gruppenarbeit — Eine Einführung in Verteilte Anwendungen*, Springer Lehrbuch. Springer Verlag, Berlin, 1995.

[Brand95] S. Brandstetter. Erweiterung von Emacs zur Bearbeitung von strukturierten Texten im Rahmen des Mehrbenutzer-Editor-Projekts Iris. Institut für Informatik, Technische Universität München, München, November 1995. Diplomarbeit.

[Brand97] G. Brandt. Sicherheitsaspekte bei einem verteilten Mehrbenutzereditor. Institut für Informatik, Technische Universität München, München, Februar 1997. Diplomarbeit.

[Braun94] T. Braun und M. Zitterbart. Videokonferenzen im Internet. *Praxis der Informationsverarbeitung und Kommunikation*, **17**(4): S. 253–254, Oktober 1994.

[Brock82] *Brockhaus/Wahrig Deutsches Wörterbuch*. Deutsche Verlags-Anstalt, Stuttgart, 1982.

[Buxto96a] W. Buxton. Living in Augmented Reality: Ubiquitous Media and Reactive Environments. In K. Finn, A. Sellen, und S. Wilber (Hrsg.), *Video Mediated Communication*. Erlbaum, Hillsdale, NJ, 1996.

[Buxto96b] W. Buxton. Absorbing and Squeezing Out: On Sponges and Ubiquitous Computing. *Proceedings of International Broadcasting Symposium* (Tokyo, Japan), S. 91–96, November 1996.

[Cody85] M. J. Cody und M. L. McLaughlin. The Situation as a Construct in Interpersonal Communication Research. In M. L. Knapp und G. R. Miller (Hrsg.), *Handbook of Interpersonal Communication*, S. 263–312. Sage Publishers, Beverly Hills, 1985.

[Colla96] http://www.collabra.com/, 1996. Firmeninformation im WWW.

[Crowe94] M. K. Crowe (Hrsg.). *Cooperative Work with Multimedia*, volume 1 of Research Reports ESPRIT, Project 6310 - MMTCA. Springer Verlag, Berlin, 1994.

[Crowl90] T. Crowley, P. Milazzo, E. Baker, H. Forsdick, und R. Tomlinson. MMConf: An Infrastructure for Building Shared Multimedia Applications. *Proceedings of 3rd International Conference on Computer Supported Cooperative Work* (Los Angeles, CA), S. 329–342. ACM Press, New York, NY, Oktober 1990.

[Decou93] D. Decouchant, V. Quint, M. Riveill, und I. Vatton. Griffon: A Cooperative, Structured, Distributed Document Editor. Technischer Bericht R.R. 20. Bull-IMAG, Grenoble, France, Juni 1993.

[Decou94] D. Decouchant und V. Quint. A Structured Approach to Cooperative Editing. Technischer Bericht. INRIA-IMAG Gières, France, 1994.

[Decou95a] D. Decouchant. Alliance — Structured Cooperative Editing. *ERCIM NEWS - Special issue on Computer Supported Cooperative Work*, 21: S. 15–16. European Research Consortium for Informatics and Mathematics, April 1995.

[Decou95b] D. Decouchant, V. Quint, und M. Romero. Structured Cooperative Editing and Group Awareness. *HCI International'95, 6th International Conference on Human-Computer Interaction* (Yokohama, Japan), Y. Anzai und K. Ogawa (Hrsg.). Elsevier Science, Juli 1995.

[Decou95c] D. Decouchant, V. Quint, und M. R. Salcedo. Structured and Distributed Cooperative Editing in a Large Scale Network, 1995. Arbeitsbericht.

[Decou95d] D. Decouchant, V. Quint, und M. R. Salcedo. Structured Cooperative Authoring on the World Wide Web. *4th International World Wide Web Conference* (Boston, MA). Veröffentlicht in *World Wide Web Journal*, S. 657–666. O'Reilly, Dezember 1995.

[Decou96a] D. Decouchant und M. R. Salcedo. Alliance - A Structured Cooperative Editor on the Web. *ERCIM NEWS - Special issue : World Wide Web*, 25: S. 18–19. European Research Consortium for Informatics and Mathematics, April 1996.

[Decou96b] D. Decouchant, V. Quint, und M. Romero. Structured and Distributed Cooperative Editing in a Large Scale Network. In R. Rada (Hrsg.), *Groupware and Authoring*. Academic Press, März 1996.

[Delis86] N. M. Delisle und M. D. Schwartz. Neptune: A Hypertext System for CAD Applications. *Proceedings of ACM SIGMOD International Conference on Management of Data* (Washington, DC). Veröffentlicht in C. Zaniolo (Hrsg.), *SIGMOD Record*, 15(2): S. 132–143. ACM Press, New York, NY, Mai 1986.

[Delis87] N. M. Delisle und M. D. Schwartz. Contexts – A Partitioning Concept for Hypertext. *ACM Transactions on Office Information Systems*, 5(2): S. 168–186, April 1987.

[Demer88] A. Demers, D. Greene, C. Hauser, W. Irish, J. Larson, S. Shenker, H. Sturgis, D. Swinehart, und D. Terry. Epidemic Algorithms for Replicated Database Maintenance. *Operating Systems Review*, 22(1): S. 8–32, Januar 1988.

[Derml92] G. Dermler und K. Froitzheim. JVTOS — A Reference Model for a New Multimedia Service. *Proceedings of 4th IFIP Conference on High-Speed Networks* (Liege, Belgium), Dezember 1992.

[Derml94] G. Dermler, T. Gutekunst, E. Ostrowski, und F. Ruge. Sharing Audio/Video Applications Among Heterogeneous Platforms. *Proceedings of 5th IEEE COMSOC International Workshop on Multimedia Communications*, 1994.

[Dewan94] P. Dewan, R. Choudhary, und H. Shen. An Editing-Based Characterization of the Design Space of Collaborative Applications. *Journal of Organizational Computing*, 4(3): S. 219–239, 1994.

[Diets94] H. Dietsch. Physikalische Eigenschaften Verteilter Rechensysteme: Beiwerk oder Basis? In H. Wedekind (Hrsg.), *Verteilte Systeme — Grundlagen und zukünftige Entwicklung*, S. 3–16. BI Wissenschaftsverlag, Mannheim, 1994.

[Dillo93] A. Dillon. 5: How Collaborative is Collaborative Writing? An Analysis of the Production of Two Technical Reports. In M. Sharples (Hrsg.), *Computer Supported Collaborative Writing*, S. 69–86. Springer Verlag, Berlin, 1993.

[Dix94] A. Dix. Computer Supported Cooperative Work: A Framework. In D. Rosenberg und C. Hutchison (Hrsg.), *Design Issues in CSCW*, S. 9–26. Springer Verlag, Berlin, 1994.

[Dolev94] D. Dolev und D. Malki. The Design of the Transis System. *International Workshop on Theory and Practice in Distributed Systems* (Dagstuhl Castle, Deutschland), Lecture Notes in Computer Science 938, S. 83–98, K. P. Birman, F. Mattern, und A. Schiper (Hrsg.). Springer Verlag, Berlin, September 1994.

[Dorne92] J. Dorner. Authors and Information Technology: New Challenges in Publishing. In M. Sharples (Hrsg.), *Computers and Writing: Issues and Implementations*. Kluwer Academic Publishers, Dordrecht, 1992.

[Douri92] P. Dourish und V. Bellotti. Awareness and Coordination in Shared Workspaces. *Proceedings of International Conference on Computer Supported Cooperative Work* (Toronto, Canada), S. 107–114, J. Turner und R. E. Kraut (Hrsg.). ACM Press, New York, NY, Oktober 1992.

[Douri95a] P. Dourish. Developing a Reflective Model of Collaborative Systems. *ACM Transactions on Computer-Human Interaction (TOCHI)*, 2(1): S. 40–63, März 1995.

[Douri95b] P. Dourish. The Parting of the Ways: Divergence, Data Management and Collaborative Work. *Proceedings of 4th European Conference on Computer Supported Cooperative Work* (Stockholm, Sweden), S. 215–230, H. Marmolin, Y. Sundblad, und K. Schmidt (Hrsg.). Kluwer Academic Publishers, Dordrecht, September 1995.

[Duran94] D. G. Durand. Palimpsest: A Data Model for Revision Control. *Proceedings of CSCW'94 Workshop Collaborative Hypermedia Systems* (Chapel Hill, NC), S. 12–22, J. M. Haake (Hrsg.). GMD-Studien Nr. 239, GMD Gesellschaft für Mathematik und Datenverarbeitung, Darmstadt, September 1994.

[Easte95] S. Easterbrook. Coordination Breakdowns: Why Groupware is so Difficult to Design. Technischer Bericht CSRP 343. School of Cognitive and Computing Science; University of Sussex, UK, 1995.

[Ecklu87] D. J. Ecklund, E. F. Ecklund, R. O. Eifrig, und F. M. Tonge. DVSS: A Distributed Version Storage Server for CAD Applications. *Proceedings of 13th International Conference on Very Large Data Bases* (Brighton, UK), S. 443–454. Morgan Kaufmann Publ. Incorporated, Los Altos, CA, September 1987.

[ECMA93] Standard ECMA-149: Portable Common Tool Environment (PCTE) - Abstract Specification. Technischer Bericht. ECMA (European Computer Manufacturers Association), Juni 1993.

[Ede90] L. Ede und A. Lunsford. *Singular Texts / Plural Authors: Perspectives on Collaborative Writing*. Southern Illinois University Press, 1990.

[Ellis89] C. A. Ellis und S. J. Gibbs. Concurrency Control in Groupware Systems. *Proceedings of ACM SIGMOD International Conference on Management of Data* (Portland, OR). Veröffentlicht in J. Clifford, B. Lindsay, und D. Maier (Hrsg.), *SIGMOD Record*, **18**(2): S. 399–407. ACM Press, New York, NY, Juni 1989.

[Ellis90] C. A. Ellis, S. J. Gibbs, und G. L. Rein. Design and Use of a Group Editor. *Engineering for Human Computer Interaction*, S. 13–25, G. Cockton (Hrsg.). North-Holland, Amsterdam, 1990.

[Ellis91] C. A. Ellis, S. J. Gibbs, und G. L. Rein. Groupware – Some Issues and Experiences. *Communications of the ACM*, **34**(1): S. 38–58, Januar 1991.

[Engle95] N. Engler. The politics of trust. *open computing*, **12**(9): S. 33–39, September 1995.

[Ensor90] B. Ensor. How can we make Groupware practical (Panel). *Proceedings of Conference Human Factors in Computiong Systems CHI'90* (Seattle, WA), S. 87–89, April 1990.

[Eriks94] H. Eriksson. MBONE: The Multicast Backbone. *Communications of the ACM*, **37**(8), August 1994.

[Farka91] D. K. Farkas. Collaborative Writing, Software Development, and the Universe of Collaborative Activity. In M. M. Lay und W. M. Karis (Hrsg.), *Collaborative Writing in Industry: Investigations in Theory and Practice*. Baywood Publishing Company, Amityville, NY, 1991.

[Fish88] R. S. Fish, R. E. Kraut, und M. D. P. Leland. Quilt: A Collaborative Tool for Cooperative Writing. *Proceedings of ACM SIGOIS/IEEE TC-OA Conference on Office Information Systems* (Palo Alto, CA). Veröffentlicht in R. B. Allen (Hrsg.), *SIGOIS Bulletin*, 9(2&3): S. 30–37, März 1988.

[Fitzg92] J. Fitzgerald. *Towards Knowledge in Writing: Illustrations from Revision Studies*. Springer Verlag, New York, NY, 1992.

[Flowe81] L. Flower und J. R. Hayes. A Cognitive Process Theory of Writing. *College Composition and Communication*, 32(4): S. 365–387, 1981.

[Fried94] J. Friedrich. Defizite bei der software-ergonomischen Gestaltung computergestützter Gruppenarbeit. In A. Hartmann, T. Herrmann, M. Rhode, und V. Wulf (Hrsg.), *Menschengerechte Groupware: Software-ergonomische Gestaltung und partizipative Umsetzung*, Berichte des German Chapter of the ACM 42, S. 15–30. Teubner, Stuttgart, 1994.

[Fries95] T. Frieß. Datenverwaltung im Strukturspezialisten des verteilten Mehrbenutzer-Editors Iris. Institut für Informatik, Technische Universität München, München, Februar 1995. Diplomarbeit.

[Fuchs95] L. Fuchs, U. Pankoke-Babatz, und W. Prinz. Supporting Cooperative Awareness with Local Event Mechanisms: The GroupDesk System. *Proceedings of 4th European Conference on Computer Supported Cooperative Work* (Stockholm, Sweden), S. 247–262, H. Marmolin, Y. Sundblad, und K. Schmidt (Hrsg.). Kluwer Academic Publishers, Dordrecht, September 1995.

[Fuchs96] L. Fuchs, M. Sohlenkamp, A. Genau, H. Kahler, A. Pfeifer, und V. Wulf. Transparenz in kooperativen Prozessen: Der Ereignisdienst in POLITeam. *Fachtagung Deutsche Computer Supported Cooperative Work DCSCW'96* (Hohenheim, Deutschland), H. Krcmar, H. Lewe, und G. Schwabe (Hrsg.). Springer Verlag, Berlin, Oktober 1996.

[Gaine93] B. R. Gaines und N. Malcolm. Supporting Collaboration in Digital Journal Production. *Journal of Organizational Computing*, 3(2): S. 195–213, 1993.

[Galeg90] J. Galegher und R. E. Kraut. Computer-Mediated Communication for Intellectual Teamwork: A Field Experiment in Group Writing. *Proceedings of International Conference on Computer Supported Cooperative Work* (Los Angeles, CA), S. 65–78. ACM Press, New York, NY, Oktober 1990.

[Glick92] J. Glicksman und V. Kumar. A SHAREd collaborative environment for mechanical engineers. *Groupware '93*, S. 335–347, D. D. Coleman (Hrsg.). Morgan Kaufmann Publ. Incorporated, Los Altos, CA, 1992.

[Goldi94] R. A. Golding, D. D. E. Long, und J. Wilkes. The *refdbms* Distributed Bibliographic Database System. *Proceedings of USENIX Conference Winter 1994* (San Francisco, CA), S. 47–62. USENIX Association, Berkeley, Januar 1994.

[Green88] J. Greenbaum. In search of Cooperation: An historical analysis of work organization and management strategies. *Proceedings of International Conference on Computer Supported Cooperative Work* (Portland, OR), S. 102–114. ACM Press, New York, NY, September 1988.

[Green92] S. Greenberg, M. Roseman, D. Webster, und R. Bohnet. Human and technical factors of distributed group drawing tools. *Interacting with Computers*, **4**(3): S. 364–392, 1992.

[Green94] S. Greenberg und D. Marwood. Real Time Groupware as a Distributed System: Concurrency Control and its Effect on the Interface. *Proceedings of International Conference on Computer Supported Cooperative Work* (Chapel Hill, NC), S. 207–217, R. Furuta und C. M. Neuwirth (Hrsg.). ACM Press, New York, NY, Oktober 1994.

[Green96] S. Greenberg, C. Gutwin, und A. Cockburn. Using Distortion-Oriented Displays to Support Workspace Awareness. Technischer Bericht 96/581/01. Department of Computer Science, University of Calgary, Canada, Januar 1996.

[Greif86] I. Greif, R. Seliger, und W. Weihl. Atomic Data Abstractions in a Distributed Collaborative Editing System (Extended Abstract). *Proceedings of 13th ACM SIGACT/SIGPLAN Annual Symposium on Principles of Programming Languages* (St. Petersburg Beach, FL), S. 160–172. ACM Press, New York, NY, Januar 1986.

[Greif88] I. Greif (Hrsg.). *Computer-supported cooperative work: A book of readings*. Morgan Kaufmann Publ. Incorporated, Los Altos, CA, 1988.

[Gronb93] K. Grønbæk, M. Kyng, und P. Mogensen. CSCW challenges: cooperative design in engineering projects. *Communications of the ACM*, **36**(4): S. 67–77, Juni 1993.

[Gronb94] K. Grønbæk und J. Malhotra. Building Tailorable Hypermedia Systems: The Embedded-Interpreter Approach. *Proceedings of 9th ACM SIGPLAN Conference on Object-Oriented Programming Systems, Languages and Applications (OOPSLA '94)* (Portland, OR). Veröffentlicht in *SIGPLAN Notices*, **29**(10): S. 85–101. ACM Press, New York, NY, Oktober 1994.

[Grudi88a] J. Grudin. Perils and pitfalls. *Byte*, **13**(13), Dezember 1988.

[Grudi88b] J. Grudin. Why CSCW Applications Fail: Problems in the Design and Evaluation of Organizational Interfaces. *Proceedings of International Conference on Computer Supported Cooperative Work* (Portland, OR), S. 85–93. ACM Press, New York, NY, September 1988.

[Grudi94a] J. Grudin. Groupware and social dynamics: eight challenges for developers. *Communications of the ACM*, **37**(1): S. 93–105, Januar 1994.

[Grudi94b] J. Grudin. CSCW: history and focus. *IEEE Computer*, **27**(5): S. 19–26, Mai 1994.

[Grunw81] W. Grunwald. Konflikt-Konkurrenz-Kooperation: Eine theoretisch-empirische Konzeptanalyse. In W. Grunwald und H.-G. Lilge (Hrsg.), *Kooperation und Konkurrenz in Organisationen*, S. 50–96. Bern, 1981.

[Gutwi95a] C. Gutwin und S. Greenberg. Workspace Awareness in Real-Time Distributed Groupware. Technischer Bericht 95/575/27. Department of Computer Science, University of Calgary, Canada, 1995.

[Gutwi95b] C. Gutwin, G. Stark, und S. Greenberg. Support for Workspace Awareness in Educational Groupware. *ACM Conference on Computer Supported Collaborative Learning* (Bloomington, Indiana, USA), S. 147–156, Oktober 1995.

[Haake94] J. M. Haake, C. Marshall, und U. K. Wiil. Open Issues in Collaborative Hypermedia Systems. *Proceedings of CSCW'94 Workshop Collaborative Hypermedia Systems* (Chapel Hill, NC), S. 5–11, J. M. Haake (Hrsg.). GMD-Studien Nr. 239, GMD Gesellschaft für Mathematik und Datenverarbeitung, Darmstadt, September 1994.

[Hackm83] J. Hackman. The design of work teams. In J. Lorsch (Hrsg.), *Handbook of organisational behaviour*. Prentice-Hall, Englewood Cliffs, NJ, 1983.

[Hackm86] J. Hackman und R. Walton. Leading groups in organisations. In P. Goodman (Hrsg.), *Designing effective work teams*. Jossey-Bass, New York, 1986.

[Heide92] J. S. Heidemann, T. W. Page, R. G. Guy, und G. J. Popek. Primarily disconnected operation: Experiences with Fiscus. *Proceedings of 2nd Workshop on the Management of Replicated Data* (Monterey, CA), S. 2–5, November 1992.

[Hicks91] D. L. Hicks, J. J. Leggett, und J. L. Schnase. Version Control in Hypertext Systems. Technischer Bericht TAMU-HRL-91-004. Department of Computer Science, Texas A&M University, College Station, TX, Juli 1991.

[Hicks93] D. Hicks. Version Control in the Hyperbase Management System Environment. *Workshop on Hyperbase Systems (Hypertext'93)* (Seattle, WA), November 1993.

[Hornu91] C. Hornung und A. Santos. CoMEdiA a Cooperative hyperMedia Editing Architecture. The Problem of the Cooperative Access. *Multimedia – Systems, Interaction and Applications, 1st Eurographics Workshop* (Stockholm, Sweden), S. 208–222, L. Kjelldahl (Hrsg.), April 1991.

[Hosch94] P. Hoschka, T. Kreifelts, und W. Prinz. The PoliTeam Project: Telecooperation Support in the Distributed German Government. *Venice International Conference on Telecommunications – Games without frontiers* (Venice), Juni 1994.

[InfoD93] H. Engesser (Hrsg.). *Duden 'Informatik' - 2. Auflage*. Dudenverlag, Mannheim, 1993.

[Jajod87] S. Jajodia. Managing Replicated Files in Partitioned Distributed Database Systems. *Proceedings of 3rd IEEE International Conference on Data Engineering* (Los Angeles, CA), S. 412–418. IEEE Computer Society Press, Los Alamitos, Februar 1987.

[Johan88] R. Johansen. *Groupware: Computer Support for Business Teams*. The Free Press, Macmillan Inc, NY, 1988.

[Jones95] S. Jones. Identification and Use of Guidelines for the Design of Computer Supported Collaborative Writing Tools. B. C. Bruce und M. Sharples (Hrsg.), *Computer Supported Cooperative Work — An International Journal*, 3(3-4): S. 379–404, 1995.

[Karag94] D. Karagiannis, F. J. Radermacher, B. Teufel, und B. E. Wynne. Towards CSCW: Metalevel Environments for Enhanced Group and Organization Effectiveness. *Journal of Organizational Computing*, 4(4): S. 367–392, 1994.

[Karse93] A. Karsenty und M. Beaudouin-Lafon. An Algorithm for Distributed Groupware Applications. *Proceedings of 13th International Conference on Distributed Computing Systems* (Pittsburg, PA), S. 195–202. IEEE Computer Society Press, Los Alamitos, Mai 1993.

[Katz87] R. H. Katz und E. Chang. Managing Change in a Computer-Aided Design Database. *Proceedings of 13th International Conference on Very Large Data Bases* (Brighton, UK), S. 455–462. Morgan Kaufmann Publ. Incorporated, Los Altos, CA, September 1987.

[Kawel88] L. Kawell, S. Beckhardt, T. Halvorsen, R. Ozzie, und I. Greif. Replicated Document Management in a Group Communication System. *Proceedings of International Conference on Computer Supported Cooperative Work* (Portland, OR), September 1988.

[Kazar90] M. L. Kazar, B. W. Leverett, O. T. Anderson, V. Apostolides, B. A. Bottos, S. Chutani, C. F. Everhart, W. A. Mason, S.-T. Tu, und E. R. Zayas. DEcorum File System Architectural Overview. *Proceedings of USENIX Conference Summer'90* (Anaheim, CA), S. 151–164. USENIX, Juni 1990.

[Kirby95] A. Kirby und T. Rodden. Contact: Support for Distributed Cooperative Writing. *Proceedings of 4th European Conference on Computer Supported Cooperative Work* (Stockholm, Sweden), S. 101–116, H. Marmolin, Y. Sundblad, und K. Schmidt (Hrsg.). Kluwer Academic Publishers, Dordrecht, September 1995.

[Klock95] K. Klöckner, P. Mambrey, M. Solenkamp, W. Prinz, L. Fuchs, S. Kolvenbach, U. Pankoke-Babatz, und A. Syri. POLITeam — Bridging the Gap between Bonn and Berlin for and with the Users. *Proceedings of 4th European Conference on Computer Supported Cooperative Work* (Stockholm, Sweden), S. 17–32, H. Marmolin, Y. Sundblad, und K. Schmidt (Hrsg.). Kluwer Academic Publishers, Dordrecht, September 1995.

[Klute95] R. Klute. Sicherheit im World Wide Web — Verschlußsache. *iX Magazin*, 12: S. 132–145. Heise Verlag, Hannover, Dezember 1995.

[Knist90] M. J. Knister und A. Prakash. DistEdit: A Distributed Toolkit for Supporting Multiple Group Editors. *Proceedings of 3rd International Conference on Computer Supported Cooperative Work* (Los Angeles, CA), S. 343–355. ACM Press, New York, NY, Oktober 1990.

[Knist93] M. J. Knister und A. Prakash. Issues in the Design of a Toolkit for Supporting Multiple Group Editors. *Computing Systems*, 6(2): S. 135–166. University of California Press, Spring 1993.

[Koch95a] M. Koch. The Collaborative Multi-User Editor Project Iris. Technischer Bericht TUM-I9524. Institut für Informatik, Technische Universität München, München, August 1995.

[Koch95b] M. Koch. Iris — A Cooperative Editing Environment. *Proceedings of European Conference on Computer Supported Cooperative Work (ECSCW'95), Conference Supplement* (Stockholm, Sweden), S. 35–36, Y. Sundblad, K. Tollmar, T. Reignier, L. Fahlén, und J. Forsyth (Hrsg.). KTH, Stockholm, Sweden, September 1995.

[Koch96a] M. Koch. Design issues for a distributed multi-user editor. B. C. Bruce und M. Sharples (Hrsg.), *Computer Supported Cooperative Work — An International Journal*, 3(3-4): S. 359–378, 1995.

[Koch96b] M. Koch und D. Köhler. Iris — Unterstützung kooperativer Dokumentenbearbeitung in Weitverkehrsnetzen. *Workshop CSCW in großen Unternehmungen* (9-10. Mai 1996, Darmstadt, Deutschland), S. 208–216. Gesellschaft für Informatik, Mai 1996.

[Kolla94] M. Kolland. Support for Information Sharing in CSCW Based on Causally and Totally Ordered Group Communication. *International Workshop on Theory and Practice in Distributed Systems* (Dagstuhl Castle, Deutschland), Lecture Notes in Computer Science 938, S. 64–82, K. P. Birman, F. Mattern, und A. Schiper (Hrsg.). Springer Verlag, Berlin, September 1994.

[Kraem90] K. L. Kraemer und A. Pinsonneault. Technology and groups: Assessments of the empirical research. In J. Galegher, R. E. Kraut, und C. Egido (Hrsg.), *Intellectual Teamwork: Social Foundations of Cooperative Work*, S. 373–404. Lawrence Erlbaum Publ., Hillsdale, NJ, 1990.

[Krcma91] H. Krcmar. Computer Supported Cooperative Work — State of the Art. In H.-J. Bullinger (Hrsg.), *Human Aspects in Computing: Design and Use of Interactive Systems and Information Management*, S. 1113–1117. Amsterdam, 1991.

[Krcma92] H. Krcmar. Computerunterstützung für die Gruppenarbeit — Zum Stand der Computer Supported Cooperative Work Forschung. *Wirtschaftsinformatik*, 34(4): S. 425–437, 1992.

[Kreif93] T. Kreifelts und W. Prinz. ACSCW: An Assistant for Cooperative Work. *Conference on Organizational Computing Systems* (Milpitas, CA), S. 269–278, November 1993.

[Krick95] J. Krick. Relating Documents. *Open Computing*, 12(1): S. 102–103, Januar 1995.

[Kumar95] V. Kumar (Hrsg.). *Performance of Concurrency Control Mechanisms in Centralized Database Systems*. Prentice Hall, Englewood Cliffs, NJ, 1995.

[Lambr94] P. Lambrix, M. Sjölin, und L. Padgham. LINCKS – A Platform for Computer Supported Cooperative Work. Technischer Bericht. November 1994.

[Lange92] D. B. Lange, K. Østerbye, und H. Schütt. Hypermedia Storage. Technischer Bericht R-92-2009. University of Aalborg, Denmark, Institute for Elecronic Systems, Juni 1992.

[Lay91] M. M. Lay und W. M. Karis (Hrsg.). *Collaborative Writing in Industry: Investigations in Theory and Practice*. Baywood Publishing Company, Amityville, NY, 1991.

[Lelan88] M. D. P. Leland, R. S. Fish, und R. E. Kraut. Collaborative Document Production Using Quilt. *Proceedings of 2nd International Conference on Computer Supported Cooperative Work* (Portland, OR), S. 206–215. ACM Press, New York, NY, September 1988.

[Leliv94] M. Leliveld. Xwho — ein System zur Visualisierung der Benutzer in Rechnernetzen. Technische Universität München, Institut für Informatik, Juni 1994. Fortgeschrittenenpraktikum.

[Lewis88] B. T. Lewis und J. D. Hodges. Shared Books: Collaborative Publication Management for an Office Information System. *Proceedings of ACM SIGOIS/IEEE TC-OA Conference on Office Information Systems* (Palo Alto, CA). Veröffentlicht in R. B. Allen (Hrsg.), *SIGOIS Bulletin*, 9(2&3): S. 197–204. ACM Press, New York, NY, März 1988.

[Lie89] A. Lie, R. Conradi, T. M. Didriksen, E. Karlsson, S. O. Hallsteinsen, und P. Holager. Change oriented Versioning in a Software Engineering Database. *Proceedings of 2nd International Workshop on Software Configuration Management* (Princeton, NJ). Veröffentlicht in *SIGSOFT Software Engineering Notes*, 14(7): S. 56–65. ACM Press, New York, NY, Oktober 1989.

[Linkw96] http://www.digital.com/.i/info/linkworks/, 1996. Produktinformation im WWW.

[Locke92] K. O. Locker. What Makes a Collaborative Writing Team Successful? A Case Study of Lawyers and Social Service Workers in a State Agency. In J. Forman (Hrsg.), *New Visions of Collaborative Writing*, S. 37–62. Boynton/Cook Publishers, Portsmout, NH, 1992.

[Lu91] I. M. Lu und M. M. Mantei. Idea Management in a Shared Drawing Tool. *Proceedings of 2nd European Conference on Computer Supported Cooperative Work* (Amsterdam, Netherlands), S. 97–112, L. Bannon, M. Robinson, und K. Schmidt (Hrsg.), September 1991.

[Lubic95] H. P. Lubich. *Towards a CSCW Framework for Scientific Cooperation in Europe*, Lecture Notes in Computer Science, 889. Springer Verlag, Berlin, 1995.

[Lyon85] B. Lyon, G. Sager, J. M. Chang, D. Goldberg, S. Kleinman, T. Lyon, R. Sandberg, D. Walsh, und P. Weiss. Overview of the SUN Network File System. *Proceedings of USENIX Conference Winter'85* (Dallas, TX), S. 1–8, Januar 1985.

[Magnu93] B. Magnusson, U. Asklund, und S. Minör. Fine-Grained Revision Control for Collaborative Software Development. *Proceedings of ACM Symposium on the Foundations of Software Engineering* (Los Angeles, CA). Veröffentlicht in D. Notkin (Hrsg.), *SIGSOFT Software Engineering Notes*, **18**(5). ACM Press, New York, NY, Dezember 1993.

[Malco91] N. Malcolm und B. R. Gaines. A Minimalist Approach to the Development of a Word Processor Supporting Group Writing Activities. *Proceedings of ACM SIGOIS Conference on Organizational Computing Systems* (Atlanta, GA), SIGOIS, S. 147–152. ACM Press, New York, NY, 1991.

[Malon94] T. W. Malone und K. Crowston. The interdisciplinary study of coordination. *ACM Computing Surveys*, **26**(1): S. 87–119, März 1994.

[Mandv94] M. Mandviwalla und L. Olfman. What Do Groups Need? A Proposed Set of Generic Groupware Requirements. *ACM Transactions on Computer-Human Interaction*, **1**(3): S. 245–268. ACM Press, New York, NY, September 1994.

[Maria93] J. A. Mariani und W. Prinz. From Multi-User to Shared Object Systems: Awareness about Co-Workers in Cooperation Support Object Databases. *Informatik – Wirtschaft – Gesellschaft Proceedings of 23. GI-Jahrestagung* (Dresden, Deutschland), S. 476–481, H. Reichel (Hrsg.). Springer Verlag, Berlin, September 1993.

[Mark95] G. Mark, J. M. Haake, und N. A. Streitz. The Use of Hypermedia in Group Problem Solving: An Evaluation of the DOLPHIN Electronic Meeting Room Environment. *Proceedings of 4th European Conference on Computer Supported Cooperative Work* (Stockholm, Sweden), S. 197–213, H. Marmolin, Y. Sundblad, und K. Schmidt (Hrsg.). Kluwer Academic Publishers, Dordrecht, September 1995.

[McAlp94] K. McAlpine und P. Golder. A New Architecture for a Collaborative Authoring System: Collaborwriter. *Computer Supported Cooperative Work (CSCW)*, **2**(3): S. 159–174. Kluwer Academic Publishers, Dordrecht, 1994.

[McCan95] S. McCanne und V. Jacobson. vic: A Flexible Framework for Packet Video. *Proceedings of ACM Multimedia* (San Francisco, CA), November 1995.

[Miles93] V. C. Miles, J. C. McCarthy, A. J. Dix, M. D. Harrison, und A. F. Monk. Reviewing Designs for a Synchronous-Asynchronous Group Editing Environment. In M. Sharples (Hrsg.), *Computer Supported Collaborative Writing*, S. 137–160. Springer Verlag, London, 1993.

[Minor93] S. Minör und B. Magnusson. A Model for Semi-(a)Synchronous Collaborative Editing. *Proceedings of 3rd European Conference on Computer Supported Cooperative Work* (Milan, Italy), S. 219–231, G. de Michelis, C. Simone, und K. Schmidt (Hrsg.). Kluwer Academic Publishers, Dordrecht, September 1993.

[Minte95] S. Mintert. Die Standard Generalized Markup Language — Leise Revolution. *iX Multiuser Multitasking Magazin*, 7: S. 126–136. Heise Verlag, Hannover, Juli 1995.

[MIS95] Dokumentenmanagement mit DOCS Open. Management Informations Systeme MIS GmbH, Darmstadt, Deutschland, 1995. Produktbeschreibung.

[Mitch95] A. Mitchell, I. Posner, und R. Baecker. Learning to Write Together Using Groupware. *ACM Conference on Human Factors in Computing Systems* (Denver, CO). ACM Press, New York, NY, Mai 1995.

[Mitch96] A. Mitchell. *Communication and Shared Understanding in Collaborative Writing*. Dissertation. Department of Computer Science, University of Toronto, 1996.

[Moore93] K. Moore. MIME (Multipurpose Internet Mail Extensions) Part Two: Message Header Extensions for Non-ASCII Text. RFC 1522. Internet Architecture Board, September 1993.

[Mosle93] K. Möslein. CSCW als Arbeitssystem-Gestaltung. Institut für Informatik, Technische Universität München, München, Februar 1993. Diplomarbeit.

[Moy94] J. Moy. Multicast Routing Extensions for OSPF. *Communications of the ACM*, 37(8), August 1994.

[Murra94] D. Murray und B. Hewitt. Capturing Interactions: Requirements for CSCW. In D. Rosenberg und C. Hutchison (Hrsg.), *Design Issues in CSCW*, S. 27–59. Springer Verlag, Berlin, 1994.

[Nelso81] B. J. Nelson. Remote Procedure Call. Technischer Bericht CSL–81–9. Xerox Palo Alto Research Center, Palo Alto, CA, 1981.

[Neuwi89] C. M. Neuwirth und D. S. Kaufer. The Role of External Representations in the Writing Process: Implications for the Design of Hypertext-based Writing Tools. *Proceedings of ACM Conference on Hypertext (Hypertext'89)* (Pittsburgh, PA). Veröffentlicht in *SIGCHI Bulletin*, S. 319–341. ACM Press, New York, NY, November 1989.

[Neuwi90] C. M. Neuwirth, D. S. Kaufer, R. Chandhok, und J. H. Morris. Issues in the Design of Computer Support for Co-authoring and Commenting. *Proceedings of International Conference on Computer Supported Cooperative Work* (Los Angeles, CA), S. 183–195. ACM Press, New York, NY, Oktober 1990.

[Neuwi92] C. M. Neuwirth, R. Chandhok, D. S. Kaufer, P. Erion, J. H. Morris, und D. Miller. Flexible Diff-ing in a Collaborative Writing System. *Proceedings of International Conference on Computer Supported Cooperative Work* (Toronto, Canada), S. 147–154, J. Turner und R. E. Kraut (Hrsg.). ACM Press, New York, NY, Oktober 1992.

[Neuwi94] C. M. Neuwirth, D. S. Kaufer, R. Chandhok, und J. H. Morris. Computer Support for Distributed Collaborative Writing: Defining Parameters of Interaction. *Proceedings of International Conference on Computer Supported Cooperative Work* (Chapel Hill, NC), S. 145–152, R. Furuta und C. M. Neuwirth (Hrsg.). ACM Press, New York, NY, Oktober 1994.

[Newma93] R. Newman und J. Newman. Social Writing: Premises and Practices in Computerized Contexts. In M. Sharples (Hrsg.), *Computer Supported Collaborative Writing*, S. 29–40. Springer Verlag, London, 1993.

[Newma91] R. E. Newman-Wolfe und H. K. Pelimuhandiram. MACE: A Fine Grained Concurrent Editor. *Proceedings of ACM SIGOIS Conference on Organizational Computing Systems* (Atlanta, GA), SIGOIS, S. 240–254. ACM Press, New York, NY, 1991.

[Norma93] K. L. Norman und D. Lindwarm. Human/computer interaction in the electronic classroom. *Proceedings of Mid-Atlantic Human Factors Conference* (Virginia Beach), S. 217–223, 1993.

[Notes91] Lotus Notes Version 3. Lotus Development Corporation, Staines, Middelsex, England, 1991. Dokumentation der deutschen Version.

[Oberq91a] H. Oberquelle. Perspektiven der Mensch-Computer-Interaktion und kooperative Arbeit. In M. Frese, C. Kasten, C. Skarpelis, und B. Zang-Scheucher (Hrsg.), *Software für die Arbeit von morgen*, S. 45–56. Springer Verlag, Berlin, 1991.

[Oberq91b] H. Oberquelle. CSCW- und Groupware-Kritik. In H. Oberquelle (Hrsg.), *Kooperative Arbeit und Computerunterstuetzung*. Verlag für Angewandte Psychologie, Stuttgart, 1991.

[Oberq91c] H. Oberquelle. Kooperative Arbeit und menschengerechte Groupware als Herausforderung fuer Software-Ergonomie. In H. Oberquelle (Hrsg.), *Kooperative Arbeit und Computerunterstuetzung*. Verlag für Angewandte Psychologie, Stuttgart, 1991.

[Olson90] G. M. Olson und D. E. Atkins. Supporting Collaboration with Advanced Multimedia Electronic Mail: The NSF EXPRES Project. In J. Galegher, R. E. Kraut, und C. Egido (Hrsg.), *Intellectual Teamwork*, S. 429–451. Lawrence Erlbaum Publ., Hillsdale, NJ, 1990.

[Pacul94] F. Pacull, A. Sandoz, und A. Schiper. Duplex: A Distributed Collaborative Editing Environment in Large Scale. *Proceedings of International Conference on Computer Supported Cooperative Work* (Chapel Hill, NC), S. 165–173, R. Furuta und C. M. Neuwirth (Hrsg.). ACM Press, New York, NY, Oktober 1994.

[Papow95] J. P. Papows. Notes for Lotus and the World: Sighting the Goal. In D. Coleman und R. Khanna (Hrsg.), *Groupware Technology and Applications*, S. 201–222. Prentice Hall, Upper Saddle River, NJ, 1995.

[Parke83] D. S. Parker, G. J. Popek, G. Rudisin, A. Stoughton, B. J. Walker, E. Walton, J. M. Chow, D. Edwards, S. Kiser, und C. Kline. Detection of Mutual Inconsistency in Distributed Systems. *IEEE Transactions on Software Engineering*, 9(3): S. 240–247, Mai 1983.

[Patel93] D. Patel und S. D. Kalter. A UNIX toolkit for distributed synchronous collaborative applications. *Computing Systems*, 6(2), Spring 1993.

[PcDoc94] PC DOCS Open (First Looks). *PC Magazine*, November 9 1994.

[Peter95] R. Peters und C. Neuss. CrystalWeb — A distributed authoring environment for the World-Wide Web. *Computer Networks and ISDN Systems*, 27: S. 861–870. Elsevier Science B.V., April 1995.

[Phadk95] D. Phadke und D. Harbison. Digital's Client-Server Solutions for Workgroup Integration. In D. Coleman und R. Khanna (Hrsg.), *Groupware Technology and Applications*, S. 267–298. Prentice Hall, Upper Saddle River, NJ, 1995.

[Picot93] A. Picot. Organisation. In M. Bitz, K. Dellmann, M. Domsch, und H. Egner (Hrsg.), *Vahlens Kompendium der Betriebswirtschaftslehre, Band 2, 3. Auflage*, S. 101–174. Verlag Vahlen, München, 1993.

[Picot96] A. Picot, R. Reichwald, und R. T. Wigand. *Die grenzenlose Unternehmung*. Gabler Verlag, Wiesbaden, 1996.

[Piepe91a] U. Piepenburg. Ein Konzept von Kooperation und die technische Unterstützung kooperativer Prozesse. In H. Oberquelle (Hrsg.), *Kooperative Arbeit und Computerunterstützung*, S. 79–94. Verlag für Angewandte Psychologie, Stuttgart, 1991.

[Piepe91b] U. Piepenburg. Rechnergestütztes kooperatives Arbeiten. Technischer Bericht FBI-HH-M-197/91. Fachbereich Informatik, Universität Hamburg, Mai 1991.

[Polo95] J. Polo. A Quick Guided Tour of Shemacs. Technischer Bericht ICS/CSDL-TR-95-16. Department of Information and Computer Science, University of Hawaii, September 1995.

[Posne93] I. R. Posner und R. M. Baecker. How people write together. In R. M. Baecker (Hrsg.), *Readings in groupware and computer- supported cooperative work, assisting human-human collaboration*. Morgan Kaufmann Publ. Incorporated, Los Altos, CA, 1993.

[Pribi96] P. Pribilla, R. Reichwald, und R. Goecke. *Management und Telekommunikation: Innovative Lösungen verändern die Arbeit des Managers, die Geschäftsprozesse und den Wettbewerb*. Schäffer-Pöschel, Stuttgart, 1996.

[Rajag95] B. Rajahopalan. Membership protocols for distributed conference control. *Computer Communications*, 18(10): S. 695–708, Oktober 1995.

[Rammi92] F. J. Rammig und B. Steinmüller. Frameworks und Entwurfsumgebungen. *Informatik Spektrum*, 15(1): S. 33–43, 1992.

[Reich94] C. Reichenberger. Concepts and Techniques for Software Version Control. *Software — Concepts & Tools*, 15: S. 97–104, Juni 1994.

[Reich93] R. Reichwald. Kommunikation. In M. Bitz, K. Dellmann, M. Domsch, und H. Egner (Hrsg.), *Vahlens Kompendium der Betriebswirtschaftslehre, Band 2, 3. Auflage*, S. 447–494. Verlag Vahlen, München, 1993.

[Reich96] R. Reichwald und K. Möslein. Telearbeit und Telekooperation. In H.-J. Bullinger und H.-J. Warnecke (Hrsg.), *Neue Organisationsformen im Unternehmen: Ein Handbuch für das moderne Management*, S. 691–708. Springer Verlag, Berlin, 1996.

[Renes93a] R. van Renesse, K. P. Birman, R. Cooper, B. Glade, und P. Stephenson. The Horus System. Technischer Bericht CS TR. Department of Computer Science, Cornell University, Ithaca, NY, Juli 1993.

[Renes93b] R. van Renesse, T. M. Hickey, und K. P. Birman. Design and Performance of Horus: A Lightweight Group Communications System. Technischer Bericht CS TR. Department of Computer Science, Cornell University, Ithaca, NY, Juli 1993.

[Resni96] P. Resnick und A. Walker. The text/enriched MIME Content-type. RFC 1896. Internet Architecture Board, Februar 1996.

[Resse96] M. Ressel und A. Mailänder. Entwurf eines Gruppeneditors: Erfahrungen mit einem optimistischen Ansatz. *Fachtagung Deutsche Computer Supported Cooperative Work DCSCW'96* (Hohenheim, Deutschland), S. 207–224, H. Krcmar, H. Lewe, und G. Schwabe (Hrsg.). Springer Verlag, Berlin, Oktober 1996.

[Rodde91] T. Rodden. A Survey of CSCW Systems. *Interacting with Computers*, 3(3): S. 319–353, 1991.

[Rosem95] M. Roseman und S. Greenberg. GroupKit: A Groupware Toolkit for Building Real-Time Conferencing Applications. In S. Greenberg, S. Hayne, und R. Rada (Hrsg.), *Groupware for Real-Time Drawing*, S. 142–155. McGraw-Hill, London, 1995.

[Rosem96] M. Roseman und S. Greenberg. Building Real-Time Groupware with GroupKit, A Groupware Toolkit. *ACM Transactions on Computer-Human Interaction*, 3(1): S. 66–106, März 1996.

[Sandk95] K. Sandkuhl und A. Kindt. *Telepublishing — Die Druckvorstufe auf dem Weg ins Kommunikationszeitalter*. Springer Verlag, Berlin, 1995.

[Santo92a] A. Santos. CoMEdiA: Conceptualisation and realisation of a cooperative hypermedia editing architecture. *Computers and Graphics Magazine*, 17(3), 1992.

[Santo92b] A. Santos. A Cooperative architecture for hypermedia editing — CoMEdiA. *Computer Graphics Forum*, 2(5): S. 309–322, 1992.

[Santo93] A. Santos. Cooperative hypermedia editing with CoMEdiA. *Journal of Computer Science and Technology*, 8(2), 1993.

[Santo94] A. Santos und B. Tritsch. Cooperative multimedia editing tool for enhanced group communication. *Computer Communications*, 17(4): S. 277–287. Butterworth-Heinemann Ltd., April 1994.

[Santo95] A. Santos. *Multimedia and Groupware for Editing*. Springer Verlag, Berlin, 1995.

[Sasse93] M. A. Sasse, M. J. Handley, und S. C. Chuang. Support for Collaborative Authoring via Email: The MESSIE Environment. *Proceedings of 3rd European Conference on Computer Supported Cooperative Work* (Milan, Italy), S. 249–264, G. de Michelis, C. Simone, und K. Schmidt (Hrsg.). Kluwer Academic Publishers, Dordrecht, September 1993.

[Satya90a] M. Satyanarayanan. Scalable, Secure, and Highly Available Distributed File Access. *IEEE Computer*, 23(5): S. 9–22, Mai 1990.

[Satya90b] M. Satyanarayanan, J. J. Kistler, P. Kumar, M. E. Okasaki, E. H. Siegel, und D. C. Steere. Coda: A highly available File System for a Distributed Workstation Environment. *IEEE Transactions on Computers*, c–39(4): S. 447–459, April 1990.

[Satya92] M. Satyanarayanan. The Influence of Scale on Distributed File System Design. *IEEE Transactions on Software Engineering*, **18**(1): S. 1–8, Januar 1992.

[Satya93a] M. Satyanarayanan. Distributed File Systems. In S. Mullender (Hrsg.), *Distributed Systems*, S. 353–383. Addison-Wesley, Reading, Mass. and London, 1993.

[Satya93b] M. Satyanarayanan, J. J. Kistler, L. B. Mummert, M. R. Ebling, P. Kumar, und Q. Lu. Experience with Disconnected Operation in a Mobile Computing Environment. Technischer Bericht CMU-CS-93-168. School of Computer Science, Carnegie-Mellon University, Pittsburgh, PA, Juni 1993.

[Schal90] T. Schäl und B. Zeller. A Methodological Approach to Computer Supported Cooperative Work. *Proceedings of 5th European Conference on Cognitive Ergonomics* (September 1990), S. 291–304. European Association of Cognitive Ergonomics, September 1990.

[Schmi90] K. Schmidt. Analysis of Cooperative Work — A Conceptual Framework. Riso-M-2890. Risø National Laboratory, Roskilde, Denmark, Juni 1990.

[Schmi92] K. Schmidt und L. Bannon. Taking CSCW Seriously: Supporting Articulation Work. *Computer Supported Cooperative Work (CSCW)*, **1**(1-2): S. 7–40. Kluwer Academic Publishers, Dordrecht, 1992.

[Schro84] M. D. Schroeder, A. D. Birrell, und R. M. Needham. Experience with Grapevine: The Growth of a Distributed System. *ACM Transactions on Computer Systems*, **2**(1): S. 3–23, Februar 1984.

[Sedlm95] G. Sedlmayr. Integration von Annotationsmöglichkeiten im Mehrbenutzereditor Iris. Institut für Informatik, Technische Universität München, München, Februar 1996. Diplomarbeit.

[Sharp88] M. Sharples und C. O'Malley. 17: A Framework for the Design of a Writer's Assistant. In J. Self (Hrsg.), *Artificial Intelligence and Human Learning*, S. 276–290. Chapman and Hall, London, 1988.

[Sharp93] M. Sharples, J. S. Goodlet, E. E. Beck, C. C. Wood, S. M. Easterbrook, und L. Plowman. Research Issues in the Study of Computer Supported Collaborative Writing. In M. Sharples (Hrsg.), *Computer Supported Collaborative Writing*, S. 9–28. Springer Verlag, London, 1993.

[Sifra94] SIFRAME V3.0 System Overview, Edition September 1994. Siemens-Nixdorf Informationssysteme AG, Paderborn, 1994. Systemdokumentation.

[Sohle94] M. Sohlenkamp und G. Chwelos. Integrating Communication, Cooperation, and Awareness: The DIVA Virtual Office Environment. *Proceedings of International Conference on Computer Supported Cooperative Work* (Chapel Hill, NC), S. 331–343, R. Furuta und C. M. Neuwirth (Hrsg.). ACM Press, New York, NY, Oktober 1994.

[Sorga88] P. Sørgaard. *A Discussion of Computer Supported Cooperative Work*. Dissertation. Aarhus University, Computer Science Department, Denmark, 1988.

[Stein93] R. Steinmetz. *Multimedia-Technologie: Einführung und Grundlagen*. Springer Verlag, Berlin, 1993.

[Strei92] N. A. Streitz, J. M. Haake, J. Hannemann, A. Lemke, W. Schuler, H. Schütt, und M. Thüring. SEPIA: A Cooperative Hypermedia Authoring Environment. *Proceedings of ACM Conference on Hypertext (ECHT'92)* (Milan, Italy), D. Lucarella, J. Nanard, N. Nanard, und P. Paolini (Hrsg.), 1992.

[Strei94] N. A. Streitz, J. Geißler, J. M. Haake, und J. Hol. DOLPHIN: Integrated Meeting Support across Local and Remote Desktop Environments and LiveBoards. *Proceedings of International Conference on Computer Supported Cooperative Work* (Chapel Hill, NC), S. 345–358, R. Furuta und C. M. Neuwirth (Hrsg.). ACM Press, New York, NY, Oktober 1994.

[Tanen87] A. S. Tanenbaum (Hrsg.). *Computer Networks*, 2nd edition. Prentice-Hall, Englewood Cliffs, NJ, 1987.

[Teege94] G. Teege und M. Koch. Integrating Access and Collaboration for Multimedia Applications. *Proceedings of International Conference on Multimedia, Hypermedia and Virtual Reality* (Moscow, Russia), S. 170–176, P. Brusilowsky (Hrsg.), September 1994.

[Terry94] D. B. Terry, A. J. Demers, K. Petersen, M. J. Spreitzer, M. M. Theimer, und B. B. Welch. Session Guarantees for Weakly Consistent Replicated Data. *Proceedings of 3rd International Conference on Parallel and Distributed Information Systems*, S. 140–149, September 1994.

[Terry95] D. B. Terry, M. M. Theimer, K. Petersen, A. J. Demers, M. J. Spreitzer, und C. H. Hauser. Managing Update Conflicts in Bayou, a Weakly Connected Replicated Storage System. *Proceedings of 15th ACM Symposium on Operating Systems Principles*. Veröffentlicht in *ACM Operating Systems Review*, **29**(5): S. 172–183, Dezember 1995.

[Tesle95] L. G. Tesler. Networked Computing in the 1990s. *Scientific American: The Computer in the 21st Century*, **6**(Special Issue 1): S. 10–21. Scientific American Inc, New York, NY, 1995.

[Teufe95] S. Teufel und B. Teufel. Bridging Information Technology and Business — Some Modelling Aspects. *ACM SIGOIS Bulletin*, **16**(1): S. 13–17. ACM Press, New York, NY, August 1995.

[Thimm94] H. Thimm. A Multimedia Enhanced CSCW Teleservice for Wide Area Cooperative Authoring of Multimedia Documents. *SIGOIS Bulletin*, **15**(2): S. 49–57, Dezember 1994. Position Paper, CSCW'94 Workshop: Distributed systems, multimedia and infrastructure support in CSCW.

[Thral92] C. Thralls. Bakhtin, Collaborative Partners, and Published Discourse: A Collaborative View of Composing. In J. Forman (Hrsg.), *New Visions of Collaborative Writing*, S. 63–81. Boynton/Cook Publishers, Portsmout, NH, 1992.

[Tichy82] W. F. Tichy. Design, Implementation, and Evaluation of a Revision Control System. *Proceedings of 6th International Conference on Software Engineering* (Tokyo, Japan), S. 58–67, September 1982.

[Turof94] M. Turoff, S. R. Hiltz, und V. Balasubramanian. The Human Element in Collaborative Hypertext/Hypermedia. *Proceedings of CSCW'94 Workshop Collaborative Hypermedia Systems* (Chapel Hill, NC), S. 59–62, J. M. Haake (Hrsg.). GMD-Studien Nr. 239, GMD Gesellschaft für Mathematik und Datenverarbeitung, Darmstadt, September 1994.

[Vesse95] I. Vessey und A. P. Sravanapudi. CASE Tools as Collaborative Support Technologies. *Communications of the ACM*, 38(1): S. 83–95, Januar 1995.

[Want95] R. Want, B. N. Schilit, N. I. Adams, R. Gold, K. Petersen, D. Goldberg, J. R. Ellis, und M. Weiser. The PARCTAB Ubiquitous Computing Experiment. Technischer Bericht CSL-95-1. Xerox Palo Alto Research Center, März 1995.

[Watab90] K. Watabe, S. Sakata, K. Maeno, H. Fukuoka, und T. Ohmori. Distributed multiparty desktop conferencing system: Mermaid. *Proceedings of International Conference on Computer Supported Cooperative Work* (Los Angeles, CA), S. 27–38. ACM Press, New York, NY, Oktober 1990.

[Watso94] R. T. Watson, T. H. Ho, und K. S. Raman. Culture: A Fourth Dimension of Group Support Systems. *Communications of the ACM*, 37(10): S. 44–55, Oktober 1994.

[Watzl90] S. Watzlawick, J. H. Beavin, und D. D. Jackson. *Menschliche Kommunikation: Formen, Störungen, Paradoxien*. Huber, Bern, 1990.

[Whett95] B. Whetten, T. Montgomery, und S. Kaplan. A High Performance Totally Ordered Multicast Protocol. In *Theory and Practice in Distributed Systems*, Lecture Notes in Computer Science, S. 33–57, 938. Springer Verlag, Berlin, 1995.

[Wiil93] U. K. Wiil. Experiences with HyperBase: A Hypertext Database Supporting Collaborative Work. *SIGMOD Record*, 22(4): S. 19–25, Dezember 1993.

[Wilso91a] P. Wilson. Introducing CSCW - what is it and why we need it. In P. Wilson (Hrsg.), *Computer supported cooperative work: the multimedia and networking paradigm*, Juli 1991.

[Wilso91b] P. Wilson. *Computer Supported Cooperative Work - An Introduction*. Intellect Books, Oxford, UK, 1991.

[Wolf92] C. G. Wolf, J. R. Rhyne, und L. K. Briggs. Communication and information retrieval with a pen-based meeting support tool. *Proceedings of International Conference on Computer Supported Cooperative Work* (Toronto, Canada), S. 322–329. ACM Press, New York, NY, Oktober 1992.

[Wulf94] V. Wulf und A. Hartmann. The Ambivalence of Network Visibility in an Organizational Context. In A. Clement, P. Kolm, und I. Wagner (Hrsg.), *NetWorking: Connecting Workers In and Between Organizations*, S. 143–152. North Holland, Amsterdam, 1994.

[Wulf96] V. Wulf. *Konfliktmanagement bei Groupware*. Dissertation. Fachbereich Informatik, Universität Dortmund, Januar 1996.

[Zaenk96] C. Zaenker. Einsatz von PDAs für die Erstellung handschriftlicher Anmerkungen zu strukturierten Dokumenten. Institut für Informatik, Technische Universität München, München, November 1996. Diplomarbeit.

Anhang A

Beschreibung einiger Gruppeneditor-Systeme

Um einen besseren Eindruck zu vermitteln, was sich hinter den in Kapitel 3 angesprochenen 'bisher realisierten Gruppeneditoren' verbirgt, stelle ich in diesem Anhang fünf der Gruppeneditoren beispielhaft näher vor. Dabei handelt es sich um die synchronen Editoren CoMEDIA und GROVE, die hauptsächlich asynchronen Editoren ALLIANCE und PREP und das Toolkit DISTEDIT.

A.1 CoMEdiA

Name: CoMEDIA — Cooperative hyperMedia Editing Architecture
Kontakt: Fraunhofer Institut für Graphische Datenverarbeitung, Darmstadt
Referenzen: [Hornu91, Santo92a, Santo92b, Santo93, Santo94, Santo95]

CoMEDIA ist als Umgebung zur Unterstützung der synchronen Zusammenarbeit mehrerer Autoren bei der Bearbeitung von Multimedia-Dokumenten konzipiert. Es wurde davon ausgegangen, daß kleine Teams von bis zu sechs Koautoren möglicherweise an unterschiedlichen Orten zusammenarbeiten. Aus diesen Gründen wird, neben dem Bearbeiten von Dokumenten selbst, vor allem auch die direkte Kommunikation zwischen den Autoren unterstützt und gefördert.

Innerhalb der CoMEDIA-Umgebung gibt es separate Editoren zur Bearbeitung von Objekten folgender Medien: Text, Graphik, Audio, Video. Dokumente bestehen aus einer Sammlung dieser Objekte, die lose in einer Hypertext-Struktur zusammengefügt sind. Aus einer Strukturansicht heraus können die Inhaltseditoren für einzelne Objekte aufgerufen werden. Eine gleichzeitige Bearbeitung mehrerer Objekte eines Dokuments in einem Editor ist nicht möglich.

CoMEDIA bietet folgende Möglichkeiten zur Unterstützung synchroner Zusammenarbeit:

- schnelles Feedthrough: Feingranulare Übertragung aller Aktionen an alle gleichzeitig anwesenden Koautoren. Dabei kann zwischen striktem WYSIWIS und abgeschwächtem WYSIWIS gewählt werden.[1]

- exportierbare Mauszeiger (Telepointer): Jeder Autor kann seinen Mauszeiger in die Fenster der Koautoren exportieren. Eine Erkennbarkeit wird durch wählbare Zeigerformen und Darstellung des Namens neben den Zeigern entfernter Benutzer erreicht.

- 'Session Visualizer': Mit einer speziellen Anwendung kann die Liste der aktiven Koautoren dargestellt werden.

- Audio- und Video-Konferenzen mit Koautoren

Zur Unterstützung asynchroner Zusammenarbeit bietet COMEDIA öffentliche Anmerkungen in Form von 'Post-Its'. Zur Erstellung von Anmerkungen können als Medien Text, Graphik oder auch Audio benutzt werden. Anmerkungen können als öffentlich oder als privat markiert werden. Private Anmerkungen sind nur für den Ersteller der Anmerkung selbst zu sehen.

Die Datenspeicherung erfolgt auf Objektebene. Die Daten werden dabei repliziert bei den einzelnen Teilnehmern gespeichert. Die Synchronisation nebenläufiger Zugriffe wird über einen zentralen Prozeß abgewickelt.

A.2 GROVE

Name: GROVE (GRoup Outline Viewing Editor)
Kontakt: Microelectronics and Computer Technology Corporation (MCC), Austin, Texas, USA
Referenzen: [Ellis89, Ellis90, Ellis91]

Bei GROVE handelt es sich um einen synchronen Gruppeneditor für die Erzeugung und das Bearbeiten von Text-Gliederungen. Die bearbeiteten Dokumente bestehen also aus hierarchisch strukturierten kurzen Textstücken (Gliederungen). Es wird angenommen, daß auf diesen Texten sehr eng zusammengearbeitet wird (eventuell sogar zwei Autoren an einem Wort).[2]

Hauptziel bei der Entwicklung von GROVE war es, sehr eng gekoppelte Zusammenarbeit zu ermöglichen. Außerdem waren schnelle Antwortzeiten sowie eine hohe Nebenläufigkeit während der Editiervorgänge wesentliche Anforderungen.

Asynchrone oder lose gekoppelte Arbeit mit dynamisch wechselnder Sitzungszusammensetzung wird nicht unterstützt. Die Menge der an einer Sitzung beteiligten Benutzer muß zu Beginn einer Sitzung festgelegt werden und kann während der Sitzung nicht mehr geändert

---

[1] Unter striktem WYSIWIS versteht man, daß alle Autoren genau dieselben Information in derselben Anordnung am Bildschirm haben, bei abgeschwächtem WYSIWIS geht man nur noch von denselben Informationen aus, die Autoren können aber unterschiedliche Sichten auf diese Informationen haben.

[2] Da die Größe der Textstücke nicht beschränkt ist, ist es mit GROVE auch möglich, umfangreichere Texte zu erstellen. Die ganze Konzeption des Gruppeneditors ist aber auf eine sehr enge Zusammenarbeit in kleinen Dokumenten ausgerichtet.

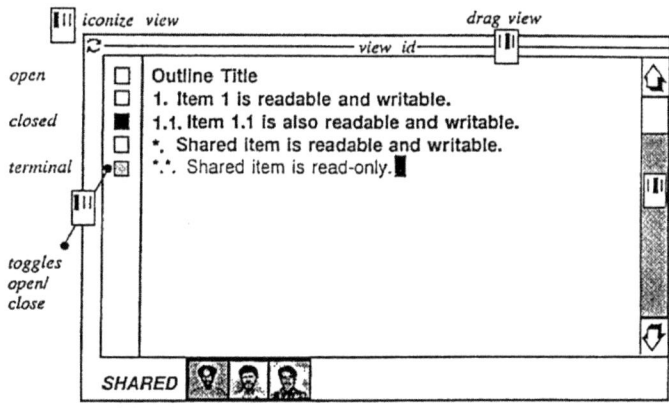

Abbildung A.1: Benutzerschnittstelle des Gruppeneditors GROVE (aus [Ellis90])

werden. Neben dem Gruppeneditor wird ein zusätzlicher Audio-Kanal zur Bereitstellung informeller Kommunikation vorgeschlagen. Bei der Evaluation wurde GROVE entweder in Gruppen eingesetzt, die im selben Raum zusammenarbeiteten, oder in räumlich verteilten Gruppen, die für die Dauer der Sitzung mit einer Audio-Verbindung ausgestattet waren.

Die Benutzerschnittstelle von GROVE bietet Möglichkeiten zum Ausblenden von Gliederungsebenen. Teile des Dokuments können in zusätzlichen Sichten dargestellt werden, die privat, öffentlich oder nur einer Teilmenge der Autoren zugänglich sein können. Zur Koordination bietet GROVE neben den gemeinsamen Sichten noch eine Anzeige der beteiligten Gruppenmitglieder und eine Möglichkeit, Gliederungsabschnitte zu sperren.

Das Dokument ist aus Leistungsgründen voll repliziert gespeichert, also besitzt jeder der beteiligten Rechner eine Kopie des Dokuments. Dokumentenzugriffe werden mit einem speziell dafür entwickelten optimistischen Protokoll abgewickelt, der 'Transformation von Operationen'. Dabei werden Operationen auf dem Text, wie bei optimistischen Verfahren üblich, zuerst einmal auf der lokalen Kopie durchgeführt (schnelles Feedback) und dann an alle anderen Gruppenmitglieder verschickt. Zur Ermöglichung sehr enger Zusammenarbeit wurde die Zugriffsgranularität sehr klein gewählt: Jedes Einfügen, Löschen oder Überschreiben eines Zeichens stellt eine Operation dar und wird sofort an alle Sitzungsteilnehmer verbreitet. Da die möglichen Operationen nicht kommutativ sind und verschiedene Ankunftsreihenfolgen auftreten können, werden ankommende Operationen so transformiert, daß sich bei allen Replikaten derselbe Endzustand ergibt. Hierzu definiert das GROVE-Verfahren Statusvektoren und eine Transformationsmatrix.[3] Auch wenn verschiedene Ankunftsreihenfolgen der Änderungsnachrichten toleriert werden, wird vom Kommunikationssystem doch gefordert, daß keine Nachrichten verlorengehen. Auch die Tolerierung von Verzögerungen bei der Zustellung von Änderungsnachrichten ist auf einen Maximalwert von einer Minute beschränkt.

---

[3] Genaueres zur Abwicklung der Nebenläufigkeitskontrolle bei GROVE ist in [Ellis89] oder in [Borgh95, S.240ff] zu finden.

A.3 Alliance

Name: ALLIANCE
Kontakt: INRIA[4] und IMAG[5], Projekt Opera, Grenoble, Frankreich
Referenzen: [Decou94, Decou95a, Decou95b, Decou95c, Decou96b, Decou96a]
URL: http://opera.inrialpes.fr/

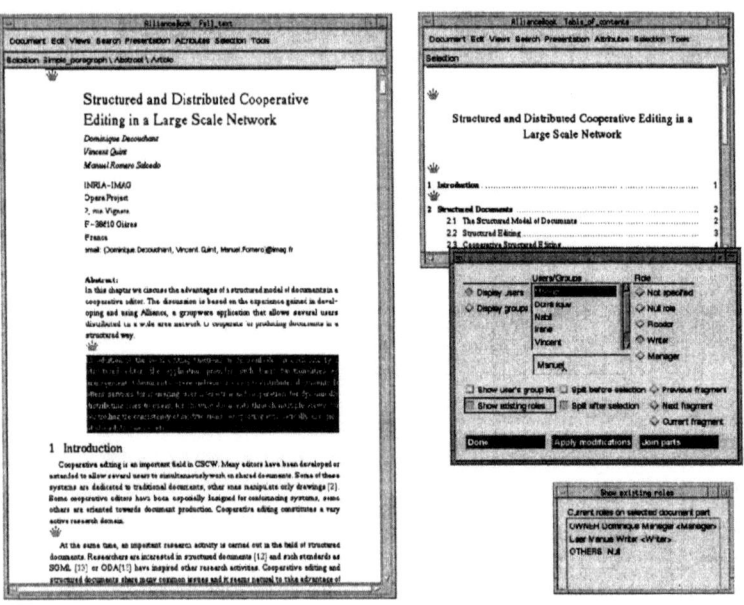

Abbildung A.2: Benutzerschnittstelle des Gruppeneditors Alliance (aus [Decou96b])

Der Gruppeneditor ALLIANCE ist als Erweiterung des Einbenutzer-Editors GRIF realisiert[6]. Hauptziel bei der Entwicklung von ALLIANCE war die Unterstützung asynchroner Zusammenarbeit. Bearbeitet werden können Textdokumente mit Layoutinformation (Schrifttypen, Einrückungen).

Zur Ermöglichung nebenläufiger Zugriffe in einem Dokument wurde die Möglichkeit von GRIF benutzt, ein Dokument in beliebig viele Teildokumente (Fragmente) aufzuteilen, und

---

[4]Institut National de Recherche en Informatique et en Automatique
[5]Institut d'Informatique et de Mathématiques Appliquées de Grenoble
[6]Die neueste Version von ALLIANCE soll nicht mehr auf dem kommerziellen GRIF, sondern auf dem von INRIA selbst entwickelten Dokumenteneditor THOT basieren.

diese Fragmente in linearisierter Form als ein Dokument anzuzeigen und zu editieren. In ALLIANCE kann diese Fragmentierung des Dokuments jederzeit von den Autoren oder vom Editorprogramm selbst geändert werden (Aufspalten eines Fragments in zwei neue Fragmente, Zusammenfügen von zwei Fragmenten).

Für die einzelnen Teildokumente hat jeder Benutzer eine der folgenden Rollen:

- *null role*: weder Lesen noch Schreiben ist erlaubt (d.h. keine Anzeige des Fragments auf dem Bildschirm),
- *reader role*: Lesen ist erlaubt,
- *writer role*: Lesen und Schreiben sind erlaubt,
- *manager role*: Die Rollenzuordnungen für andere Benutzer können geändert werden.

Die Zugriffskontrolle wird dadurch geregelt, daß zu einem Zeitpunkt für ein Fragment höchstens ein Benutzer eine Schreibrolle haben darf. Um es trotzdem möglich zu machen, daß mehrere Benutzer prinzipiell schreiben dürfen, unterscheidet ALLIANCE zwischen maximalen Rollen und aktuellen Rollen. Ein Benutzer kann beispielsweise wählen, daß er momentan nur die Leserrolle einnimmt, obwohl er eigentlich die Rechte zum Schreiben hätte. Neben der Regelung des Schreibrechts ist mit der Selbstrestriktion beispielsweise auch ein Ausblenden von Fragmenten in der eigenen Dokumentendarstellung möglich ('null role'). Die aktuelle Rolle in einem Textfragments kann im Editorfenster als Icon angezeigt werden.

Die Speicherung des Dokuments erfolgt über das verteilte Dateisystem NFS. Dabei wird jedes Teildokument in einer separaten Datei gespeichert. Neben den Dateien für die Dokumentenfragmente gibt es eine zusätzliche Datei, in der die Dokumentenstruktur und Information zu den Benutzern gespeichert sind. Das Sperren von Fragmenten und die Kommunikation verschiedener Instanzen von ALLIANCE wird ebenfalls über das Dateisystem abgewickelt. Für den Einsatz in Weitverkehrsnetzen entwickeln die Entwickler von ALLIANCE gerade einen Master-Slave-Kopien-Ansatz (siehe [Decou95d, Decou96a]).

Wegen des vornehmlich asynchronen Ansatzes wird in ALLIANCE nicht auf die Bereitstellung eines Gruppenbewußtseins eingegangen. Die einzigen Möglichkeiten zur Erlangung von Information zu Koautoren ist die Anzeige der zugriffsberechtigten Benutzer eines Dokuments und ihrer Rollen.

A.4 PREP

Name: PREP (work in PREParation editor)
Kontakt: Department of English, Department of Computer Science, Carnegie Mellon University, Pittsburgh, USA
Referenzen: [Neuwi89, Neuwi90, Neuwi92, Neuwi94]
URL: http://english-server.hss.cmu.edu/prep/

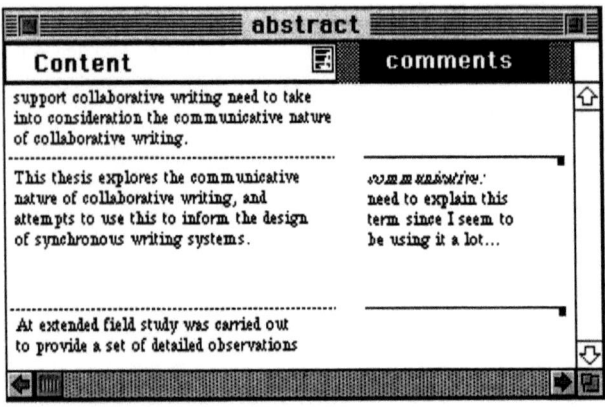

Abbildung A.3: Benutzerschnittstelle des Gruppeneditors PREP

Der PREP-Editor ist als rein asynchroner Gruppeneditor entwickelt worden und soll hauptsächlich das Erstellen von Anmerkungen zu Dokumenten unterstützen. Weiterhin war bei der Konzeption eine Verwendung zur Unterstützung der frühen Phasen der Dokumentenerstellung, speziell des Erstellens einer Gliederung, vorgesehen.

Dokumente setzen sich in PREP aus einer oder mehreren Spalten zusammen, die spaltenübergreifend in Textabschnitte unterteilt werden können. Mit diesem Dokumentenaufbau ist es möglich, zuerst die Gliederung eines Dokuments in einer Spalte zu erstellen, und dann in einer zweiten Spalte zu den einzelnen Gliederungspunkten Text zu erstellen. Zum Kommentieren eines Textes können weitere Spalten erzeugt und hier Kommentare zu den Textabschnitten eingetragen werden.

Als Medien werden von PREP Text, Graphik und Audio unterstützt. Es sind also auch gesprochene Anmerkungen zu Textstellen möglich.

Dokumente werden in lokalen Dateien gespeichert. Ein gleichzeitiger Zugriff mehrerer Personen auf dasselbe Dokument ist nicht möglich. Es kann entweder sequentiell zusammengearbeitet werden oder es wird auf mehreren Kopien des Dokuments gearbeitet. PREP bietet für den letzteren Fall einige Hilfsmittel zur Integration verschiedener Kopien eines Dokuments an. Erstens können Anmerkungsspalten aus mehreren Dokumenten in verschiedene Spalten eines Dokuments zusammengefügt werden. Genauso ist das Zusammenfügen mehrerer Versionen der Inhaltsspalte eines Dokuments in verschiedene Spalten eines PREP-Dokumentes möglich. Zur Unterstützung der Autoren beim Zusammenführen zweier Versionen eines Dokuments bietet PREP schließlich noch Möglichkeiten zur Visualisierung der Differenzen zwischen zwei Versionen.

A.5 DistEdit

Name: DISTEDIT (Distributed Editor toolkit)
Kontakt: University of Michigan, Michigan, USA
Referenzen: [Knist90, Knist93]

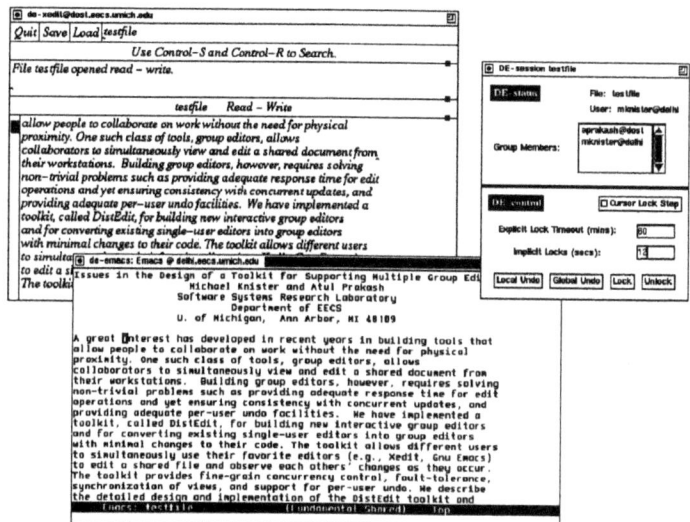

Abbildung A.4: Benutzerschnittstelle der DistEdit-Versionen von GNU Emacs und von X-edit (aus [Knist93])

Bei DISTEDIT handelt es sich um ein Toolkit, das benutzt werden kann, um eine Zusammenarbeit räumlich verteilter Autoren mit Standard-Einbenutzer-Texteditoren zu ermöglichen. Dazu müssen die Einbenutzer-Editoren leicht modifiziert werden. Die Benutzerschnittstellen und die Funktionalität der Editoren bleibt dabei weitgehend unverändert[7]. Die Grundidee von DISTEDIT ist, zwischen dem Benutzerschnittstellenmodul des Editors und dem Speicherungsmodul neuen Programmcode einzufügen, der für die Übertragung von Änderungen zwischen den beteiligten Autoren und für das Management und das Einhalten von Sperren sorgt.

Ein großer Vorteil des Konzepts von DISTEDIT ist, daß verschiedene Editoren zusammenarbeiten können. Abbildung A.4 zeigt beispielsweise einen angepaßten GNU EMACS (DISTEMACS) und einen angepaßten XEDIT, die gerade dasselbe Dokument zur Bearbeitung anbieten. Nachteil des Vorgehens ist, daß der Quellcode der Standardeditoren vorliegen muß und nur beschränkte Funktionalität möglich ist.

---

[7]Es werden lediglich Funktionalität hinzugefügt und die Benutzerschnittstelle eventuell um die Anzeige von Modi und Sperrstati erweitert.

Zur Synchronisation nebenläufiger Zugriffe bietet DISTEDIT die Möglichkeit, Sperren auf Bereichen des Textes zu setzen. Das Setzen der Sperren kann auch automatisch beim Beginn einer Änderung erfolgen. Weiterhin bietet DISTEDIT die Möglichkeit, Aktionen anderer Benutzer direkt zu folgen ('WYSIWIS').

Zur Speicherung der Dokumente greift DISTEDIT auf verteilte Dateisysteme zurück. Zwischen zwei Sitzungen wird das Dokument als normale ASCII-Datei gespeichert. Im Gegensatz zu den bisher vorgestellten Editoren, erlaubt DISTEDIT damit die Bearbeitung beliebiger ASCII-Texte. DISTEDIT definiert kein eigenes Dokumentenformat. Die erste Editorinstanz in einer Sitzung lädt die Datei und setzt eine Sperre[8]. Weitere Editoren erkennen diese Sperre und laden die Textdaten direkt von bereits laufenden Editorinstanzen.

Parallel zum den Bibliotheken zur Erweiterung von Standardeditoren stellt DISTEDIT auch noch ein spezielles Sitzungstool zur Verfügung, das eine Benutzerliste anzeigt und eine Parametrisierung der automatischen Sperren erlaubt.

Zur Abwicklung der Kommunikation zwischen den DISTEDIT-Instanzen wird das Gruppenkommunikations-Toolkit ISIS [Birma84] verwendet. Der Einsatz von DISTEDIT-Komponenten setzt also eine Installation des ISIS-Systems voraus. Weiterhin schränkt die Verwendung von ISIS die Einsetzbarkeit auf lokale Netzwerke ein. Verbindungsausfälle werden von ISIS nicht toleriert.

---

[8]Da Dateisperren in NFS nicht möglich sind, wird in der aktuellen Implementierung im Verzeichnis der Quelldatei eine spezielle Lock-Datei erzeugt.

Software Index

AFS, 46, 87
ALLIANCE, 45, 57, 199, 202, 203
ANDREW FILE SYSTEM (AFS), 87
ASCW, 11, 63

BAYOU, 83, 86
BSCW, 45–47, 92

CAD DESIGN DATABASE, 86
CALLIOPE, 45
CAVEDRAW, 45, 48
CES, 45, 46
CLEARCASE MULTISITE, 46
COCOON, 11, 88
CODA, 46, 87, 88, 139
COEX, 11
COLLABORWRITER, 45
COLLABRA SHARE, 45
COMEDIA, 45, 199, 200
CONTACT, 45
CONTEXTS, 45–47
COVER, 48, 86
CRYSTAL WEB, 45
CVS, 12, 46, 86

DEVISE HYPERMEDIA SYSTEM, 12
DHM, 12
DISTEDIT, 45, 199, 205, 206
DISTEMACS, 205
DOCMAN, 45, 46
DOCS OPEN, 45
DOLPHIN, 45, 49
DUPLEX, 45
DVSS DISTRIBUTED VERSION STORAGE SERVER, 86

ENSEMBLE, 45, 48
EXCHANGE, 47

FIRST CLASS, 47
FISCUS, 84
FORCOMMENT, 47

GCS, 45
GNU EMACS, 205
GNU-EMACS, 158, 166
GRAPEVINE, 86
GRIF, 202
GRIFFON, 45
GROUPDESIGN, 45, 48, 88
GROUPDRAW, 45, 48
GROUPKIT, 92
GROUPWRITER, 45
GROVE, 45, 48, 79, 88, 199–201

HORUS, 121

INTERLEAF RDM, 45
INTERNOTE, 47
IRC, 168
IRIS, 16, 125, 127, 153–170, 172, 176, 178
IRIS-1, 45
ISIS, 121, 206

JOINT EMACS, 45, 88

LINCKS, 88
LINKWORKS, 45, 47
LOCUS, 84
LOTUS NOTES, 5, 45, 47, 63, 86

MACE, 45, 48
MBONE, 122
MERMAID, 45, 48
MESSIE, 45
MILO, 45
MJØLNER PROJEKT, 86, 178
MMCONF, 45, 48

MMTCA, 11
MOCCA, 11, 63

NFS, 46, 203
NFS EXPRESS, 45

PALIMPSEST, 46, 83
PICTURETEL, 47
POLITEAM, 47, 92
PORTABLE COMMON TOOL ENVIRONMENT
    (PCTE), 64, 157
PREP, 45, 46, 199, 203, 204
PROSHARE, 47

QUILT, 45–47, 57

RAPPORT, 45, 48
RCS, 12, 46, 86, 140
REFDBMS, 83
RMP, 121

SASE, 45, 48
SASSE, 45, 48
SEPIA, 45, 48, 49
SHARED BOOKS, 45, 46
SHARED X, 47
SHEMACS, 45
SIFRAME, 64, 157

THOT, 202
TRANSIS, 88, 121

VAT, 167
VIC, 102, 167
VODAK, 46

XEDIT, 205
XFIG, 155, 158
XSHARE, 47
XWHO, 44, 47, 102

Index

2-Phasen-Commit, 77

Abgleich, *siehe* Synchronisation
Access-Control-Liste, *siehe* Zugriffsrechte
Anmerkungen, 97, 175, 200
   als Awarenessinformation, 95
   Audio, 204
   in Dokumenten, 46, 47
   in PREP, 204
Antwortzeit, 82
Any-Time-Any-Place-Matrix, 3
Applikation-Sharing, 47, 48
Attribut
   Benutzer-
      `doclist`, 145, 150
      `hostlist`, 145, 150
      `lastlogintime`, 145, 151
      `lastseenhost`, 145, 151
      `lastseendoc`, 145, 151
      `name`, 145
      `rolelist`, 145
      `statuscomment`, 145
      `statussys`, 146, 149
      `statusvaliduntil`, 145
      `status`, 145, 146, 149
   benutzerdefiniertes, 113, 114, 143–145
   Dokumenten-
      `loadallobjects`, 128
      `reservationlist`, 145
      `replicalist`, 145, 148
      `roleaclist`, 133
      `statuscomment`, 145
      `status`, 97, 145
      `userlist`, 145, 147, 148
      `workareareadlist`, 145, 148, 162
      `workareawritelist`, 145, 148, 162
   Objekt-, 136, 137
      `aclist`, 132, 133
      `document`, 133
      `mimetype`, 155
      `restrictedattrlist`, 132, 133
   Rechner-
      `applist`, 152
      `doclist`, 145
      `name`, 145
      `replicalist`, 152
      `statuscomment`, 145
      `statussys`, 146, 151
      `statusvaliduntil`, 145
      `status`, 145, 146, 151
      `userlist`, 145, 152
   soziales, 111, 145
   Strukturknoten-, 154, 169
   Versions-, 137
      `creationdate`, 142
      `creationhost`, 142
      `creator`, 142
Authentifizierung, 124, 173
Authentizität, 173
Awareness, *siehe* Gruppenbewußtsein
Awarenessinformation, *siehe* Attribute, *siehe* Ereignis, *siehe* erweiterte Sitzunginformation, *siehe* Historie, 14, 47, 91–117, 140–152
   Anwendungen, 44
   Anzeige, 97, 99, 115, 159, 160
   Aufgabe, 34, 66
   Ermittlung, 72, 174
   Filterung, 97, 98
   Kontext, 99

Kosten, 60, 92
Qualität, 100–108
Relevanz, 101
synchrone, 95
zur Konfliktvermeidung, 35

Benachrichtigungszeit, 82, 83
Brainstorming, 61
Bulletin-Board-System, 5

C++, 125
Client-Server-Modell, 10, 74, 89, 123
concurrency control, *siehe* Nebenläufigkeitskontrolle
cooperative control, 57
CSCW, *siehe* Groupware
Historie, 2
cycle of design, 13

Datenbanksystem, 44, 76
Datenhaltung
  Grundforderungen, 74
  replizierte, 75
  Verfügbarkeit, 75
  zentrale, 48, 74
Datenhaltungskomponente, 89
  Implementierung, 119–152
Datenhaltungsschicht, 79–90
Desktopkonferenz, *siehe* Videokonferenz
Dokument
  Änderungshistorie, 97
  Archivierung, 139, 140
  Definition, 80, 81
  in Alliance, 202
  in GROVE, 200
  in PREP, 204
  Inhaltsmedien, 177
  Layout, 22, 80, 81, 176, 202
  logische Struktur, 22, 80, 155, 177
    in Iris, 153
  Status, 97
  Zugriffssynchronisation, 57
Dokumentenerstellung, *siehe* kooperative Dokumentenerstellung, 23
  Arbeitsumgebung, 24

E-Mail, 5, 43–45, 50, 59, 63, 117, 160, 162, 168
Echo, *siehe* Feedthrough
Editor, *siehe* Gruppeneditor
Definition, 8
Ereignis, 94, 103–105
  Aktualität, 95
  Definition, 104
  erweiterte Sitzungsinformation, 107–117, 120, 141, 145, 152, 161
  Anzeige, 115–117, 163–164
Ethnographie, 26

face-to-face, 43
Feedback, 95, 99
Feedthrough, 95, 96, 99, 199
Fehlertoleranz, 74
Firewall, 73
Framework, *siehe* Rahmensystemtechnologie
FTP, 45, 102

gemeinsamer Arbeitsbereich, 47
Group Descision Support (GDSS), 93
Groupware, 3
  Akzeptanz, 8
  Anwendungsgebiete, 5
  Entwurfsprobleme, 53
  Faktoren für Mißerfolg, 8
  Flexibilität, 54
  Grundprinzipien, 52
  Klassifikation, 3, 5
  Medium zur Zusammenarbeit, 53
Gruppenbewußtsein, 9, 32, 39, 60, 91–117
  Definition, 34
  Information zur Arbeitsumgebung, 35
  Information zur Aufgabe, 34
  Information zur Gruppe, 35
  Self-Awareness, 99
Gruppeneditor, 6, 8, 44
  Akzeptanz, 8, 62
  Anforderungen, 60
  Architektur, 65
  Benutzerschnittstelle, 54, 55, 62, 63, 65, 115, 123, 153–170, 176–177

210

bisherige Verbreitung, 49
Datenhaltung, 79–86
Dokument, 80
Dokumentenzugriffe, 56
Einsatzszenario, 8, 55
Erweiterbarkeit, 63
Grunddienst, 65, 66
Modell, 54
Nebenläufigkeitskontrolle, 62
synchroner, 48
Gruppenkommunikation, 121
Gruppenprozeß, 26, 30, 37, 39
-modell, 37

Historie, 105–107
   der Dokumentenänderungen, 141
   der Gruppenzusammensetzung, 96
   des Benutzerstatus, 111, 112, 141, 152
   des Rechnerstatus, 114, 141, 152
   vom Versionsgraphen, 105
HTML, 155
Hypermedia, 155, 177
Hypertext, 47, 80, 199
-systeme, 5

IANA, 155
Information, *siehe* Awarenessinformation
Integration, 172
   black box, 157
   Editorumgebung, 63, 125, 157
   grey box, 158
   in Iris, 158, 160, 165, 167, 176
   white box, 158
Interaktion, 19, 36
Internet, 73, 124, 139
Intranet, 73

Java, 123, 125, 140, 172

Kollaboration, 19
Kommunikation, 19, 32, 58
   Definition, 33
   direkte, 5, 33, 44, 58, 91
   indirekte, 33, 91, 92
   synchrone, 95

   informelle, 52
   Nachrichtenverzögerung, 100
   Referenzproblem, 96
   Softwareunterstützung, 44, 45
      in Iris, 157
Konferenz
   face-to-face-, 30
   Video-, *siehe* Videokonferenz
Konfigurierung, 62, 125, 126, 169, 172
   Benutzerschnittstelle, 159
   Datenhaltung, 135, 174
   in Iris, 159–160
   Informationsanzeige, 98, 115
Konflikt, 35, 57, 82, 128
   -auflösung, 46, 57, 58, 84, 136, 137, 176
   -erkennung, 83, 130, 131
   -minimierung, 35
   -vermeidung, 80, 84
Konsistenz, 74, 76, 82, 83
   gegenseitige, 76
   interne, 76
Kooperation, 17–21
   Definition, 21
   Gruppenzusammensetzung, 40, 96
   Handlungspläne, 18
   nach Piepenburg, 18
   Plankompatibilität, 18
   Regelbarkeit, 19
   spontane, 6
   Strategie
      Beispiele, 27
   Unterstützung, 44, 49, 51, 64
kooperative Arbeit, *siehe* Kooperation
kooperative Dokumentenerstellung
   Arbeitsbereiche, 29, 98, 99, 109
   Arbeitsumgebung, 35, 39
   Autor, 31
   Beispiel, 43
   Definition, 32
   Motivation, 6
   Reservierung, 109
   Teamzusammensetzung, 31
   Zuständigkeitsbereiche, 29

Koordination, 19, 64
kreative Prozesse, 23
kulturelle Unterschiede, 35

Langzeitgedächtnis, 24

Mbone, 122, 167
Mehrbenutzer-Editor, *siehe* Gruppeneditor
MIME, 155
mobile Rechner, 9, 10, 69, 72, 82, 83, 114
Modell
    Dokumentenerstellung, 24–26
    Flower und Hayes, 24–26, 37
    kooperative Dokumentenerstellung, 36
Multicast, 121, 122
    -gruppe, 121, 127
    in Weitverkehrsnetzen, 122

Nachrichtenverteilung, 127
Nebenläufigkeitskontrolle, 46, 55, 57, 65, 76
    Anforderungen, 62
    bei GROVE, 201
    Floor-Control, 48
    GROVE, 79
    Operationstransformation, 201
    optimistische, 77
    pessimistische, 48, 76
    Serialisierbarkeit, 76
    Votieren, 77
Netzwerk, *siehe* Rechnernetz
News, 44, 45, 59
Notifikation, 39, 55, 59, 87, 122, 129, 158
    Definition, 104
    Implementierung, 124, 135, 143
    Störung durch, 98

Objekt
    -attribut, 81
    -identifikator, 128, 154
        Teildokument, 154
    -repository, 44, 86
    Inhalts-, 80, 126, 154
        in Iris, 155
    Struktur-, 80, 96, 109, 126, 154

Organisationsdatenbank, 44, 65, 93, 113
Organisationstheorie, 23

Partitionierung, *siehe* Rechnernetz
PDA, 175
Polling, 72, 147, 152
Privatsphäre, 60, 62, 64, 93, 96, 98, 111, 112
Property, 159, 160
Protokoll
    2-Phasen-Commit, 77
    soziales, 29, 35, 55, 56, 58, 64, 82
    technisches, 29, 57, 58

Qualität, 101

Rahmensystem, 157
    -technologie, 63
Raum-Zeit-Matrix, 3
Rechnernetz
    Antwortzeit, 75
    Bandwidth-Management, 72
    byzantinische Fehler, 71
    Erreichbarkeit, 72
    Fehler, 71–73
    Fehlertoleranz, 75
    Partitionierung, 72, 83, 88, 100, 151
        Beispiel, 131
        Definition, 72
    virtuelle, 75
    Verfügbarkeit, 72
Remote-Procedure-Call (RPC), 86, 123
Replikat, 83, 103, 119
    Abgeben, 139
    Erzeugung, 127
    Löschen, 138
Replikation, 46, 75, 76, 88
RFC, 155
Rolle, 29, 47, 56, 111, 113, 116, 133

say-do-Problem, 26
Schreibprozeß, 24, 27
SGML, 80, 169
Shared Workspace, *siehe* gemeinsamer Arbeitsbereich

Sicherheit, 124, 128
Sitzungsinformation, *siehe* erweiterte Sitzungsinformation, 33, 95
Skalierbarkeit, 73
Socket, 120, 123
Software Engineering, 178
Sperre, 46, 109
   lockere, 58
   Reservierung, 109
   schwache, 64
   soziale, 85, 109
Status, 107
Stub-Klasse
   IEvent, 141
Stub-Methode
   cementReplica, 140
   getAttrKeys, 142
   getAttr, 138, 142
   getChildrenVersions, 129
   getConflictingVersions, 136
   getCurrentVersion, 129
   getHistoryByUser, 142
   getHistory, 142, 152
   getListAttr, 138, 142
   getParentVersions, 129
   getVersAttr, 137
   get, 81, 129
   hasConflictingVersions, 136
   isReplicaCemented, 140
   joinSession, 127, 128
   leaveSession, 127
   putMergePriv, 136
   putMerge, 136
   putPriv, 131
   put, 81, 131
   setAttr, 138, 143
   setDocStatus, 146
   setHostStatus, 146
   setListAttrAdd, 138, 143
   setListAttrChange, 138, 143
   setListAttrDel, 138, 143
   setUserStatus, 146
   setVersAttrPriv, 137
   setVersAttr, 137

updateAllObjects, 135
updateData, 135
updateDocumentObjects, 128, 135
updateHostInfoOfDoc, 144
updateHostInfo, 144
updateLocalDocumentObjects, 135
updateUserInfoOfDoc, 144
updateUserInfo, 144
Synchronisation, 4, 18, 78, 79, 123
   Implementierung, 134
   Partner, 120, 121, 134
   Zeitpunkt, 87, 134

TCP/IP, 120, 122, 124
Teamarbeit, *siehe* Kooperation
Telearbeit, *siehe* Telekooperation
Telefax, 44
Telefon, 43, 44
Telekooperation, 1, 6, 173, 178
Telepointer, 59, 200
Terminkalender, 6, 44, 93
Thread, 141
Transaktion, 76, 81
Transparenz, 52, 74
   Nebenläufigkeits-, 87
   Orts-, 74
   Replikations-, 74

ubiquitous computing, 175

Verfügbarkeit, 49, 74, 82, 139
Verschlüsselung, 173
Version
   aktuelle, 128
   Differenz, 105
   Identifikator, 128
Versionsgraph, 79, 84, 85, 122, 128–131, 136, 141
Versionsidentifikator, 128
verteiltes Dateisystem, 46, 87
verteiltes System, 69–90
   Datenhaltung, 74–79, 90
   Definition, 69
Vertraulichkeit, 173

Videokonferenz, 5, 30, 44, 47, 48, 101, 102, 117, 162, 167
virtuelle Unternehmung, 1
Votierungsverfahren, 77

Weitverkehrsnetz, *siehe* Rechnernetz, 9, 70
    Abgrenzung, 70
    Definition, 71
    Unterschiede zu lokalen Netzen, 9
Window-Sharing, *siehe* Applikation-Sharing
Workflow-Management, 6, 44, 46, 50, 65, 93, 97
Workgroup Computing, 6
World-Wide-Web, 43, 45, 123
WYSIWIS, 52, 96, 199, 206

Zugriffsgranularität, 80, 84
    bei GROVE, 201
Zugriffsrechte, 29, 55, 56, 130, 131
Zugriffsschicht, *siehe* Datenhaltungsschicht
Zusammenarbeit, *siehe* Kooperation
    asynchrone, 5
    gekoppelte, 5
    synchrone, 5
    ungekoppelte, 5
Zusammenarbeitsmedium, 64

Aus unserem Programm

Andreas Brandt
Einsatz künstlicher neuronaler Netzwerke in der Ablaufplanung
1997. XIV, 175 Seiten, 32 Abb., Br. DM 89,-/ ÖS 650,-/ SFr 81,-
DUV Wirtschaftsinformatik
ISBN 3-8244-0332-3
Die Arbeit untersucht, ob künstliche neuronale Netzwerke die Integration empirischen Problemlösungswissens in die Lösung von Problemen der Ablaufplanung ermöglichen

Guido Gryczan
Prozeßmuster zur Unterstützung kooperativer Tätigkeit
1996. XII, 238 Seiten, 43 Abb., Broschur DM 98,-/ ÖS 715,-/ SFr 89,-
DUV Informatik
ISBN 3-8244-2074-0
Ein Vorschlag, der sowohl anwendungsfachlich als auch technisch eine Grundlage zur Entwicklung von Systemen für Computer Supported Cooperative Work (CSW) im Bürobereich bietet.

Frank Hoffmann
Entwurf von Fuzzy-Reglern mit Genetischen Algorithmen
1997. XI, 161 Seiten, 107 Abb., Br. DM 89,-/ ÖS 650,-/ SFr 81,-
DUV Informatik
ISBN 3-8244-2079-1
Neben den theoretischen Grundlagen beschreibt dieses Buch die Arbeitsweise und den Einsatz eines Genetischen Algorithmus zum Erstellen der Wissensbasis eines Fuzzy-Systems.

Stefan Morschheuser
Integriertes Dokumenten- und Workflow-Management
Dargestellt am Angebotsprozeß von Maschinenbauunternehmen
1997. XII, 140 Seiten, 91 Abb., 4 Tab.,
Broschur DM 89,-/ ÖS 650,-/ SFr 81,-
DUV Wirtschaftsinformatik
ISBN 3-8244-2081-3
Der Autor systematisiert die Integrationsaspekte von Dokumenten- und Workflow-Management-Systemen und gibt mit einem Referenzmodell einen "Leitfaden" für die Einführung solcher Systeme.

DUV Deutscher Universitäts Verlag
GABLER · VIEWEG · WESTDEUTSCHER VERLAG

Heinz Raufer
Dokumentenorientierte Modellierung und Controlling von Geschäftsprozessen
Integriertes Workflow-Management in der Industrie
1997. XV, 149 Seiten, 67 Abb., 12 Tab.,
Broschur DM 89,-/ ÖS 650,-/ SFr 81,-
DUV Wirtschaftsinformatik
ISBN 3-8244-2082-1
Der Autor zeigt, ausgehend von den Rahmenbedingungen des industriellen Angebotsprozesses, die Anforderungen der IV-gestützten Modellierung für den Einsatz von Workflow-Management-Systemen.

Bettina Schewe
Kooperative Softwareentwicklung
Ein objektorientierter Ansatz
1996. XIII, 247 Seiten, 31 Abb., Br. DM 88,-/ ÖS 642,-/ SFr 80,-
DUV Informatik
ISBN 3-8244-2070-8
Das Buch stellt eine objektorientierte Daten- und Dialogentwurfsmethode vor, die bei der Entwicklung von Software für qualifizierte Sachbearbeitung in Dienstleistung und Verwaltung zum Einsatz kommt.

Albert Zündorf
PROgrammierte GRaphErsetzungsSysteme
Spezifikation, Implementierung und Anwendung einer integrierten Entwicklungsumgebung
1996. XX, 374 Seiten, 114 Abb., Br. DM 118,-/ ÖS 861,-/ SFr 105,-
DUV Informatik
ISBN 3-8244-2075-9
PROGRES schließt eine Lücke in der objektorientierten Modellierung durch die Modellierung des dynamischen Verhaltens von Objektwelten. Mit Hilfe "visueller" Graphoperationen werden komplexe Strukturveränderungen beschrieben.

Die Bücher erhalten Sie in Ihrer Buchhandlung!
Unser Verlagsverzeichnis können Sie anfordern bei:

Deutscher Universitäts-Verlag
Postfach 30 09 44
51338 Leverkusen

If you have any concerns about our products,
you can contact us on
ProductSafety@springernature.com

In case Publisher is established outside the EU,
the EU authorized representative is:
**Springer Nature Customer Service Center GmbH
Europaplatz 3, 69115 Heidelberg, Germany**

Printed by Libri Plureos GmbH
in Hamburg, Germany